지은이

세스 로고보이 Seth Rogovoy

30년 넘게 록 음악과 재즈 비평에 몸담아온 문화비평가이자 아마추어 음악가이다. 레코드 프로듀서로
도 활동하며, 특별히 유대음악과 문화를 알리는 일에 주력하고 있다. 저서로 *The Essential Klezmer:*
A Music Lover's Guide to Jewish Roots and Soul Music(2000), *Bob Dylan: Prophet Mystic*
Poet(2009)가 있다.

옮긴이

유영민劉英敏 Yu, Youngmin

서울대학교 작곡과에서 이론을 전공하고, UCLA에서 음악인류학 석·박사 과정을 마쳤다.
저서로 『음악의 이해와 감상』(공저), 역서로 『대중문화란 무엇인가』가 있다.

First published in the United States under the title:

THE ESSENTIAL KLEZMER:

A Music Lover's Guide to Jewish Roots and Soul Music, from the Old World to the Jazz Age to the
Downtown Avant-Garde

Copyright © 2000 by Seth Rogovoy

For permission to use excerpts from copyrighted works, grateful acknowledgement is made as follows:

Bazetsnish lyrics in chapter one excerpted *from Voices of a People* by Ruth Rubin. © 1963. Thomas
Yoseloff, Publisher, New York, New York. Reprinted by permission of the publisher.
Parts of chapter four were adapted from "The Kelzmatics: Revitalizing Their Roots" by Seth Rogovoy, *Sing*
Out!, Volume 43, #3, Winter 1999. © 1999 *Sing Out*. Reprinted by permission of the publisher.
"Berlin 1990," lyrics by Michael Alpert; music by Michael Alpert, Alan Bern, Kurt Bjorling, Stuart Brotman.
© 1994 JA/NEIN Musikverlag GmbH + Pinorrekk Musikverlag (GEMA). Recorded by Brave Old World on the
album *Beyond the Pale* (Pinorrekk/Red House Records). Used by permission.

All rights reserved.

This Korean edition was published by Minsokwon in 2016 by arrangement with Algonquin Books of Chapel
Hill, a division of Workman Publishing Company, Inc., New York through KCC(Korea Copyright Center Inc.),
Seoul.

이 책의 한국어판 저작권은 (주)한국저작권센터(KCC)를 통해 저작권자와의 독점계약으로 민속원에 있습니다.
저작권법에 의해 한국 내에서 보호를 받는 저작물이므로 무단전재와 복제를 금합니다.

민속원 아르케북스 073 minsokwon archebooks

클레즈머

유대 디아스포라 음악에서 월드뮤직으로

| 세스 로고보이 지음 |

| 유영민 옮김 |

민 속 원

'클레즈머'라는 음악에 귀가 뜨인 것은 이작 펄만의 영상 때문이었다. 또 하나의 크로스오버 음악이 탄생했나보다, 생각하며 무심하게 컴퓨터 스크린을 바라보고 있었는데, 점점 음악이 귀에 꽂히기 시작했다. 단순한 크로스오버는 아닌 듯했다. 펄만은 다른 크로스오버 연주자들과 달리, 그 음악 속으로 깊이 들어가고 있었다. 무슨 음악인지는 몰라도, 펄만이 새로 개척하고 있는 그 음악의 내면을 제대로 건드리고 있다는 느낌도 들었다. 귀 기울여 들을수록 펄만 연주에 빠져들었고, 펄만과 함께 있는 연주자들에게 빠져들었다. 이건 대체 무슨 음악이란 말인가?

그때 본 영상은 이작 펄만의 이름으로 발매된 〈피들러의 집에서In the Fiddler's House〉였고, 펄만과 다른 멋진 연주자들이 들려준 음악은 바로 '클레즈머'라는 음악이었다. 동유럽 유대인들이 결혼식을 비롯하여 집안 잔치나 마을 잔치에서 흥겹게 연주하던 민속음악, 홀로코스트를 피해 미국으로 이주한 유대인들이 근근이 이어오던 대표적인 유대음악, 이후 젊은 유대인들이 그들의 정체성을 대표하는 음악으로 부활시키면서 성공적인 월드뮤직으로 변모시킨 음악, 바로 그 클레즈머였다.

당시 나의 주요 관심사는 다양한 디아스포라의 음악 문화였다. '디아스포라'는 '흩뿌리다'라는 뜻을 가진 그리스어로, 팔레스타인을 떠나 알렉산드리아와 그 외 여러 지역에서 망명 생활을 하던 유대인들을 줄곧 지칭하던 용어이다. 물론 지금은 아프리카 디아스포라, 인도 디아스포라 외에 자발적으로 고국을 떠나 타지에 정착한 이민자까지 모두 아우르는 넓은 개념으로 디아스포라를 이해하게 되었지만, 디아스포라 음악을 이해하려면 원조격인 유대 디아스포라를 살펴보지 않을 수 없다. 그런데 디아스포라 음악을 기웃거리던 바로 그 시기에 우연히 내 귀를 두드린 음악이 유대 디아스포라 음악, 그것도 월드뮤직으로 성공한 대표적인 디아스포라 음악, 클레즈머였던 것이다.

월드뮤직이 서구음악에 익숙한 사람들을 사로잡을 수 있었던 가장 큰 이유는, 서구음악의 요소와 비서구 음악의 요소가 적절히 섞여 있어 친숙함 속에서도 참신하고 세련된 감흥을 자아냈기 때문이다. 이러한 혼종성은 단순히 서로 다른 음악적 요소를 기계적으로 조합한 결과가 아니라, 디아스포라가 처한 특수한 문화적 환경 속에서 오랜 시간과 역경을 겪으면서 기존의 음악적 틀 안에 낯선 음악적 요소를 서서히 내재화시킨 결과이다. 처음에는 단순하게 고향의 음악과 정착지의 음악이 섞이지만, 시간이 지나면서 정착지 내의 다른 이민족 음악이 섞이기도 하면서 다채로운 혼종음악이 탄생된다. 디아스포라 음악의 특성이 혼종성이라는 점을 감안하면, 클레즈머 음악만큼 혼종성이 뚜렷하게 부각되는 경우는 찾아보기 힘들 것이다. 동유럽에서 동유럽 음악을 흡수할 만한 충분한 기간이 지난 후에 미국으로 건너가 미국 대중음악까지 흡수하였기 때문이다.

클래식 음악가인 이작 펄만이 클레즈머 연주자들과 함께 클레즈머의 내면으로 깊숙이 들어갈 수 있었던 것은 펄만 스스로가 유대인이었기 때문이다. 어려서 들었던 클레즈머도 어렴풋이 기억하고 있었다. 결국 펄만에게 클레즈머는 단순한 크로스오버가 아닌, 자신의 정체성을 찾는 과정이었던 것이다. 다른 클래식 연주자들이 새로운 음악을 개척하는 것과는 확연히 구분되는 지점이다. 그래서일까, CD로 발매된 〈피들러의 집에서〉는 클레즈머 음반 사상 최고의 판매량을 기록했다. 단순히 펄만이 유명한 클래식 연주자이기 때문만은 아니었을 것이다. DVD 〈피들러의 집에서〉 마지막 부분에서 펄만은 이렇게 말한다. "클레즈머는 유대인의 영혼"이라고.

　『클레즈머: 유대 디아스포라 음악에서 월드뮤직으로』는 클레즈머 음악이 걸어온 길을 반추하며 실제 음악을 음반 중심으로 소개한다. 클레즈머 음악이 생소한 이들에게, 뭔가 새로운 음악을 찾고 싶은 이들에게, 클레즈머를 좀 더 구체적으로 알아보고 싶은 이들에게, 클레즈머 음악가들이 그 옛날 조부모님의 음악을 어떻게 되살리게 되었는지 궁금한 이들에게, 모두 권하고 싶은 책이다. 이 책을 읽으며 한두 곡만이라도 직접 음원을 찾아 들어본다면, 분명 클레즈머의 매력에 푹 빠지게 될 것이다.

유영민

차례

클레즈머

: 고향 같은 음악

클레즈머

: 고향 같은 음악

내 또래 미국인이 대부분 그렇겠지만(필자는 1960년생이다.), 나 역시 비틀즈The Beatles를 비롯하여 당시 팝차트를 휩쓴 음악과 함께 성장했다. 성인이 된 후 재즈, 록, 팝, 포크, 펑크, 컨트리, 블루그래스, 블루스, 실험음악, 월드비트 등 갖가지 음악을 듣고 글까지 쓰게 되었지만, 여전히 나는 10대에 좋아했던 음악을 가장 좋아한다. 침실에서 10대의 나를 쳐다보던 밥 딜런Bob Dylan의 포스터도 현재 작업실로 자리를 옮겼을 뿐, 여전히 나와 함께 지내는 중이다.

음악비평가로 일하며 정말 많은 음악을 들었다. 대부분 지적 호기심에서 비롯된 일이었다. 이제 나는 전통적인 블루스와 일렉트릭 블루스의 특징을 길고 상세하게 설명할 수 있고, 프로그레시브 블루그래스와 전통적인 블루그래스에 대해서도 얼마든지 내 주장을 펼칠 수 있다. 내 글 가운데 최고를 꼽는다면, 데이브 브루벡Dave Brubeck, 소니 롤린스Sonny Rollins, 세실 테일러Cecil Taylor의 재즈 즉흥연주에 관한 리뷰일 것이다. 그런데 이런 음악과 가까워지면서 깨달은 것이 있었다. 이런 음악과 (유대계인) 나의 관계는, (아일랜드계인) 내 친구 톰과 켈트 음악의 관계와는 다르다는 점이었다. 루트음악이 연주되는 나이트클럽에서 톰과 함께 아일랜드 밴드 연주를 들었을 때였다. 그는 다른 시공간으로 옮겨간 듯했다. 나도 따라가려 했으나, 난 그 지방의 언어를 말하지도, 알아듣지도 못하는 여행객일 뿐이었다.

아일랜드 밴드 연주에서 톰이 느낀 감정과 똑같은 감정을 나도 느낄 기회가 마침내 찾아왔다. 1997년 봄, 뉴욕의 니팅팩토리Knitting Factory에서 클레즈머틱스Klezmatics 밴드를 만났을 때였다. 도심 속 아방가르드 음악의 성전聖殿이랄 수 있는 니팅팩토리는 그날 밤 클레즈머틱스의 새 음반 〈퍼제스트Possessed〉 발매 기념 콘서트를 보러 온 팬들로 가득 찼다. 그런데 그건 단순한 콘서트가 아니었다. 유대인 학생들, 뉴욕시 외곽에 사는 이들, 검은 색 옷을 입은 보헤미안들이 빽빽이 들어서서 클레즈머틱스의 음악에 맞춰 몸을 흔들다가 팔짝팔짝 뛰는가 하면 라인 댄스까지 추는 것이었다. 클레즈머틱스의 음악은 클레즈머, 재즈, 록, 레게가 섞인 황홀한 퓨전음악이었다. 슬리보비츠(동유럽의 플럼 브랜디)에 취하고 음악에 취한 이들은 문화동화同化의 귀신에게 가운데 손가락을 치켜들고 스스로의 문화를 자랑하고 있었다. 세상을 향해 이렇게 외치면서. "유대인 최고!"

뭔가 심상치 않은 일이 벌어지고 있었다. 그게 뭔지 알아봐야 했다. 어쨌거나 세상에서 가장 쿨하고 가장 펑키한 음악, 록 같기도 하고 R&B 같기도 한데, 즉흥연주로 이루어지는 이 음악의 기반은 '클레즈머'라는 음악이었다. 클레즈머란 '이디쉬 언어로 말하는 동유럽 유대인의 전통 기악음악, 파티음악'이다.[1] 블루그래스, 클래식, 아방가르드 음악에서 활동하던 비르투오소들이 무슨 이유에서인지 클레즈머로 방향을 선회하고 있었고, 도이나(루마니아 음악 장르) 안에서 유대인 음악을 찾고 있었다. 아프리카계 미국인의 12마디 블루스에 비견될 만한 유대인 음악을 말이다.

이때부터 클레즈머 음악이라면 무엇이든 찾아 듣기 시작했다. 현대 클레즈머 음악, 옛날 클레즈머 음반, 옛날 클레즈머를 리메이크한 음악 등등. 흐느끼듯 웃는 소리, 자조적인 웃음을 건네는 클라리넷 선율은 마치 그루초 막스Groucho Marx, 레니 브루스

• • •

1   유대 디아스포라는 크게 아쉬케나지 유대인과 세파르디 유대인으로 구분된다. 아쉬케나지 유대인은 동유럽에 거주하던 유대인으로 이디쉬 언어를 사용하고, 세파르디 유대인은 이베리아 반도에 거주하던 유대인으로 라디노 언어를 사용한다. 아쉬케나지 유대인은 홀로코스트로 인해 미국으로 대거 이주했고 현재 유대인의 대부분을 차지한다. 클레즈머 음악은 바로 아쉬케나지 유대인의 음악 유산으로 이 책에서 거론하는 유대인은 대부분 아쉬케나지 유대인을 가리킨다(역주).

Lenny Bruce, 우디 앨런Woody Allen 등 유대인의 위대한 희극을 보는 듯 했다. 한편, 트럼펫, 트롬본, 튜바가 서로 이야기를 나누는 금관 앙상블은 오랜만에 만난 이모, 고모, 삼촌, 사촌들이 와자지껄 떠들어대는 유대인의 가족 모임 같았다. 리듬은 둥둥거리다가 변덕스럽게 앞으로 쏠리듯 움직이고, 그 위에 놓인 바이올린 선율은 아주 감성적인 사운드로 아픈 듯 끙끙거리며 강렬하고 거친 감정을 토해 놓았다. 이것은 바로 유대인의 심장 소리였다. 피를 흘리면서도 여전히 박동을 멈추지 않는 유대인의 심장.

클레즈머는 귀에 닿는 즉시 말을 걸어왔다. 머리로 이해가 되지 않아도 상관없었다. 이전에 비평가로서 새로운 음악을 만날 때와는 정반대였다. 발등에 불이 떨어지면, 릴·에어·지그 등 여러 가지 켈트 춤곡의 차이쯤은 알아낼 수 있었다. 그러나 켈트 춤곡은 모두 나한테 '똑같이 들렸다.' 다 같은 '켈트 춤곡'일 뿐, 그 이상도 이하도 아니었다.

그런데 클레즈머 음악은 완전히 달랐다. 블루스도 비탄 섞인 음악이지만 클레즈머에는 블루스에 없는 것이 있었다. 예컨대, 블루스는 '오! 주여, 내 아이가 떠나 슬프고 애통합니다.'라고 노래한다. 그런데 클라리넷과 바이올린에 실려 오는 클레즈머의 언어에는 '웃음'과 '울부짖음'이 섞여 있다. 나는 클레즈머 음악을 전혀 알지 못했지만, 이미 클레즈머를 아는 사람처럼, 뉘앙스까지 이해하고 감상할 수 있는 능력이 있는 사람처럼 느껴졌다.

나는 그 언어를 말했다.

그것은 나의 음악이다.

그러나 내 이야기가 시작되는 곳은 니팅팩토리가 아니다.

이야기의 시작은 그보다 반 년 전 데이비드 크라카우어David Krakauer(클레즈머틱스의 창단 멤버로 당시 솔로로 독립한 직후였다.)가 연주하러 왔을 때였다. 크라카우어는 내가 처음으로 인터뷰한 클레즈머 뮤지션이며, 그의 이야기는 오랫동안 의미심장한 울림으로 남았다.

데이비드 크라카우어가 클레즈머 음악을 듣기 시작한 것은 1980년대 후반, 클레즈머틱스와 연주를 시작하면서부터였다. 이전까지 그는 클라리넷을 전공한 클래식 음악가였다. 그에게 음악은 재즈와 유럽 예술음악이 전부였다. "유대음악은 전혀 몰랐고", 그가 "들어봤던 유대인 음악은 '하바 나길라Hava Nagila'가 전부"였다. "슈나벨Schnabel이 연주한 베토벤의 후기 피아노 소나타를 들으며 자랐고, 11세에 시드니 베셰Sidney Bechet(재즈 클라리넷 연주자)를 들었다."

전혀 모르는 음악을 자신 있게 연주할 수 있을까? 불가능할 것 같다. 그런데 데이비드는 이렇게 말한다. "클레즈머 음악을 연주하기 시작했는데, 잘 아는 음악처럼 느껴졌다. 믿을 수 없지만 어떻게든 알아볼 수 있었다. 음악 안에서 들린 것은 이디쉬 언어가 섞인 묵직한 영어 억양, 바로 할머니의 목소리였다. 그렇게 결론지을 수밖에 없었다. 클레즈머는 이디쉬 언어의 음악 버전이었다. 그 때문이었을까. 고향 같은 음악을 찾은 느낌이었다."

나도 마찬가지였다. 음악 감상자로서, 작가로서, '고향 같은 음악'을 클레즈머 안에서 찾았다. 클레즈머는 그간 경험한 수많은 음악 갈래들을 한데 모아주고 있었다. 데이비드 크라카우어와 달리 나는 유대음악을 경험한 적이 있다. 어려서부터 유대교 회당에 다녔던 터라 회당의 기도음악에 익숙했다. 내가 성장할 당시 개혁 바람이 불어서 기도음악이 많이 희석되기는 했지만 말이다. 이보다 더 중요한 것은 외할아버지가 파트타임 칸토르(유대인 회당에서 노래로 기도를 인도하는 전문 음악인)였다는 사실이다. 나와 외할아버지는 각별한 관계였다. 집안에서 외할아버지는 감동스런 기도문을 항상 노래로 부르곤 했다. 나중에 앤디 슈태트만Andy Statman 덕분에 알게 된 사실이지만, 그때 외할아버지가 불렀던 기도음악은 클레즈머 음악의 근간이 되었다.

클레즈머는 나와 할아버지를 다시 연결해준 음악이었다. 그뿐이 아니었다. 나의 과거와 현재를 연결하는 동시에, 내 가족의 현재와 미래 안에서도 특별한 공간을 만들어주었다. 데이비드 크라카우어 트리오의 〈클레즈머 매드니스Klezmer Madness!〉는 우리 집에 들어온 첫 번째 클레즈머 음반이었다. 그런데 당시 세 살이었던 아들은 매일 그 음반을 부여잡고 '진짜 클레즈머'를 들려달라고 조르곤 했다. '진짜 클레즈머'란 아들이 크라카우어 음반에 붙인 제목이었다. 기쁜 마음으로 아들의 청을 들어주면 아들 윌리와 다섯 살배기 딸 안나는 춤을 추며 뛰어 다녔다. 크라카우어 음반은 일약 우리 집 음반 차트 1위로 떠올랐고, 지금도 여전히 높은 순위를 지키고 있다.

그런데 어느 날 놀라운 일을 목격했다. 윌리가 CD 플레이어로 가서 주저 없이 크라카우어 음반을 꺼내더니 버튼을 눌러 CD를 넣고 닫는 것이 아닌가. 그리고는 플레이 버튼을 누르는 것이었다. CD 플레이어를 어떻게 사용하는지 윌리에게 보여준 적이 없었다. (사실 보여주고 싶지도 않았다. 오디오는 내가 일하는 데 필수품이어서 CD 플레이어가 고장이라도 나면 하루도 견딜 수 없기 때문이다.) 윌리는 오로지 이 음악을 듣고 싶어서 스스로 작동법을 터득한 것이다. 윌리와 클레즈머 음악은 유전적인 연관성 외에 아무 관계도 없었다. 내 아이들의 음악 경험은 풍요로웠다. 나보다 더 많은 음악을 들으며 성장했다. 그러나 아이들이 클레즈머 음악에 본능적으로 이끌렸음을 알았을 때, 클레즈머 음악이 댄스홀에서 사람들을 춤추게 하는 능력 이상으로 아주 특별한 힘이 있음을 깨닫게 되었다.

크라카우어 콘서트에 온가족이 함께 간 적이 있다. 이날의 콘서트를 우리 아이들은 아직도 기억한다. 콘서트 장소는 벽돌로 만들어진 큰 교회였는데, 이후 아이들은 다른 곳에서도 벽돌로 만들어진 교회만 보면 "클레즈머 음악을 봤던 곳이네"라며 앞뒤가 안 맞는 말을 하곤 했다. 클레즈머 음악을 계속 듣다보니 클레즈머가 그만 내 일상의 사운드트랙이 되어버렸다.

예술주간지에 글을 싣기 위해 앤디 슈태트만을 인터뷰 했을 때였다. 클레즈머에 대한 그의 설명은 무척이나 흥미로웠다. 2차 세계대전 이전까지 클레즈머는 미국 유대인에게 별반 중요하지 않았다. 그런데 앤디와 내 또래 유대인들은 왜 그렇게 클레즈머에 매혹되었을까? 슈태트만은 이렇게 답한다. "클레즈머 음악은 내가 유대인임을 느끼게 하는 음식 같다. 엄청난 힘을 가진 음악이다. 물론 긍정적인 방식으로 말이다. 사람들의 네샤마(영혼)가 얼마나 먹을 것을 갈망하는지 보여준다. 아주 작은 것들, 베이글이나 치킨 수프를 먹을 때 네샤마가 용솟음치며 내가 유대인임을 느낄 때가 있다. 그 정도로 네샤마는 배가 고픈 것 아닐까? 이유는 바로 이것이다. 지금 유대인들

사이에서 벌어지는 일들, 그것은 너무나 배고픈 영혼이 먹을 것 좀 달라고 질러대는 외침이다."

다음 해 4월, 클레즈머틱스 콘서트를 보러 니팅팩토리에 갔다. 왜 그곳에 왔는지 사람들에게 물어보니, 갖가지 대답이 쏟아져 나왔다. 그러나 뭔가 중요한 일이 펼쳐지고 있다는 점에는 이견이 없었다. 새로운 음악의 지평이 열리는 중이었고, 음악을 매개로 엄청난 사건이 벌어지는 중이었다. 제도적으로 어느 정도 정해져 있던 유대인의 관습에서 단절되어 있다고, 심지어 소외되어 있다고 느끼던 20~30대 유대인들이 자신의 문화와 종교로 되돌아갈 매체가 마련된 것이다. 1997년 가을,『뉴욕타임스』도 이 현상을 보도했다. "20대 유대인들이 이디쉬어 강좌로 몰려가고, 가장 트렌디한 시내 레코드 상점에서 클레즈머 CD를 사고 있다. 유대인 정체성을 대변하던 정통 유대교나 시오니즘을 내체할 방안을 찾은 것이다."

클레즈머틱스, 마사다Masada 등의 연주단체들이 바로 유대인들이 찾던 대안이었다. 클레즈머틱스의 멤버 알리샤 스비갈스Alicia Svigals는 이런 생각을 대변해주었다.『타임스』와의 인터뷰에서 그녀는 이렇게 말했다. "클레즈머틱스의 임무는 새로운 유대인 정체성에 사운드트랙을 제공하는 일이다." 클레즈머 리바이벌의 주역들은 전통과 혁신을 결합하여 현대 청중과 뭔가 찾던 이들에게 철저히 자기 자신이 되는, 완전히 모던한 유대인이 되는 방법을 가르쳐 주었다. 데이비드 크라카우어에게 그랬듯, 내게 그랬듯, 클레즈머는 이 모든 이들에게 '고향 같은 음악'이었다.

이 글을 쓰던 때는 클레즈머 르네상스의 절정기였고, 전반적으로 유대문화의 부흥기였다. 또한 베이비붐 세대가 유대인임을 자각하기 시작한 때였다. 어느새 나이가 들고 부모가 되고 갖가지 상황에 떠밀려 살던 베이비붐 세대가 뿌리를 찾기 시작하자, 클레즈머도 원래 임무를 되찾기 시작했다. 클레즈머의 원래 임무란 결혼이나 바르미츠바(성인식) 같은 중요한 유대인 행사에 사운드트랙을 제공하는 일이다. 미적·지적 만족을 위해 음악을 듣던 세대에게 클레즈머 음악은 그들 '내부의 유대인'에게로 안내하는 적절하고 손쉬운 도구였다. 한 걸음 더 나아가 클레즈머의 기원으로 되돌아가는 일도 가능했다. 하시디즘 운동(대중적인 유대교 신비주의 운동)이 일어났을 때, 신神과의 황홀한 일치로 인도하기 위해 만든 기도 선율이 바로 그 기원이었다.

부활하기 시작한 클레즈머 음악과 음악가의 이야기를 글로 전하면서 '클레즈머'라는 용어 자체에 관심을 갖기 시작했다. 클레즈머가 특정 음악 양식을 지칭하게 된 것은 비교적 최근의 일이다. 역사적으로 볼 때 '클레즈머 음악'이라는 말은 존재하지 않았다. '클레즈머'는 두 개의 히브리 단어, 그릇을 뜻하는 '클레이'와 노래를 뜻하는 '제머'를 이디쉬 식으로 합친 말이다. 그러니까 클레즈머는 '노래를 담는 그릇', 즉, 악기 혹은 음악가라는 뜻이었다. 실제로 동유럽의 유대인 음악가를 지칭하던 말이었다.

클레즈머는 음악 양식이 아닌 음악가, 즉 사람이었는데, 어느 순간 유대인의 민속음악 양식과 레퍼토리까지 지칭하기 시작했다. 이렇듯 클레즈모림(클레즈머의 복수, 즉 음악가들)이 연주하는 음악을 클레즈머라고 처음 지칭한 사람은 1930년대에 저작 활동을 했던 소련의 유대인 음악인류학자 모셰 베레고프스키Moshe Beregovski라고 전해진다.[2] 그러나 실제로 음악 장르로서 클레즈머가 널리 알려진 것은 1970년대 말 미국, 클레즈머 리바이벌 운동이 시작되고 나서였다. 그 이전에는 결혼식이나 유명한 휴양지 캣스킬(뉴욕)에서 연주되는 유대인의 옛 춤곡을 통칭하여 '유대음악' 혹은 '불가'(유대인의 대중적인 춤곡 장르)라고 불렀다. 20세기 중반 미국 유대인의 결혼식에서는 주로 차차차, 글렌 밀러Glenn Miller, 최신 대중음악이 연주되었고, 저녁에 향수를 달래기 위해 잠시 '유대음악'이 연주되곤 했다.

동유럽에서 들어온 유대인의 춤곡이 유대문화, 유대음악으로 1970년대 말에 되살아나자 당장 이런 음악을 지칭하는 이름이 필요해졌다. 그래서 붙여진 이름이 클레즈머였다. 마치 아일랜드와 관련된 민속음악을 모두 켈트 음악이라 부르듯, 클레즈머도 유대인의 음악, 정치, 기타 여러 가지 의미를 함축하는 용어가 되어버린 것이다. 음악가들, 특히 아일랜드 음악가들이 싫어하는 부분이다. '아일랜드'가 아닌 '켈트', '이디쉬'나 '유대'가 아닌 '클레즈머'라는 명칭을 선호하는 것을 보면, 특정 민족과의 관계를

- - -

2 혼동을 피하기 위해 이 책에서는 '클레즈머'를 클레즈머 음악, '클레즈모림'을 클레즈머 음악을 연주하는 음악가들을 지칭하는 용어로 구분하여 사용한다(역주).

회피하거나 희석시키려는 의도가 살짝 엿보인다. 실제로 이디쉬 음악의 리바이벌 초기에 결성된 밴드 중에는 클레즈머/클레즈모림이라는 용어를 사용한 경우가 종종 있었다. 예컨대 '더 클레즈모림The Klezmorim,'[3] 클레즈머 콘서바토리 밴드Klezmer Conservatory Band가 있었고, 앤디 슈태트만의 첫 번째 음반도 〈유대 클레즈머 음악Jewish Klezmer Music〉이었다. 특정 음악 장르가 되살아나고 있었고, 거기에 '클레즈머'란 이름이 붙게 된 것이다.

부도비츠Budowitz 밴드가 연주하는 구세계의 우아한 어쿠스틱 사운드, 클레즈머 콘서바토리 밴드가 연주하는 이디쉬 스타일의 빅밴드 스윙, 뉴올리언스 클레즈머 올스타스New Orleans Klezmer Allstars 밴드가 연주하는 펑키한 세컨드라인 리듬, 나프툴레의 꿈Naftule's Dream 밴드가 연주하는 메탈음악의 불협화음. 이 모든 것을 포괄하는 것이 클레즈머였다. 그러다 보니 클레즈머 음악의 요소를 논할 때면 클레즈머 음악 자체가 논쟁의 대상이 되곤 한다. 클레즈머 음악은 다양한 명칭으로 불렸다. 유대 재즈, 유대 블루스, 유대 블루그래스, 유대 소울음악이라 칭했다면 기억하기도 쉽고 의미하는 바도 확실했겠으나, 수세기를 지내온 동유럽의 음악 장르가 20세기 미국이라는 맥락 안으로 들어온 과정을 설명하기에는 적절치 않았다. 물론 클레즈머는 집시, 루마니아, 우크라이나, 그리스 음악에 이디쉬 악센트를 더한 음악이라는 주장도 있었다. '만화 음악'이라며 조롱하는 경우도 있었고, '유대인처럼 연주'한다, 심지어 '틀린 음을 연주'한다며 경멸하는 이들도 있었다. 클레즈머 음악은 아우슈비츠 수용소의 화장터에서 수많은 유대인 음악가들의 시체와 함께 잃어버리고 잊혀지고 쓸려가고 버려지고, 말 그대로 연기 속으로, 먼지와 잿더미 속으로 증발해버린 듯했다.

20세기에서 21세기로 넘어가는 지금(이 책의 출판년도는 2000년), 우리는 호기심 어린 눈길로 정말 기이한 현상을 목격하고 있다. 피부색도 국적도 다른 음악가들이 과거에 잃어버렸던, 혹은 잊고 있었던 음악을 다시금 찾아 연주하고 있으니 말이다.

• • •

3 '클레즈모림'은 음악가를 지칭하는 보통명사이나, '더 클레즈모림'은 클레즈머 리바이벌 시기에 결성된 특정 클레즈머 밴드를 가리킨다(역주).

클레즈머에 매혹된 이들의 과거 음악경험은 클래식, 재즈, 포크, 블루그래스, 전자음악 등 다양하기 그지없다. 하지만 가장 신기한 것은, 다운타운 아방가르드 음악가, 클래식 분야의 현대음악가 등 가장 실험적이고 전위적인 작곡가와 연주자들이 동유럽 슈테틀(유대인 촌락)에서 연주되던 소박한 민족음악, 그 옛날에 연주되던 춤곡에 매혹되고 있다는 점이다.

비슷한 시기에 곳곳에서 수백만 개의 클레즈머 밴드가 등장했다. 아마추어 밴드, 프로에 가까운 클레즈머 밴드들이 온나라를, 전세계를 뒤덮은 것이다. 밴드 멤버들은 로큰롤 음악을 듣고 자란 세대였으나, 척 베리Chuck Berry의 리프를 버리고 구대륙의 흐느낌(크레흐츠)을 택했다. 클레즈머의 블루노트라 할 수 있는 클레즈머의 꺾이고 신음하는 흐느낌을 말이다. R&B의 백비트와 불가 리듬의 공통점을 기반으로 두 음악을 결합하여 클레즈머와 신세계 사운드의 역동적인 퓨전을 탄생시킨 음악가들도 있었다.

매년 12월이면 뉴욕 캣스킬에서 클레즈캠프KlezKamp가 열린다. 일주일간 세미나와 페스티벌로 진행되는 캠프인데 몇 달 전에 예약해야 참여할 수 있다. 이곳에 모여든 미래의 클레즈모림 수백 명은 시드 베커만Sid Beckerman, 한쿠스 넷스키Hankus Netsky, 클레즈머틱스 밴드 등 클레즈머 리바이벌 운동의 주역들과 함께 연주도 하고 대화도 나눈다. 클레즈캠프가 낳은 밴드는 일일이 헤아리기 힘들 정도이다. 대표적인 예로 캘리포니아의 클레즈캠프 웨스트KlezKamp West, 몬트리올의 클레즈캐나다KlezKanada, 뉴욕 서부의 지붕 위의 버팔로Buffalo on the Roof를 꼽을 수 있다. 대학 캠퍼스를 거닐다 보면 기숙사 창문을 통해 터져 나오는 클레즈머 소리를 듣게 된다. 20년 전만 해도 스틸리 댄Steely Dan, 토킹 헤즈Talking Heads의 음악이 흘러나오던 곳이다. 스쿼럴 넛 지퍼스Squirrel Nut Zippers, 벤 폴즈 파이브Ben Folds Five 같은 메가-팝 밴드의 최신 히트곡에 가려 있던 클레즈머 음악에게 대체 무슨 일이 벌어지고 있는 걸까? 대체 무엇 때문에?

1979년으로 돌아가 보자. 클라리넷 연주자 크라카우어가 클레즈머 음악을 연주하기 전, 여전히 클래식과 재즈에 푹 빠져 지낼 때이다. 최고의 클레즈머 클라리넷 연주자 데이브 타라스Dave Tarras의 음악을 처음 듣게 되었다. 당시 콘서트에서 크라카우어를 전율케 한 타라스의 단 한 개의 음을 그는 지금도 기억한다. "내가 음악을 좋아하는 건 그런 것 때문이다. 단 한 개의 음. 그것이 사람들에게 엄청난 감동을 선사한다."

한 음의 신비가 바로 클레즈머의 비밀이다. 하시디즘 운동 당시 초월적인 의식 상태로 끌어올리기 위해 사용하던 가사 없는 기도음악, 즉 니구님에 담겨 있던 신비로움이 클레즈머에 남게 된 것이다. 장식음과 꺾는 음을 차용하여 이디쉬 언어의 억양을, 칸토르를 연상케 하는 언어의 억양을 음악 안에서 만들어낸다.

기악음악과 보컬음악 간의 긴밀한 관계(바이올린, 클라리넷으로 들려오는 인간의 목소리)도 빼놓을 수 없다. 사람들을 열광케 하는 가장 중요한 요소이다. 클레즈머 음악이 따뜻하게 느껴지는 것도, 음악이 '노래하고' '웃고' '우는' 것도 바로 이 때문이다. 이러한 클레즈머의 특성을 최고로 이끌어내는 것이 독주자의 감성이며, 여기에 현대 청중과 음악가들이 열광한다. 역사적으로 반감과 억압에 맞서야 했던 클레즈머가 웃고, 울고, 노래하는 인간 본연의 소리로 지금까지 남게 된 것이다. 불가능해 보이지만, 클레즈머에는 웃음과 울음과 노래가 공존한다.

클레즈머는 가능성의 음악이라 할 수 있다. 클레즈머에는 민속음악이나 클래식 음악처럼 고도로 양식화된 형식, 템포, 박자, 선법 규칙이 존재한다. 그러나 동시에 재즈나 록음악과의 공통점도 있다. 완전한 즉흥연주는 아니지만 개인적인 표현을 상당 부분 인정한다. 클레즈머는 재즈와 마찬가지로 연주자의 음악이다. 진정한 예술가가 빚어내는 솜씨로 보자면, 클레즈머 연주자가 만들어내는 신비로운 황홀경보다 더한 것은 없다.

클레즈머는 보통 '이디쉬 언어를 사용하는 동유럽 유대인의 파티용 기악음악'으로 정의된다. 그런데 이 정의를 보면, 클레즈머의 유래만 알 수 있을 뿐, 클레즈머의 백년 역사는 전혀 알 수 없다. 20세기로 진입하던 시기, 클레즈머는 동유럽에서 미국으로 이주한 수백만 유대인과 함께 미국으로 건너왔다. 다른 유대문화와 마찬가지로 클레즈머도 미국화와 문화동화 과정을 거쳐 새롭고 창의적인 음악으로 변모하며 미국 청중까지 매혹시켰다. 그럼에도 불구하고 클레즈머의 정의에는 클레즈머의 중요한 역사가 빠져 있는 것이다.

미국에서 클레즈머는 세 번의 중요한 시기를 거쳤다. 첫째, 19세기 말과 20세기 초 집단이주 시기이다. 미국에서 재즈가 성행하던 시기에 데이브 타라스, 나프툴레 브란트바인Naftule Brandwein 등 동유럽에서 이주한 클레즈모림이 미국 음악에 저항도 하고 미국 음악을 흡수도 하면서 자신만의 음악을 일구어 미국 음악시장의 틈새를 성공적으로 공략한 시기이다. 둘째, 클레즈머 리바이벌이라 일컫는 시기이다. 앤디 슈태트만 같은 연주자들과 '더 클레즈모림', '카펠레Kapelye',⁴ 클레즈머 콘서바토리 밴드 같은 연주단체들로 시작되었고, 이들은 모두 전통음악에서 뿌리를 찾는 일에 몰두하였다. 셋째, 클레즈머 르네상스라 일컫는 시기이다. 리바이벌 시기의 음악가들 중 재능 많고 모험적인 음악가들이 클레즈머 전통에 자신들의 음악 성향을 덧붙이기 시작했다. 록, 재즈, 클래식의 영향이 압도적이었다. 집중적인 혁신의 시기였고, 지금도 우리는 그 혜택을 풍요롭게 누리고 있다.

클레즈머, 혹은 신新클레즈머(이 용어를 선호하는 이들도 있다.)는 현재 연주되고 있는 '새로운' 음악 중 가장 신나고 활기찬 음악이다. 이스라엘 출신의 클래식 바이올린 연주자 이작 펄만Itzhak Perlman, 아프리카계 미국인인 클라리넷 연주자 돈 바이런 Don Byron, 블루그래스 퓨전의 선구자 앤디 슈태트만, 다운타운 아방가르드 음악가이자 프리재즈 전문가 존 존John Zorn 등 다양한 범주의 음악가들을 모두 아우를 수 있는 음악 장르가 클레즈머 외에 또 있을까?

이 책은 암암리에 변모하는 청중도 소개한다. 동유럽 슈테틀의 동네 사람들에서 시작하여 폴란드 궁정 귀족, 세계대전 이전의 이디쉬 극장 청중, 캣스킬에서 여가를 즐기는 사람들, 우리 시대의 대학생, 온통 검정색으로 차려입고 재킷 아래로 옷을 내놓고 다니는 힙스터들, 이 모든 사람들이 클레즈머의 청중이다. 신클레즈머는 유대인과 비유대인에게 똑같이 말을 건넨다. 유대인은 자신의 역사와 문화 때문에 이끌리고,

• • •

4   원래 카펠레kapelye는 음악 밴드를 통칭하는 보통명사이다. 이 명칭을 그대로 가져온 밴드 '카펠레Kapelye'는 보통명 사 카펠레와 구분하기 위해 따옴표를 붙여 '카펠레'로 표기한다(역주).

비유대인은 음악 자체의 매력에 이끌린다. 클레즈머의 위트와 독창성은 두말할 나위도 없다.

이 책은 클레즈머를 음악학적으로 혹은 음악인류학적으로 분석한 책이 아니다. 클레즈머의 사회사를 논하지도 않는다. 음악은 불특정 다수에게 선사한 음반 안에 존재한다는 단순한 사실을 염두에 두고, 음반과 함께 클레즈머 음악의 역사와 발전 과정을 설명하고자 한다. 음반으로 클레즈머를 즐기고 감상할 수 있는 기회를 늘리기 위함이다. 음반을 녹음한 거장 음악가들의 이야기도 들려줄 것이다. 클레즈머 음악이 어떻게 부활했는지, 어떤 의도로 클레즈머 음악을 재구성했는지, 클레즈머 리바이벌과 르네상스의 주역들이 직접 말해줄 것이다.

지금도 나는 클레즈머 음악을 찾아 여행 중이다. 이 책의 초점은 아니지만, 앞으로 이 여행이 어떻게 진행될지도 이 책에서 살짝 암시하고 있다. 내 세대의 언어로 멋지게 표현해보자면, "클레즈머 대박!"

제1장

구세계 클레즈머

OLD WORLD KLEZMER

서구와 중세의 뿌리
동쪽에서 뜨는 해
카펠례 음악

01.

구세계 클레즈머

-
-
-

오늘날 우리가 듣는 클레즈머 음악은 클레즈머 르네상스 시기의 음악으로, 19세기 동유럽에서 연주된 클레즈머의 정취와 사운드(가장 중요한 클레즈머의 소울)를 기원으로 한다. 사라지지 않는 구세계의 특성과 신선하고 현대적인 모습이 결합된 음악, 이 때문에 사람들은 알리샤 스비갈스의 바이올린, 마곳 레버렛Margot Leverett의 클라리넷, 로린 스클램베르그Lorin Sklamberg의 보컬, 앨런 베른Allan Bern의 키보드 연주를 들으며 열광한다. 이들은 로큰롤 음악을 들으며 대학에 다녔고, 재즈와 다양한 민속음악에도 정통한 음악가들이었다. 그래서 구세계 클레즈머 사운드에 흠뻑 빠져들었을 때, 자연스레 옛 것과 새 것을 적절하게 섞어가며 퓨전음악을 만들어낼 수 있었다. 바로 이런 퓨전 때문에 클레즈머 음악의 감성은 깊어지고, 사람들의 마음과 영혼과 다리를 움직이게 만드는 원초적 힘이 생성되었다고 할 수 있다. 게다가 클레즈머 음악은 듣는 사람들로 하여금 즉각 갈리시아, 부코비나 같은 작은 유대인 마을로 이동하게 만든다. 시공간적으로 멀리 떨어져 있고 문화도 많이 다르지만, 그럼에도 불구하고 그렇게 멀리 떠나온 듯 느껴지게 만든다.

클레즈머의 비밀을 파헤칠 수 있는 유일한 방법은 없다. 사람의 심금을 어떻게 울리는지 설명할 수 있는 유일한 방법도 없다. 하지만 로큰롤 팬들이 엘비스 프레슬리Elvis Presley의 생애와 시대적 배경을 더듬다가 컨트리 음악과 R&B를 결합하여 마침내

구세계 클레즈모림의 연주 공간은 주로 결혼식이었지만, 새로 완성된 토라 스크롤을 봉헌하는 의식(시윰)에서도 클레즈모림의 라이브 음악이 연주되었다. 사진은 벨라루스 두브로프나에서 거행된 시윰 광경.

퓨전 팝음악을 만들어낸 순간을 찾아냈듯이, 블루스 팬들이 로버트 존슨Robert Johnson 을 추적하다가 악마와 협상을 맺은 운명의 교차로까지 찾아냈듯이, 재즈 팬들이 루이 암스트롱Louis Armstrong의 음악을 들으며 즉흥음악부터 지금 우리가 알고 있는 모던 재즈까지 어떻게 변화했는지 밝혀냈듯이, 우리도 구세계로 관심을 돌려볼 필요가 있다. 그러면 단 하나의 중요한 지점이나 음악작품은 찾지 못하더라도, 시대를 초월하여 사람들을 매혹시키는 클레즈머의 신비를 밝히는 데 도움이 될 만한 음악 혹은 문화의 이정표를 찾아낼 수 있을 것이다. 더불어 오늘날의 클레즈머가 구세계 클레즈모림의 생애와 그 시대를 개작한 버전이라는 사실도 알게 될 것이다.

구세계의 클레즈머 음악을 직접 접하기는 어렵다. 음반은 아예 없고 참고할 만한 악보도 거의 없다. 그나마 구세계 클레즈머를 엿볼 수 있는 통로는 19세기 이디쉬 문학작품이다. 화려한 옷차림의 클레즈모림은 위대한 이디쉬 작가들이 좋아하던 캐릭터였다. 대표 작가로 페레츠I. L. Peretz와 숄렘 알레이헴Sholem Aleichem을 꼽을 수 있다. 이들의 작품은 여러 선집選集에 포함되어 있어 현대 독자들도 쉽게 찾아볼 수 있는데, 비록 구세계 음악가들의 실제 사운드는 전해주지 못해도, 클레즈모림(실제 음악가이건 상상 속의 음악가이건)과 그들을 둘러싼 음악 풍경을 화려한 문체와 재기 섞인 묘사로 생생하게 전해준다.

클레즈머를 다룬 가장 유명한 문학작품은 숄렘 알레이헴의 중편소설 『스템페뉴Stempenyu』(1888)일 것이다. 베르디체프 출신의 바이올린 연주자이자 작곡가였던 요셀레 드루커Yossele Drucker(1822~1879)를 주인공으로 삼은 소설이다. 실존 음악가였던 그의 무대명이 바로 스템페뉴였다. 알레이헴은 소설 속에서 스템페뉴의 연주 장면을 아름답게 묘사하고 있다.

그가 피들을 잡고 활을 한 차례 긋는다. 더도 말고 단 한 번. 그러면 피들은 벌써 말을 하기 시작한다. 그런데 피들이 어떻게 말하는지 당신은 알고 있는가? 살아있는 사람처럼 혀를 움직여 진짜로 말을 한다... 유대인처럼 말하고, 논쟁하고, 울먹이며 노래하고, 비명을 지르고, 마음 속 저 깊은 곳, 영혼의 깊은 곳에서 울음을 쏟아내고... 서로 다른 목소리가 갖가지 노래를 쏟아 놓는다. 모든 목소리는 너무 외롭고 슬픈 나머지 당신의 심장을 부여잡고 당신의 영혼을 찢어내며 당신의 기氣를 모두 빼앗는다... 심장은 터질 듯 점점 부풀어 오르고 눈에는 눈물이 가득 고인다. 사람들은 탄식하고 슬퍼하다가 끝내 울음을 터뜨린다.

알레이헴은 우리가 알고 있는 클레즈머의 본질을 이미 꿰뚫고 있었다. 애통한 느낌, 묻고 말하는 소리... '유대인의 로망스'라는 부제가 붙어있는 이 소설은 사랑의 기술을 주로 가르치지만, 클레즈머 음악과 음악가들을 에워싼 열정도 고스란히 담아낸다. 아프리카계 미국인의 소울음악이 그토록 강렬한 것은 이성과 감성의 결합 때문이라 할 수 있다. 알레이헴이 묘사한 스템페뉴도 마찬가지이다.

"스템페뉴가 악단을 거느리고 슈테틀에 들어오면 소요사태가 벌어졌다. 도시 전체를 휘감은 홍분은 표현하기 힘들 정도였다." 바로 이런 센세이션과 아수라장을 알레이헴은 아주 현대적인 용어로 묘사하며 거의 백 페이지를 채워간다. 스템페뉴는 믹 재거Mick Jagger, 앨리스 쿠퍼Alice Cooper, 마릴린 맨슨Marilyn Manson의 대선배이자 최초의 록스타였을지도 모른다. "그는 모든 마법사들과 친했다고 한다. 소녀의 의도와 상관없이 원하기만 하면 소녀의 마음을 훔칠 수 있었을 것이다. 주문呪文 거는 법을 알고 있었으니 말이다. 소녀를 쳐다보면 그것으로 끝이었다. 단 한 번, 젊은 여인을 똑바로 쳐다보기만 하면 그 여인은 그의 것이 될 것이다. 하늘이여, 우리를 보호하소서!"

알레이헴의 이야기는 대부분 소녀에 관한 것이다. 얌전하지만 스템페뉴를 흠모하던 레이첼은 전설적인 인물에게 마음을 빼앗긴 후 배신당한다. "무엇인가 그녀의 마음을 끌어당기고 그녀를 쓰다듬었다. 하지만 그게 무엇인지 이해하지 못했다." 그의 이름 '스템페뉴'는 이디쉬어로 '재능 있는 음악가'와 동일어가 되었다. 『스템페뉴』의 번역본과 선집은 쉽게 찾아볼 수 있다. 19세기 클레즈모림의 세계를 이해하려면 반드시 읽어야 할 필독서이다.

클레즈모림은 짧은 이디쉬어 이야기에도 수시로 등장한다. 예컨대, 페레츠가 쓴 2쪽짜리 단편 「어느 음악가의 죽음A Musician's Death」(1892)을 보면 구세계 클레즈모림의 면면을 자세히 들여다볼 수 있다. 클레즈머 왕국의 '군주君主'인 주인공 미클이 죽음을 기다리며 침대에 누워 있다. 주위에는 부인과 여덟 명의 아들이 있는데, 아들들은 모두 미클과 같은 음악가이다. 미클의 장례식과 묘지 비용은 자선단체가 책임질 것이라는 내용으로 보아, 미클의 가족은 무척 가난했던 것 같다.

그러나 미클의 부인 미를은 임박한 남편의 죽음을 받아들이지 못한다. 분노 속에서 세상과 맞선다. 유대교 회당 사람들에게 미클을 위해 기도해달라고 간청도 한다. 창조주가 그들의 기도를 듣고 미클의 죽음을 연기해줄 것이라는 희망 때문이다. 아들들에게는 비난을 쏟아놓는다. 미를은 남편이 방탕한 속물로 살아서 병에 걸렸다고 생각한다. 그래서 아들들에게 이렇게 훈계한다. "카펠레(음악 밴드)는 예전의 영광을 잃어가고 있어. 이제 다시는 결혼식을 제대로 치를 수 없을 거야. 진정한 잔치를 즐길 수 없을 테니까." 미를은 아들들이 비유대인 행사에서 연주를 하고 코셔 음식(유대교 율법에 맞는 음식)을 먹지 않았다며 크게 나무란다. 유대교 전통의 가르침을 따르지 않아 남편이 죽게 되었음을 암시한 것이다. 그런데 아들들은 마지막 존경의 표시인 치칫(유대인 옷 끝에 달린 술 장식)도 달지 않는다. 미를은 아들들에게 고함을 지른다. 그래도 아들들은 조용히 바닥만 바라보며 침묵할 뿐이다. 마침내 미클이 미를에게 그만 하라고 애원한다.

미클의 부탁은 미를을 자극할 뿐이다. 이제는 죽어가는 남편에게 화살을 돌려 남편의 수치스런 비밀을 털어놓는다. 미클이 책임질 죄가 있다면서 오랫동안 다른 여자를 그리워했다고 비난한다. 그러자 미클은 웃으면서 그리워한 여자는 많았다며 이렇게 말한다. "여자는 그냥 여자야. 상처 난 곳으로 손이 가듯 음악가들은 여자들에게 끌리는 거야."(소녀 팬을 몰고 다니며 연주여행을 다닌 첫 번째 음악가는 로큰롤 뮤지션이 아니었다!) 미클은 아들들이 뒤에서 자신을 술주정뱅이라고 놀린 것도 용서한다. 물론 슬리보비츠를 무척 좋아한 것은 인정한다.

고함과 울부짖음이 다 지나간 후 마침내 미클은 울고 있는 아들들에게 악기를 가져와 연주를 하라고 명령한다. 피들 연주자 셋, 클라리넷·베이스·호른 각 한 명으로 이루어진 가족 밴드, 가족 카펠레가 등장한다. 미클은 마지막 명령을 내린다. "잘 연주해라. 형편없는 결혼식에서 연주하듯 광대놀음 따위는 하지 말고."

이런 간단한 이야기를 통해 우리는 클레즈모림의 삶과 성격, 이들이 살았던 시대를 이해할 수 있다. 클레즈모림은 불손하고 불경하며 부도덕하기까지 한 무리였다. 방탕한 음악가의 전형이라 할 수 있다. 노력은 했으나 평생 빈털터리로 살았다. 그들은 세습 음악가였고, 아버지와 아들들로 구성된 카펠레도 가끔 있었다. 주로 사용된 악기는 바이올린, 클라리넷, 베이스, 트럼펫이었다. 그들은 사례만큼만 연주를 했다. 팁을 별로 받지 못할 것 같은 가난한 결혼식에서는 빈둥거리며 돌아다녔고, 넉넉히 팁을 받을 것 같은 상류층 결혼식에서는 혼신의 힘을 다해 연주했다.

THE JEWISH PALE OF SETTLEMENT
IN RUSSIA, 1835–1917

SWEDEN

St. Petersburg

Lake
Pskov

Lake Llmen

Baltic
Sea

Moscow .

KOVNO

VITEBSK

GERMANY   SUWALKI   VILNA

MOGILEV

PLOCK   LOMZA

KALISZ   WARSAW   GRODNO   MINSK

SEDLITS

RADOM   RUSSIA

KIELCE   LUBLIN

PIOTRKOW

VOLHYNIA   CHERNIGOV

AUSTRIA
HUNGARY

Kiev .

POLTAVA

KIEV

PODOLIA

EKATERINOSLAV

BESSARABIA

KHERSON

RUMANIA   Nikolaev.

TAURIDA   Sea of
Azov

Sebastopol Yalta Black Sea

러시아의 페일 거주지(1835~1917)
19세기부터 20세기 초까지 러시아 차르는 페일 거주지로 알려져 있는 지역에만 유대인이 살도록 하였다. 현재 폴란드,
리투아니아, 루마니아에 해당되는 지역이다. 유대인 거주지 안에서의 여행도 철저히 규제되었다.

서구와 중세의 뿌리

        클레즈머 음악은 동유럽 유대인의 독특한 문화이다. 14세기 초, 변덕스런 본토인들의 관용과 핍박을 견디며 유럽 중서부에서 수백 년간 살던 유대인들은 계속되는 추방과 박해와 종교재판을 피해 동쪽으로 이동했다. 폴란드 귀족, 러시아 차르, 지방정부는 내키지 않았지만 유대인을 받아들였고, 그곳에서 유대 디아스포라는 자신만의 문화를 다시 일구어가기 시작했다.

    유대인은 중서부 유럽에서 일구었던 음악전통도 함께 가져왔다. 프랑스와 독일을 비롯한 중서부 유럽에는 유대인 음악가로 이루어진 소규모 유랑밴드가 있었다. 이들은 틀림없이 튜턴족 선율이나 트루바두르 노래, 교회음악 등 주변에서 접할 수 있는 음악을 차용했을 것이다. 16세기 말 부유한 유대인의 결혼식에는 만토바의 살로모네 로시Salomone Rossi('히브리 사람 솔로몬'이라고도 불렸다.)가 이끄는 전문 성악가들이 초대되곤 하였다. 로시의 '결혼 찬가Wedding Ode'는 무명시인의 시에 붙인 합창곡으로 정교한 르네상스 양식으로 되어 있으며 교창 형식으로 노래한다. 본토 음악과 유대인 음악을 합쳐 새로운 음악을 만들어낸 유대음악의 초기 사례로 볼 수 있다. 로시는 성악가들과 함께 기악 앙상블도 데려왔는데, 비올, 리코더, 하프, 드럼으로 이루어져 있었다. 일종의 원조 클레즈머 앙상블이었다. 게다가 어릿광대와 곡예사가 구경꾼의 여흥을 돋우면, 춤동작을 알려주는 댄스 콜러dance caller의 주도로 춤이 시작되었다. 동유럽 결혼식의 원형이었다.

    중서부 유럽의 유대인 음악가들이 지니고 있던 다양한 사회적, 문화적, 법적, 종교적 배경이 결국 동유럽 카펠례를 낳았다. 중세 유럽 사회에서 유대인에게 허용된 직업은 상업과 대금업을 포함하여 몇 개 되지 않았다. 음악도 그 중 하나였다. 유럽의 주요 도시에는 으레 유대인 음악가들로 구성된 직업 밴드가 있었다. 이들은 유대인뿐 아니라 다른 민족을 위해서도 연주했고, 궁정음악이나 교회음악을 담당하던 유대인도 더러 있었다.

구세계 카펠례에는 바이올린(피들)이 수적으로 많았다. 호른, 드럼, 클라리넷의 라인업을 보면 차르 시대의 군악대 영향을 엿볼 수 있다.

1558년 프라하에서 클레즈모림 길드가 결성되었다. 이들은 활발한 활동을 벌였고, 1641년에는 비유대인을 위해 연주할 수 있는 권리까지 얻어냈다. 길드의 규율은 엄격했다. 매일 유대인 회당에 나가야 했고, 매주 랍비와 공부도 해야 했다. 프라하 외에 퓌르스, 프랑크푸르트, 베를린에 기반을 둔 밴드들도 유명했다. 이들 그룹은 시골을 돌며 시장이나 축제, 여인숙이나 살롱에서 연주했다. 주로 사용된 악기는 바이올린, 첼로, 더블베이스였고, 덜시머의 변형악기인 침블, 하크브렛도 포함되었다. 17세기까지 클레즈모림의 인기는 날로 높아졌다. 히브리어로 된 채색 필사본을 보면 1770년경 알자스에서 벌어진 만찬에서 두 명의 바이올린 연주자와 한 명의 베이스 연주자가 트리오로 연주했던 것 같다.

이 모든 사실로 미루어보면, 많은 유대인 음악가들이 항상 두 명의 주인(비유대인인 지방유지와 랍비)에게 봉사하며 불안정한 연주생활을 했음을 알 수 있다. 아직 지방 권력이나 유대교 체제가 중앙에 집중된 시대가 아니었기 때문에, 제약이 중구난방으로 가해졌다. 가는 곳마다 제약이 서로 다르다보니, 이곳저곳 다니며 연주하던 음악가들은 다음 도시에서 어떤 일이 일어날지 예측할 수 없어 늘 어려움을 겪었다.

예컨대 유대인 음악가의 공연을 일주일에 몇 번, 혹은 한 공연 당 몇 시간으로 제한하기도 했고, 밴드 멤버 숫자를 제한하기도 했다. 심지어 연주할 수 있는 악기까지 제한하여 이른바 부드러운 악기, 즉 현악기와 플루트 연주만을 허용하는 경우도 있었다. 랍비의 통제도 만만치 않았다. 유대교에서는 70년 예루살렘 2차 성전 파괴 이후 결혼식과 정해진 휴일 외에 기악음악 연주를 금했기 때문이다.

엄격한 제약 속에서 뜻밖의 성공을 거둔다 해도 늘 사정이 좋아지는 건 아니었다. 비유대인들 중에는 그리스도인 음악가보다 유대인 음악가를 선호하는 사람들도 가끔 있었다. 세련된 레퍼토리, 음악가들의 겸손과 절제 때문이었다. 그런데 오히려 이런 인기 때문에 반反유대주의가 섞인 반발이 생겨나기도 했다. 예컨대, 1600년대 중반 보헤미아에서는 그리스도인 음악가들이 지방당국에 부탁하여 유대인들이 교회 축제에서 연주하지 못하도록 조처하는 경우도 생겨났다. 유대인들은 리듬을 정확히 지킬 줄 모르고, '끔찍한 방식으로' 그리스도교 음악의 품위를 떨어뜨리거나 모방한다는 것이 이유였다.

비유대인 음악가들의 반발과 점점 심화되는 유대인 혐오로 인해 17세기 중부유럽에서는 유대인 음악가에 대한 제약이 더욱 심해졌다. 메츠(프랑스)에서는 3중주(결혼식에서는 4중주)까지만 허락되었고, 메츠에서 제대로 등록하지 않은 밴드는 한 번에 한 명의 음악가만 쓸 수 있었다. 제약을 피하기 위해 다른 동네로 가서 결혼식을 올리는 경우도 종종 있었다. 1700년경 독일에서는 유대인의 자유로운 여행이 불가능해져 연주 기회가 급격히 줄어들었고, 그나마 연주를 하려면 지방당국의 허락을 받고 엄청난 세금까지 물어야 했다.

동쪽에서 뜨는 해

17세기 말부터 유대문화의 추는 동쪽으로 움직이기 시작했다. 서유럽 게토의 혹독한 단속보다 동유럽 슈테틀의 고립과 자치를 선택한 것이다. 1500년대 이후 스페인, 포르투갈, 중부유럽에서 지속적으로 추방당한 유대인들은 페일(울타리) 거주지Pale of Settlement라고 알려진 유대인 거주지에 둥지를 틀게 된다. 현재 폴란드, 루마니아, 우크라이나, 벨라루스, 리투아니아에 해당되는 지역이다. 흑해부터 발트해에 이르는 유대인의 페일 거주지는 약 60만 제곱킬로미터로 러시아 제국 전체의 4%, 러시아의 유럽 영토 중 20%에 해당된다. 19세기 초 페일 거주지에 살던 유대인 인구는 대략 백만이었고, 20세기로 넘어오면서 인구가 다섯 배 이상으로 증가해 550만에 달하게 된다. 역사상 유대인 거주지 인구로는 최고 기록일 것이다.

유대인들은 페일 거주지 전체에 퍼져 살았다. 도시 인구와 시골 인구는 대략 반반이었다. 보통 동유럽 유대인의 이미지는 슈테틀에 사는 시골 사람으로 굳어져 있으나, 실제로는 빌나, 민스크, 오데사, 키예프, 키시네프 등 국제도시에 살던 유대인도 많았다. 중세 초기부터 유대인의 은신처였던 폴란드를 포함하여 동유럽 유대인의 삶은 서쪽에 있을 때보다 부분적으로 좋아졌다. 그러나 동유럽 역시 유대인에 대한 관용은 극히 제한적이었고, 일상생활 곳곳에 뿌리 박혀있던 엄격한 유대교 율법과 전통 때문에 유대인의 삶은 더욱 어려웠다.

클레즈모림은 유대인 결혼식에 없어서는 안 될 존재였다. 페일 거주지에서 클레즈모림이 그나마 생계를 꾸려갈 수 있었던 것은 결혼식 덕분이었다. 대부분의 클레즈모림은 전문적인 전업 음악가였지만, 다른 일을 하는 경우도 가끔 있었다. 이발사, 제화공, 목수가 대표적이었다. 그러나 슈테틀에서 대부분의 직업이 그랬듯이, 클레즈모림 직업도 전통적으로 아버지에게서 아들로 전해졌다. (공공장소에서 여성의 연주는 금지되었다.) 일종의 세습 왕국이었던 것이다. 물론 왕국이라 말하기에는 클레즈모림의 사회적 지위가 너무 낮았다.

유대인 사회의 이케스(사회적 지위)는 가족과 친척의 부富와 교육수준에 따라 결정되었고, 클레즈모림은 두 가지 기준에 모두 미달된 하류층이었다. 음악가들은 큰돈을

버는 경우가 거의 없었고 교육도 받지 못했으며 종교적인 사람들도 아니었다. 항상 돌아다녀야 했기 때문에 전통적인 생활방식에 걸맞은 윤리를 지킬 수도, 안정적인 삶을 영위할 수도 없었다. 그러나 잦은 여행과 프리랜서의 삶 덕분에 전형적인 슈테틀 거주자보다 훨씬 다양한 사람들을 만날 수 있었다. 당시 상황을 알 수 있는 이야기, 특히 앞서 언급한 페레츠의 이야기를 보면, 유대인들 사이에서 클레즈모림은 음악 생산자로서 중요하게 생각되긴 했지만, 사회적으로는 범죄자보다 약간 나은 무리, 그러니까 방탕한 술주정뱅이, 도박사, 호색가 같은 부류로 여겨졌던 것 같다. 유럽 유대인의 음악 파트너인 집시와 같은 위치였다. 클레즈모림도 집시 같은 최하위 계층에 속했던 것이다. 이런 이야기가 있다. 어느 유대인 엄마가 딸과 재단사의 결혼을 허락하자 (재단사도 상당히 하류층에 속하는 직업이다.) 친척 중 한 명이 이렇게 말한다. "큰 딸을 재단사에게 시집보냈으니, 이제 둘째 딸은 누구한테 보내겠어? 음악가?"

언제 다음 공연이 있는지조차 모르는 프리랜서이다 보니, 클레즈모림은 언제 수입이 들어올지 알 수 없었다. 오늘날 결혼식, 파티, 술집, 밤무대에서 연주하는 음악가들과 많이 다르지 않았다. 실제로 클레즈모림은 술집 공연도 다반사였다. 선술집은 클레즈모림이 비유대인 고객을 위해 연주하는 장소였고(유대인들은 선술집을 후원하고 싶어하진 않았다.), 1861년 술 판매와 유통을 러시아 정부가 인수할 때까지 러시아 서부지역의 선술집은 대부분 유대인이 임차하여 운영하였다. 그야말로 거의 유일한 유대인 구역이었다.

다음은 이스라엘 작곡가이자 민속학자인 예호야킨 스투체프스키Yehoiakin Stutchewsky가 전해준 이야기이다. 피토프스카라는 작은 도시에 설탕 공장이 있었는데, 주인은 폴란드 귀족이었다. 다른 곳에서 지내던 주인은 공장 관리인에게 메시지를 보내 공장을 방문할 테니 자신과 동료 귀족을 맞이할 준비를 하라고 지시했다. 서둘러 환영파티를 준비했으나 음악을 연주할 수 있는 단체는 '자슬라프'라고 하는 유명한 클레즈머 밴드뿐이었다. 파티 담당자는 자슬라프 연주단의 리더인 피들 연주자 양켈Yankel the Fiddler을 불러 파티음악을 주문했다. 유일한 조건은 악보를 보고 연주하는 것이었다. (당시 클레즈모림은 거의 악보를 읽지 못했다.) 당시 페일 거주지에 살던 양켈은 높은 수입이 보장된 공연을 거절할 수 없어 조건에 합의하고, 요구사항은 뭐든 들어주겠다고 약속했다.

이야기를 전해들은 양켈 밴드의 멤버들은 무척 기뻐했다. 귀족 앞에서 연주하는 것도 신났지만, 테이블에서 받는 팁 몇 푼이 아니라 정해진 보수를 받게 된다는 사실에 모두 흥분해 있었다. 그런데 악보를 보며 연주해야 한다는 말에 모두 의기소침해졌다. 아무도 악보를 볼 줄 몰랐던 것이다. 양켈은 걱정 말라면서 이렇게 말했다. "시장에 가서 악보대를 사오게. 파티장에 가져가야지. 그리고 성서와 기도서도 함께 가지고 가세." 연회장에 도착한 그들은 악보대를 세우고 그 위에 가져간 책을 펼쳐 놓았다. 그리고 연주를 시작했다. 모두들 악보대 위에 놓인 히브리어 책을 뚫어지게 쳐다보며 연주했고, 손님들은 음악에 맞춰 춤을 추었다. 파티는 대성공이었다.

그런데, 손님 중 바르샤바에서 온 아마추어 피아니스트가 의심을 품기 시작했다. 유대인 음악가들은 교육을 받지 않은 아마추어여서 악보 없이 연주한다는 말을 들은 적이 있었기 때문이다. 그는 휴식 시간에 음악가들이 있는 곳으로 걸어와 악보를 흘끔 쳐다보며 말했다. "참으로 이상한 기보법이군. 마법을 외는 주문인가?"

연주자들은 가슴이 철렁 내려앉았다. 그러나 양켈은 당황하지 않고 이렇게 말했다. "아, 우리가 쓰는 특별한 기보법을 보고 계시는군요. 유대인 음악가에게만 알려져 있는 기보법이랍니다." 귀족은 꼬불꼬불하게 생긴 이상한 선들을 다시 한 번 쳐다보았다. 히브리어를 몰랐던 그는 어깨를 으쓱거리고는 고개를 끄덕이며 가버렸다. 위기는 모면했고 파티는 계속되었다. 양켈의 밴드는 연주가 별로 없는 시즌을 견딜 수 있을 만큼 충분한 보수를 받고 집으로 돌아갔다.

유대인들은 페일 거주지 전역에 흩어져 살았다. 하지만 페일 거주지 안에서도 유대인은 소수민족이었고, 유대인 마을끼리도 서로 고립되어 있었다. 페일 전역을 여행하기란 쉽지 않았고 갖가지 제약도 따랐다. '유대인 통행료'를 지불해야 발을 들여놓을 수 있는 도시도 있었고, 그렇게 들어가더라도 단 하루, 그것도 외곽에서만 머물 수 있었다. 지역의 통치자나 귀족의 후원을 이끌어내 어려움과 모멸감을 피하는 음악가도 더러 있었는데, 그 정도가 되면 자신의 가족과 동료 음악가의 가족을 아예 후원자 땅으로 이사시키는 경우도 있었던 것 같다. 또 다른 음악가들은 하시디즘 공동체에 정식으로 고용되기도 했다. 그러니까 유랑하는 프리랜서의 삶과 안정된 삶, 두 갈래 길이 있었던 것이다.

시간이 지나면서 몇몇 클레즈모림은 명성을 얻기 시작했고 스템페뉴 같은 유명인이 되기도 했다. 숄렘 알레이헴의 소설에서 주인공은 이렇게 외친다. "우리 딸 결혼식에서 스템페뉴의 연주를 들을 수 있다면! 신께서 이를 허락하신다면! 오, 주여, 오, 주여!"

주로 결혼식에서 명성을 쌓았지만, 오로지 음악적 재능으로 콘서트 무대에 서는 클레즈모림도 가끔 있었다. 요즘 말로 하면 '크로스오버' 뮤지션이 되는 것인데, '민속'음악을 '예술'음악, 혹은 감상용 음악으로 격상시킨 장본인이다. 미카엘 요셉 구시코프 Michael Joseph Gusikow가 바로 그런 음악가였다. 1806년 당시 러시아와 폴란드의 접경지대인 시클로프(현재 벨라루스에 위치)에서 태어난 구시코프는 아버지에게서 플루트를 배웠다. 지병이었던 폐병 때문에(폐결핵이었던 것 같다. 구세계에 만연한 병이었다.) 1831년 플루트 연주를 그만두고 일종의 덜시머인 하크브렛을 연주하기 시작했다.

구시코프는 스트로피들이라는 악기를 직접 디자인하기도 했다. 짚으로 엮은 판 위에 반음계로 조율된 나무 건반을 올려놓은, 일종의 실로폰이었다. 침블처럼 스트로피들도 작은 스틱으로 나무 건반을 두드려 연주하는데, 휴대하기 쉽다는 점이 가장 큰 매력이었다. 짚은 어디서나 구할 수 있었기 때문에 연주자는 나무 건반과 스틱만 준비하면 되었다. 늘 돌아다녀야 하는 연주자들에게는 크나큰 장점이었다. 곧 스트로피들은 떠돌아다니는 클레즈모림의 인기를 얻게 되었다.

얼마 지나지 않아 구시코프의 스트로피들 연주 솜씨는 페일 전역에, 나아가 페일 밖에도 전해졌다. 키예프, 오데사 같은 대도시에서, 그리고 빈, 라이프치히에서도 구시코프의 연주회가 열렸다. 작곡가 펠릭스 멘델스존Felix Mendelsshon은 1836년 구시코프의 공연을 본 후 다음과 같은 리뷰를 남겼다. "정말 경이로운 사람이며 유명한 동료이다. 연주 솜씨와 악기, 어느 것도 이 세상 비르투오소에 뒤지지 않는다. 피아노를 연주하는 다른 많은 연주자들보다 나무와 짚으로 만든 악기로 연주하는 그를 보는 것이 훨씬 즐거웠다… 이렇게 즐거운 음악회를 본 지 꽤 오래 되었다. 그는 진정한 천재이다." 또 다른 리뷰도 있다. "나무와 짚에서 나오는 음악이 깊은 우수憂愁와 심오한 감정을 이끌어낸다. 아주 정교한 비브라토, 아주 부드러운 사운드를 나무와 짚에서 뽑아내는 방법을 그는 너무나 잘 알고 있다. 그의 민족적 선율이란 얼마나 애통하고 얼마나 부드러운지." 구시코프는 1837년 오랜 지병에 마침내 굴복했다. 그러나 그의 명성은 이미 널리 퍼졌고, 그의 이름은 지금도 이디쉬 문학에서 가장 위대한 민속음악 비르투오소로 남아 있다.

흥미롭게도 오늘날 구시코프의 이미지를 지오라 페이드만Giora Feidman과 이작 펄만에게서 찾아볼 수 있다. 클래식 음악의 대가로 명성을 얻은 후 자신의 뿌리로 돌아온 연주자들이다. 펄만의 〈피들러의 집에서In the Fiddler's House〉 프로젝트는 아직도 진행 중인데, 지금까지 두 장의 베스트셀러 음반과 홈비디오를 출시했다. 펄만은 지금도 최고의 클레즈머 밴드 네 팀과 연주여행을 매년 다닌다.

또 다른 위대한 클레즈모림으로 모드셸 로젠탈Mordchele Rosenthal(1787~1848)과 아론 모이셰 콜로덴코Aron Moyshe Kholodenko(1828~1902)를 꼽을 수 있다. 로젠탈은 집시음악과 헝가리 음악을 결합시켰고, 집시로 가장假裝한 유대인 앙상블을 이끌었다. 콜로덴코는 페도처Pedotser라는 이름으로 널리 명성을 쌓은 바이올린 연주자이자 19세기 우크라이나에서 가장 인기 있는 작곡가였다. 페도처의 작품은 당시 전형적인 춤곡보다 훨씬 대담했고, 다른 클레즈머 음악과 달리 악보로 전해진다. 그의 제자들이 받아 적은 음악이 소련의 유대인 음악인류학자 모셰 베레고프스키의 손에 전해져 지금까지 남게 된 것이다.

사실 유명한 음악가들은 드물게 나타난 예외 현상이었다. 대부분의 클레즈모림은 근근이 살아가며 겨우겨우 가족을 부양하던 전문 음악인이었다. 중부유럽에서 그랬던 것처럼, 동유럽에서도 클레즈모림은 길드를 조직했다. 동유럽 길드는 사회복지 혜택을 제공했고, 수많은 카펠레를 지역별로 배분하였으며, 밴드간 분쟁에 개입하여 판결도 내렸다.

클레즈머의 악기 편성

바이올린/피들

구세계 카펠례의 리드 악기로, 둘 이상의 바이올린이 종종 사용된다. 제2바이올린은 리듬을 받쳐주는 역할을 한다. '크레흐츠'라고 부르는 구세계 클레즈머의 특징적인 사운드, 칸토르의 목소리처럼 꺾고 흐느끼는 사운드를 만들어내는 것이 바로 피들이다.

침블

사다리꼴 형태의 덜시머로 중세 중부유럽에서 기원을 찾을 수 있다. 솔로 악기로도 가끔 연주되지만, 카펠례 안에서는 주로 피아노 역할을 한다. 피들 혹은 플루트와 2중주로 연주되기도 한다.

클라리넷

19세기 초중반 구세계 카펠례에 처음 도입되어, 리드 악기였던 피들을 점차 앞지르게 된다. 피들과 마찬가지로 넓은 음역을 갖고 있고 칸토르 목소리처럼 꺾고 흐느끼는 소리를 흉내낼 수 있다는 장점이 있다. 피들을 압도하는 다이내믹한 음역 덕분에 클라리넷은 마침내 카펠례 안에서 바이올린 자리를 차지하게 된다. 신세계 밴드에서는 바이올린이 아예 없는 경우도 많다. 초창기 클레즈머 클라리넷 연주자들은 C와 E♭ 악기를 선호했으나, 지금은 B♭ 클라리넷을 사용한다.

트럼펫, 트롬본

음악가들이 러시아 군대 복역을 마치고 돌아온 후 카펠례 규모가 커지면서 중요해진 악기들이다.

아코디언

19세기 말경 카펠례에 포함되었다. 처음에는 솔로 악기로, 이후에는 반주 악기로 사용되었다.

구세계 클레즈모림의 가장 중요한 역할은 결혼식 연주였다. (오늘날의 평범한 연주자들 — 풀타임이건 파트타임이건 — 의 역할과 많이 다르지 않다.) 동유럽 작은 마을의 결혼식이 얼마나 중요한지는 아무리 강조해도 지나치지 않을 것이다. 대부분의 전통적인 공동체가 그렇듯, 결혼식은 마을 전체를 하나로 결집시키는 역할을 한다. 서로 다른 가족을 한 가족으로 만들고 공동체의 미래를 약속하는 결혼은 공동체 차원에서 축하할 일이었고, 아무리 가난한 사람이라도 예외가 아니었다. 슈테틀에 암운이 덮쳤을 때조차 결혼은 축하할 만한 충분한 이유가 되었고 모든 사람들이 초대되었다. 그리고 그 곳에는 늘 음악이 있었다.

클레즈모림에게 결혼식 연주는 생계유지 이상의 의미가 있었다. 기악음악에 대해 항상 눈살을 찌푸리는 문화 안에서 결혼식 연주는 랍비가 유일하게 허락한 라이브 공연이었다. 클레즈모림은 행사장, 시장, 선술집(종교 지도자들이 합법적이라고 생각하

슈테틀에서 카펠레 없이 치러지는 결혼식은 없었다.

사울 라스킨Saul Raskin의 유화 '슈테틀에서의 결혼Wedding in a Shtetl'(1956). 구세계 결혼예식은 수많은 예술가들의 창작의 욕을 불러일으켰다.

지 않은 장소)에서 연주를 하면서 종교적 금기를 어기고 있었지만, 이들의 가장 중요한 경력은 결혼식 연주였다.

클레즈머 음악은 행복하고 활기차며 열정적이다. 원래 파티음악이었음을 입증할 수 있는 부분이다. 또한 결혼식 대부분을 차지하는 고도로 정형화된 춤을 받쳐주는 기능음악이기도 했다. 클레즈머 음악은 심케(파티)나 종교적인 축일행사에 반드시 필요했고, 신랑 신부를 위해 결혼식을 즐겁게 만들어 주어야 하는 미츠베(종교적 임무)를 충실히 수행했다.

기능음악, 파티음악, 춤곡 등으로 클레즈머를 논할 경우, 한 가지 중요한 사실을 간과하기 쉽다. 클레즈머는 감상과 성찰을 위한 음악이기도 하다는 점이다. 예나 지금이나 결혼은 댄스 파티가 아니며, 클레즈모림이 춤곡만 연주한 것도 아니다. 구세계 클레즈머 레퍼토리 중 적어도 3분의 1은 감상용 음악으로, 결혼의 신성하고 영적인 면을 진지하게 표현하고 고양하는 음악이었다. 그러니까 한마디로 클레즈머는 결혼식 사운드트랙이었다. 결혼식은 며칠, 혹은 몇 주간 지속되었고, 내적 성찰의 순간부터 활기찬 순간까지 행위와 감정의 폭이 무척 넓은 행사였다. 그래서 클레즈머를 파티음악 혹은 춤곡으로만 이해한다면 클레즈머의 핵심을 놓칠 수 있다. 재즈의 가사와 내적 성찰의 면모를 잊고 재즈를 그저 댄스음악으로 이해하는 것이나 다름없다.

유대인의 결혼예식에는 부분별로 안무, 예식, 음악이 뒤따랐다. 클레즈모림은 신랑 신부 측 행렬을 이끌며 손님을 맞이했고, 연회가 베풀어지는 동안에는 여흥을 돋우었으며, 춤 출 때에는 춤곡을 선사했고, 예식이 끝나면 손님을 집으로 모셨다. 결혼식 총괄 진행자이자 엔터테이너, 시인 역할까지 맡는 바드혼과 함께 클레즈모림은 결혼식 전체 행사의 모양과 골격을 만들어냈다.

구세계 결혼은 대부분 중매결혼이었고, 연애결혼은 아주 드물었다. 도시나 지역마다 샤드큰이라 부르는 중매쟁이가 있었고, 짝을 찾는 일은 개인의 일이 아닌 두 집안의 일이었다. 그래서 샤드큰이 사용하는 잣대는 대부분의 경우 사회적 지위, 즉 이케스였고, 한 가족의 이케스는 재산과 경건함의 정도로 결정되었다. 그러니까, 랍비의 아들은 재단사의 딸과 결혼하지 않을 것이고, 행상인 집안끼리는 적절한 결혼이라는 추측이 가능해진다.

샤드큰의 중매는 결혼의 첫 단계에 지나지 않았다. 신부의 지참금을 협상하고 신랑의 외가에서 예비신부에 대해 낱낱이 알아보는 과정을 거쳐야 했다. 그리고 나서 양가 아버지의 허락이 떨어지면 계약이 성사되고 결혼식 준비가 시작되었다.

결혼식의 첫 번째 순서는 총각파티(코슨스 티쉬khosns tish; 신랑의 식탁)와 신부파티 (칼레 바제츤kale bazetsn; 신부를 앉히며)이다. 총각파티에서 신랑은 연설을 통해 종교적인 가르침을 주어야 했다. 하지만 연설이 일단 시작되면 신랑 친구들은 신랑이 쑥스럽지 않도록 음악가들과 함께 노래도 하면서 분위기를 떠들썩하게 만들어 연설이 파묻히게 만들었다.

총각파티가 떠들썩하게 진행되는 동안 신부 친구들은 신부파티에 참석한다. 결혼준비의 마지막 의식으로, 클레즈모림이 이끄는 행렬과 함께 정결예식이 이때 이루어진다. 신부파티는 '칼레 바베이넨'이라고도 부른다. '신부의 눈물'이라는 뜻이다. 신부의 가장 친한 친구들과 친척들이 모여 경건하게 경의를 표하는 자리이며, 이때 신부의 머리카락을 땋거나 자르는 경우도 있었다. 여성은 결혼 이후 머리를 기를 수 없었다. 남편을 제외한 다른 남자에게 머리카락을 보이는 것은 예의에 어긋난 일이라고 생각했기 때문이다. 그래서 결혼 후에는 평생 머릿수건을 쓰거나 삭발한 후 가발을 써야 했다. 신부파티에 참석한 이들은 신부의 머리카락 때문에 신부와 함께 울곤 했다. 예식을 위해 바드혼과 클레즈모림은 갖가지 상징적인 예식을 준비하고, 클레즈모림은 신부파티에서 노래를 불렀다. 가사는 토라에서 따온 구절을 끼워 넣어 운을 맞춘 이디쉬어 운문이었다. 예를 들면,

사랑스런 신부여, 당신에게 노래하게 해주오. 말하게 해주오.

그 옛날 관습에 대하여.

당신이 어떻게 행동해야 하는지, 당신이 무엇을 해야 하는지,

이 의자는 방 한가운데에 있기에

이 의자가 중심에 존재하는 것이오.

수요일까지 당신은 일찍 일어나야 하오.

당신이 마인강에 인도되어 가면

밀과 곡식이 당신에게로 올 것이오.

어르신과 젊은이도 올 것이오.

마을 사람들 모두.

마을 사람들 모두.

이제 당신은 약혼을 하게 될 것이오.

작은 금반지로.

사랑스런 신부여, 당신은 확실히 알게 될 것이오,

이 예식이 지나면 당신 것이 될 것임을.

이 예식이 지나면 당신 것이 될 것임을.

그러면, 사랑하는 신부여, 나를 이해해 주오.

지금, 크나큰 기쁨 중에 있을 때 나를 생각해 주오.

당신은 영원히 살지 않을 것임을 기억하시오.

그리고 반드시 세상의 악을 피해야 하오.

그리고 반드시 세상의 악을 피해야 하오.

노래 사이사이에 클레즈모림은 '칼레 바베이넨(신부의 눈물)' 선율을 끼워 넣었다. 슬프고 사색적이며 표현이 풍부한 음조로 결혼식의 모호한 분위기, 슬프면서도 달콤한 분위기를 연출하는 음악이다. 알리샤 스비갈스의 솔로 음반 〈피들Fidl〉과 조엘 루빈 유대음악 앙상블Joel Rubin Jewish Music Ensemble의 음반 〈베레고프스키의 결혼Beregovski's Khasene〉에서 '칼레 바베이넨'을 감상할 수 있다.[5]

결혼은 행복과 함께 불안, 슬픔, 두려움이 뒤섞인 행사였다. 구세계의 결혼은 사랑의 결과라기보다 가족간 협상이고 계약의 산물이었다. 그러다 보니 결혼식은 사랑을 말할 자리가 아니었다. 그건 다음 일이었다. 10대의 어린 신부가 가족을 떠나(원래 살던 마을이나 슈테틀을 떠날 수도 있었다.) 신랑 가족과 함께 살아야 하는 것이다. 낯선 사람들이 사는 집에서 ("내 아들이 아까워"라고 말하는 듯한) 의심어린 눈초리를 견뎌야 할지도 모를 일이었다.

총각파티에 모여 있던 신랑과 신랑 친구들이 신부파티로 모여들면 총각파티와 신부

• • •

5　알리샤 스비갈스의 음반에는 '칼레 바베이넨Kale Baveynen'으로, 조엘 루빈 유대음악 앙상블의 음반에는 '바베이넨 디 칼레Baveynen Di Kale'라는 제목으로 수록되어 있다(역주).

파티는 하나의 파티로 뒤섞인다. 여기에서 신랑은 신부에게 다가가 신부 얼굴에 베일을 씌워준다. 신부 베일 의식이다. 이때 2/4박자의 발랄한 춤곡이 연주되기 시작한다. 홍가라는 이름의 몰도바 춤곡이다. 음악 밴드는 행렬을 만들어 손님들과 신랑신부를 결혼식 장소로 인도한다. 결혼식 장소에는 이미 캐노피가 설치되어 있다.

결혼식은 장엄하게 거행되며 음악도 연주되지 않는다. 결혼식이 끝나는 순간, 신랑이 유리컵을 발로 밟아 깨뜨리면 모든 사람들이 '마첼토프Mazel tov(축하합니다. 행운이 있기를!)'라고 외친다. (이 전통은 지금도 남아있다.) 바로 이때 음악가들은 활기찬 음악을 연주하며 다시 행렬을 만들어 하객을 연회장으로 인도한다. 연회 장소는 흔히 동네 여인숙이나 해당 지역의 부잣집이었다.

연회는 현재 결혼식과 마찬가지로 건배와 축사와 춤과 갖가지 음식이 곁들여졌다. 바드혼은 이 모든 것을 주도하며 손님들을 소개하고 여흥을 돋우었다. 어느 정도 즐거운 분위기를 계속 유지하며 다양한 결혼식 춤을 유도하는 것도 바드혼의 역할이었다.

여러 가지 결혼식 춤 가운데 분노의 춤이라는 것이 있다. 양가 어머니들이 싸우는 모습을 재현한 춤이다. 구세계의 결혼 이야기에는 사돈과 관련된 이야기가 많이 전해진다. 구세계 유대인들은 사돈 간의 모호한 감정을 공개적으로 인정했던 것 같다. 지금도 그런 감정은 여전히 결혼의 한 부분이다. 이디쉬 노래 '나의 사돈Mekhuteneste Mayne'을 예로 들어보자.

> 나의 사돈이여, 친애하는 사돈이여,
>
> 내 딸이 가발을 쓰고 당신에게 갑니다.
>
> 그런데 당신이 못된 마귀처럼 시어머니 노릇을 한다면,
>
> 그러면, 글쎄요... 내 딸도 소중한 보물이 되지 못할 것입니다.

마첼토프 댄스(축하 댄스) 중에는 바드혼이 여성 손님을 한 사람씩 앞으로 불러 세운다. 그러면 앞으로 나온 손님은 신부에게 축하를 하고 신부와 함께 원을 만든다. 또다른 결혼식 춤은 코셔 댄스인데 유일하게 남녀가 함께 출 수 있는 춤이다. 그러나

서로 커다란 손수건이나 벨트의 끝부분을 잡고 춤을 춰야 했다. 가장 중요한 댄서는 신부였고, 남자들은 한 사람씩 돌아가며 신부와 춤을 추었다.

음식이 나오는 동안 클레즈모림은 티쉬 니구님이나 도이나 같은 감상용 음악을 연주했다. 티쉬 니구님은 기도에 쓰이는 루바토 양식의 사색적인 보컬 음악(느리거나 중간 속도)이며, 도이나는 루마니아 양치기의 애가哀歌에 기초한 즉흥음악이다.

파티와 춤은 밤까지 이어진다. 그러다가 마침내 클레즈모림이 느린 템포의 '굿 모닝Gut Morgn'을 연주하면 손님들은 떠날 시간임을 눈치 챈다. '파티는 끝났다The Party's Over'의 구세계 버전이라 할 수 있다. '굿 모닝'에 이어 빠른 음악이 연주된다. 혹은 같은 음악이라도 빠른 템포로 바꾸어 연주된다. 그러면 사람들은 문 밖으로 나가기 시작한다. 클레즈모림은 사돈 식구들을 집으로 모시고 돌아간다. 이때 연주되는 음악은 '사돈을 집으로 모시며Firn Du Mekhutonim Aheym'이며, '길거리 음악Gasn Nign'이나 호라 음악도 종종 등장한다.[6]

구세계 클레즈모림은 바드혼과 함께 팀을 이루어 결혼식, 시장, 선술집에서 일하는 경우가 많았고, 클레즈모림과 바드혼 모두 중부유럽에서 그 기원을 찾을 수 있다. 기록에 의하면, 유대인의 삶을 풍자한 음악을 작곡하거나 노래했던 "즐거운 유대인" 프라하의 슐로메Schlome of Prague, 벤자민의 아들 요셉Joseph the Son of Benjamin은 당대에 유명했던 바드혼이기도 했다.

중부유럽의 초창기 바드혼은 레이츠/레이침이라고도 불렀다. 광대 역할을 강조하는 용어였다. 실제로 당시 바드혼은 유랑하는 음유시인, 곡예사, 삼류시인, 민속음악가를 모두 겸했다. 그들은 결혼식에서 여흥을 돋우고 즉석에서 시를 지었다. 또한 퓨림슈필Purimshpiel, 즉 퓨림에 거행되는 세속적이고 풍자적인 연극을 위한 가장행렬에 고용되기도 했다. 퓨림은 에스더와 유대인이 사악한 하만에게서 구원된 일을 기념하는 축

---

6 이디쉬어로 표기된 곡목은 문헌이나 음반 자료에 따라 알파벳이 조금씩 다르게 표기되기도 한다. 예컨대, 'Firn Du Mekhutonim Aheym'은 'Fihren Du Mekhutonim Aheym'으로도 표기된다. 이 책에서는 혼동을 피하기 위해 곡목별로 한 가지 표기만을 사용하고, 원문 표기 이후에는 번역된 제목으로 통일하였다(역주).

일이었다. 짧은 퓨림슈필은 훗날 이디쉬 극장 공연의 원형이 되었고, 이디쉬 극장은 브로드웨이 뮤지컬의 요람이 되었다.

바드혼도 클레즈모림과 마찬가지로 지방의 프리랜서로 활동하던 무명의 민속예능 인이었다. 그러나 19세기 동유럽에서 활동하던 바드혼 중에는 출중한 창의력과 당찬 야심으로 결혼식 음유시인을 뛰어넘어 밥 딜런 같은 저항음악 작곡가로 변모하는 경우 도 있었다. 엘료쿰 준서Elyokum Zunser(1836~1913)와 마크 바르샤프스키Mark Warshavsky (1840~1907)가 가장 유명한 저항음악 바드혼이었다. 널리 알려진 바르샤프스키의 이디 쉬 노래 '쿠킹 스토브 위에서Oyfn Pripetchik'는 동유럽의 교실 체더에서 이디쉬 알파벳을 배우는 어린 학생들을 생생하게 묘사한 노래이다. '막내딸을 시집보냈다네Di Mizinke Oysgegeben'도 바르샤프스키의 곡인데, 막내딸을 시집보내는 아버지의 기쁨을 표현하 고 있다.

더 큰 소리로, 더 멋지게!
더 크게 원을 만들어라!
신께서 나를 크게 칭찬하셨네.
내게 기쁨을 주셨네.
밤새도록 기뻐하자.
나는 막내딸을 시집보냈다네.

더 큰 소리로, 기쁘게!
너는 여왕, 나는 왕.
오, 나는 보았네.
내 두 눈으로,
내가 성공하도록 도우신 신의 손길을.
나는 막내딸을 시집보냈다네.

엘료쿰 준서는 1860~1870년대에 결혼식 시인으로 명성을 날리면서 '엘료쿰 바드흔'이라는 별명을 얻었고 날카로운 사회저항 음악가로도 알려졌다. 역사가 루스 루빈Ruth Rubin은 엘로쿰 준서에 대해 이렇게 전한다. "그는 결혼식 엔터테이너의 수준을 높이기로 결심했다. 자신의 민족을 노래하고 그들의 삶과 역경을 노래하는 품위 있는 가수가 되기로 결심한 것이다... 고통 받는 동족에 대한 깊은 애정과 배려로 그가 살던 시대를 노래했고, 악을 고발하고 죄를 풍자하고 선을 강조했다." 백 년 뒤 저항적인 포크송을 노래한 미국의 싱어송라이터와 같은 역할을 한 것이다.

엘로쿰 준서의 600여 곡 중에는 쓸쓸한 유대 역사를 이야기한 노래도 있고, 간헐적으로 유대 민족을 괴롭히던 반유대주의의 집단학살을 슬퍼하는 저항음악도 있다. 하지만 그는 동족 유대인에게도 똑같이 엄격했다. 유대인의 지방의회가 마치 징병위원회처럼 젊은 유대인들을 차르 군대에 보낸다고 꾸짖기도 했다.

그의 노래는 유대인의 정치적·종교적 문제도 간과하지 않았다. 1863년 폴란드 봉기(이 사건으로 유대인은 일상 속 이웃인 폴란드인과 비교적 관대한 러시아 통치자 알렉산더 2세 중 누구에게 의리를 지킬 것인지 택해야 했다.), 도박으로 인한 폐해, 초기 시오니스트 운동 등 주제도 다양했다.

그러나 바드흔의 일반적인 역할은 결혼 연회를 준비하고 결혼식 절차를 지키도록 도와주며 손님들의 여흥을 돋우는 사사로운 일이었다. 노련한 바드흔은 청중이 울고 웃게 만들었고, 때로는 눈물이 나오는 즉시 웃게 만들 수도 있었다. 풍자를 하거나 패러디를 선보이다가 금세 진지하게 설교 모드로 들어가는가 하면, 행렬을 주도하고 댄스를 인도하며 결혼식 중에 갑자기 생길지도 모를 극한 감정상태, 예컨대 사돈 간의 싸움이나 언쟁을 가라앉히는 역할도 하였다. (이렇게 다양한 임무는 클레즈머 리바이벌 시기의 밴드 '카펠레'의 유머러스하면서도 대표적인 음악 '바드흔Der Badkhin'에 요약되어 나타난다.)

바드흔과 클레즈모림은 유럽에서 미국으로 이주하면서 다양한 길을 걷게 된다. 구세계 바드흔은 뉴욕의 로우어이스트사이드에서 성행하던 이디쉬 극장에서 솜씨를 뽐내기도 하고, 보르시 벨트(캣스킬 같은 뉴욕 유대인의 휴양지)에서 터믈러(청중을 즐겁게 해주는 엔터테이너) 역할로 재능을 발휘하기도 했다. 그러다가 클레즈머 리바이벌 시기에는 '카펠례', 브레이브 올드 월드Brave Old World 등 현대판 클레즈머 밴드의 파트너로 등장했다. '카펠례' 밴드의 헨리 사포즈닉Henry Sapoznik은 바드혼의 서민적이고 코믹한 면모와 즉흥적인 재능을 강조했고, 브레이브 올드 월드의 마이클 앨퍼트Michael Alpert는 사회정치 평론가이자 풍자가로서 바드혼의 역할을 재차 살려냈다.

카펠례 음악

　　　　　　　대부분의 클레즈모림은 무명의 직업음악가였다. 그 중에는 운 좋게 자신이 속한 슈테틀을 넘어 명성을 떨친 카펠례 소속 음악가도 있었다. 카펠례의 리더였던 바이올린 연주자는 연주 예약, 관리, 홍보, 기획을 담당했고, 연주 요청을 받으면 레퍼토리를 정하고 연주 지도와 지휘도 겸했다. 바이올린 연주자는 구세계 앙상블의 스타였다. 주선율을 도맡아 연주했고, 감상용 음악인 도이나・판타지 연주에서는 즉흥연주로 맘껏 기교를 뽐냈다.

19세기 말쯤 클라리넷이 바이올린 역할을 넘겨받게 되자, 카펠례 리더가 된 클라리넷 연주자는 20세기 클레즈머 스타로 올라서게 된다. 바이올린과 클라리넷이 클레즈머의 가장 중요한 악기가 된 것은 두 악기의 공통점, 즉 사람의 목소리와 비슷한 소리를 낼 수 있다는 특징 때문이었다. 출중한 음악가의 손에서 두 악기는 애통한 듯 꺾어지고 끊어질 듯한 소리, 크레흐츠를 만들어냈다. 크레흐츠는 유대인 회당에서 울려 퍼지던 칸토르의 노래 전통에서 유래한 것인데, 이것이 바로 클레즈머의 '웃고 우는' 소리이며, 클레즈머의 가장 중요한 특징이자 유대인을 대변하는 특성이다.

19세기 말까지 밴드 리더였던 바이올린 연주자는 연주 사례와 팁을 모두 받아 모았고, 카펠례에서 일한 댓가도 스스로 챙겼다. 그런데 카펠례의 바이올린 연주자가 한 명 이상일 경우가 많았다. 그럴 경우, 제1바이올린은 주선율을 연주하고, 제2바이올린은 더블스톱으로 리듬 반주를 맡거나 빠른 보잉으로 장식음을 덧붙이고 타악기 효과도 더해 주었다. 흔치는 않지만, 제3바이올린까지 있을 경우, 제1바이올린이 연주하는 선율을 한 옥타브 내려 연주했을 것이다. 클레즈머에서는 화성을 기반으로 연주하는 경우가 드물었고, 같은 선율을 연주하는 연주자들이 각각 장식음을 넣어 변주하며 서로 조화를 이루었다.

19세기 중반 페일 거주지에서는 유대인의 공연이 있을 경우 '부드러운' 악기만 허용하는 곳이 많아졌다. 부드러운 악기란 바이올린, 베이스, 첼로, 침블 등 현악기와 플루트를 지칭했고, 군악기 스타일의 금관악기는 폭동의 위험 때문에 금지한 것 같다. 이 규정은 19세기 후반 차르 알렉산더 2세가 유대인 해방정책을 펴면서 많이 완화되었다. 때마침 차르 군대에 복무했던 유대인들이 돌아오면서 군악대에서 연주하던 클라리넷, 호른, 아코디언, 드럼과 다소 격렬한 군대식 리듬이 클레즈머 음악에 도입되었다.

동유럽 유대인의 민속음악과 기악음악은 거주지역 문화의 영향을 받으면서 유대인의 정체성을 만들어갔다. 유대인 회당 음악의 독특한 선법은 오스만 제국의 흑해 남쪽 유대인 공동체에서 유래한 것이며, 그 외에도 본래 유대음악이 아닌 다양한 음악이 클레즈모림의 레퍼토리와 음악 양식에 영향을 미쳤다. 대표적으로 러시아의 술자리에서 마시는 노래, 루마니아의 춤곡과 양치기 애가哀歌, 헝가리 집시 선율, 터키의 우드 음악 등을 꼽을 수 있다.

하시디즘의 영향도 컸다. 하시디즘이란 1700년대 중반 폴란드에서 생겨나 페일 거주지 안에 널리 퍼진 대중적 신비주의 운동으로, 암기 위주의 학습보다 감정적인 무아경을 강조하였다. 그래서 음악과 춤, 특히 노래가 신비 상태에 도달하는 중요한 도구로 쓰이게 되었다. 레베(하시디즘의 지도자) 가운데 한 사람이었던 브랏슬라프의 나흐만Reb Nachman of Bratslav(1772~1910)은 "신에 대한 사랑은 멜로디를 통해 이루어진다"고 가르쳤다. 지금도 이스라엘, 브루클린 등에서 볼 수 있는 검은 옷의 레베들은 아마추어 작곡가인 경우가 많다. 이들이 노래하는 가사 없는 멜로디, 즉 니구님은 클레즈모림이 음악을 만들고 즉흥연주를 할 때 중요한 재료로 사용되었다. 현재 활동하는 클레즈모림 중에는 하시디즘의 기도 선율만 가지고 음반을 발매한 경우도 있는데, 프랭크 런던Frank London, 로린 스클램베르그, 유리 케인Uri Caine의 〈니구님Nigunim〉과 앤디 슈태트만의 〈하늘과 땅 사이에서: 유대 신비가의 음악Between Heaven and Earth: Music of the Jewish Mystics〉이 대표적이다.

구세계 클레즈모림은 하시딤(하시디즘을 따르는 사람들)의 선율을 가져와 춤곡이나 축하용 음악으로 변화시켰다. 하시디즘은 일상생활 안에서 음악과 춤의 위치를 격상시켰다. 너무나 중요한 변화였다. 진지하고 이성적인 랍비가 음악과 춤을 천박한 것으로 여긴 것과는 완전히 다른 모습이었다.

대부분의 경우 클레즈모림이 연주한 음악은 유대인의 민속음악이었다. 즉, 구전으로 전해져 악보가 남아 있지 않으며 작곡가도 알 수 없고 때로는 곡명도 알 수 없는 음악이었다. 그래서 연주자들은 자신이 원하는 대로, 혹은 청중이 원하는 대로(비유대인 청중도 있었다.), 어떤 것은 넣고 어떤 것은 빼면서 연주했기 때문에 음악은 늘 변화할 수밖에 없었다. 미국에서 결혼식 밴드의 레퍼토리를 수집하고 악보로 기록하여 표준화된 악보를 만들려는 시도가 여러 번 있었다. 그러나 이런 노력은 어느 한 그룹의 특정 레퍼토리, 연주 방식, 심지어 실수까지 수집하는 일로 끝나버리는 경우가 대부분이었다.

클레즈모림이 주로 연주한 곳은 유대인의 결혼식이었지만, 비유대인을 위한 공연도 했고, 때로는 비유대인 음악가들, 특히 집시와 함께 연주도 했다. 덕분에 레퍼토리는 유대인의 전통적인 결혼음악에 한정되지 않았고, 이미 잘 알고 있던 지역의 민속음악과 춤에 클레즈머의 마술을 걸어 클레즈머 레퍼토리에 포함시켰다. 그래서 여행을 많이 다니는 음악가일수록 레퍼토리가 다양했다. 예컨대, 가벼운 클래식 소품과 폴카, 카드리유, 왈츠 등 유럽에서 유행하던 춤도 포함되었다. 유대음악이 아닌 레퍼토리는 비유대인 청중만을 위한 것은 아니었다. 유대음악만을 고집하지 않는 유대인 청중의 여흥을 위해서도 필요했다.

이 시기의 음악은 20세기 초 유럽과 미국에서 발매된 음반을 통해 만날 수 있다. 원래 유성기 음반으로 녹음되었으나, 재발매된 CD도 있다. 〈클레즈머 음악: 초기 이디쉬 기악음악 1908-1927Klezmer Music: Early Yiddish Instrumental Music 1908-1927〉, 〈이케스: 초기 클레즈머 레코딩 1911-1939Yikhes: Early Klezmer Recordings 1911-1939〉, 〈클레즈

머 선구자들: 유럽과 미국 레코딩 1905-1952Klezmer Pioneers: European and American Recordings 1905-1952〉 등이다.

구세계 음악을 감상할 수 있는 또 다른 통로는 초창기 음악의 뿌리를 재구성한 현대 연주자들의 음반이다. 이른바 '새로운 전통' 클레즈머의 베스트 앨범으로는 알리샤 스비갈스의 〈피들〉, 유럽의 클레즈머 밴드인 부도비츠의 〈모국어: 19세기 클레즈모림의 음악Mother Tongue: Music of the 19th Century Klezmorim〉, 시카고 클레즈머 앙상블Chicago Klezmer Ensemble의 〈스위트 홈 부코비나Sweet Home Bukovina〉, 조엘 루빈 유대음악 앙상블의 〈베레고프스키의 결혼〉, 조엘 루빈과 조슈아 호로비츠Joshua Horowitz의 〈베사라비아 심포니: 초기 유대 기악음악Bessarabian Symphony: Early Jewish Instrumental Music〉을 꼽을 수 있다. 마지막에 소개한 조슈아 호로비츠는 부도비츠의 리더이기도 하다.

이 모든 음반은 어쿠스틱 녹음으로 구세계의 풍부한 레퍼토리와 음악 양식을 전해준다. 마치 유럽 클래식의 '고음악' 연주를 듣는 듯하다. 구세계 음악을 담은 음반들은 큰 관심을 끌었고, 이후 이어진 클레즈머 변천 과정(미국 이민 시기 – 리바이벌 – 르네상스)에서 중요한 역할을 담당했다.

레퍼토리

클레즈모림의 레퍼토리는 유대인의 의식음악과 비유대인 음악으로 구성되며, 이 두 가지 음악이 융합되어 '클레즈머' 양식을 탄생시켰다.

음악학자 월터 제프 펠트만Walter Zev Feldman은 구세계 레퍼토리를 음악의 기원과 기능에 따라 네 범주로 구분하는데, 상당히 유용한 분류이다. 중심 레퍼토리, 변형 혹은 남부 레퍼토리, 주변 레퍼토리, 세계적 레퍼토리가 그것이다. 구세계 클레즈머의 레퍼토리는 네 가지 범주로 모두 구분할 수 있으며, 신세계 클레즈머 음악도 전부는 아니어도 많은 부분이 네 가지 범주 안에 포함된다.

1. **중심 레퍼토리** : 가장 중요한 레퍼토리로 클레즈머 음악의 대부분을 차지한다. 중심 레퍼토리는 두 개의 하위범주로 나눌 수 있다.

   a. **프레이레흐freylekh** : '행복하다'는 뜻으로 다양한 템포의 세속 춤곡. 즈미레스(식탁 음악), 니구님(하시디즘의 가사 없는 기도음악) 등 유대교 음악을 사용하는 경우가 많다. 2~3개의 멜로디가 모음곡 형식으로 연주되며, 주로 8/8박자로 1, 3, 7박에 악센트가 붙는다. 프레이레흐의 변형은 다음과 같다.

      ‣ **셰르sher**(가위 댄스) : 러시아에서 유래한 중간 템포의 그룹 댄스로 스퀘어 댄스처럼 추는 춤. 짧은 세속음악 여럿을 종종 메들리 형식으로 연주하며, 조성이 자주 바뀐다.
      ‣ **코시드khosid** : 느린 템포로 혼자 즉흥적으로 추는 춤. 4/4박자의 하시디즘 춤을 연상시킨다. 악기의 즉흥연주도 들어간다.
      ‣ **테르키셔terkisher** : 그리스 민속음악 시르토스syrtos에 기초한 4/4박자 춤. 탱고와 비슷하다.

   b. **의식용 음악** : 고도로 양식화된 음악으로 구세계의 정교한 결혼 예식의 한 부분이다. 춤을 위한 음악은 아니다. 박자는 정해져 있기도 하고 아닌 경우도 있다. 도브라노크dobranoc(굿 나잇), 마첼토프(행운이 있기를), 칼레 바제츤(신부를 자리에 앉히며) 등이 포함된다. 퓨림, 하누카 같은 축일 음악도 여기에 속한다. 오늘날은 의식과 상관없이 독주자의 즉흥연주를 위한 기본 선율로 사용되기도 한다.

2. **변형(남부) 레퍼토리** : 이름에서 알 수 있듯이, 비유대인 음악, 특히 루마니아와 중동 음악의 영향을 받은 세속음악이 포함된다. 클레즈모림이 여행 중 비유대인 음악가들과 연주하던 음악을 레퍼토리에 넣게 되었을 것이다. 기존 멜로디에 유대음악 특유의 변형이나 장식음을 더하여 클레즈머의 기본 레퍼토리로 만들었고, 유대인의 결혼식이나 비유대인 행사에 사용되었다.

   a. 춤곡 : 변형 레퍼토리에 속하는 음악은 대부분 루마니아 춤곡을 기초로 한다. 예컨대, 불가, 홍가, 시르바, 조크, 호라 등이다. (호라는 현대의 대중적인 이스라엘 민속 춤곡이 아니라 몰다비아 기원의 옛날 춤곡을 뜻한다.) 미국으로 이민 온 클레즈모림, 특히 데이브 타라스가 선호한 레퍼토리인데, 특히 불가를 좋아했다. 20세기 중반, 불가는 유대인 춤곡과 거의 동의어로 사용되었다.

   b. 감상용 음악 : 주로 도이나를 뜻한다. 역시 루마니아에서 유래했고, 결혼식 중 하객의 식사시간에 연주되는 즉흥적인 멜로디이다. 슬픈 느낌을 주고 즉흥연주가 가능하기 때문에 오늘날 독주자들이 선호하는 음악이다. 호라 혹은 프레이레흐 후에 연주되며, 또 다른 감상용 음악인 판타지와 무척 비슷하다.

3. **주변 레퍼토리** : 간단히 말하자면, 현지에 뿌리를 둔 비유대인의 노래와 춤으로, 폴란드의 마주르카, 루테니아 지역의 콜로메이카, 우크라이나의 코자촉 등이 포함된다. 구세계 클레즈모림은 비유대인 행사에도 자주 초대되었고, 유대음악을 연주하는 만큼 현지 음악도 능숙하게 연주한다는 찬사를 받았다.

4. **세계적인 레퍼토리** : 구세계 레퍼토리에는 카드리유, 폴카, 왈츠 같이 중부유럽/서유럽에 널리 알려진 춤곡도 포함되어 있었다. 유대인 청중은 비유대인 춤곡에 열광했다. 요즘 결혼식에서 (유대인이건 아니건) '마카레나The Macarena'와 쿨 앤 더 갱Kool and the Gang의 '셀러브레이션Celebration'을 기본 레퍼토리로 꼽는 것과 비슷하다.

제2장

이민과 클래식 클레즈머
IMMIGRATION AND CLASSIC KLEZMER

초기 이민 시기의 음반
나프툴레 브란트바인 & 데이브 타라스

02 .

이민과 클래식 클레즈머

- ·
- ·
- ·

19세기 말, 정치적 소용돌이가 유럽 전역을, 특히 동유럽을 휩쓸었다. 타격이 가장 심한 곳은 페일 거주지였다. 유대인에 대한 제재를 점진적으로 풀어주던 차르 알렉산더 2세가 1881년에 암살당하면서 유대인 해방정책은 끝나버렸고, 이때부터 반유대주의를 내세운 포고령과 추방, 학살이 벌어지기 시작했다. 뿐만 아니라 전쟁과 혁명, 러시아 제국 붕괴 등으로 동유럽 전체가 혼돈 속에 빠져들자, 이곳을 떠나는 이민 행렬이 줄을 이었다.

당시 유대인에게 바다 건너 미국(특히 뉴욕)은 자유와 번영이 약속된 땅으로 알려져 있었다. 자유의 여신상은 약속의 상징이었고, 이민자를 기다리는 '황금왕국goldene medina'이 있다는 소문이 페일 거주지 곳곳에 떠돌았다. 결국 1880년부터 대규모 이주가 시작되었고, 1924년 엘리스 아일랜드(미국 이민자 입국심사 장소)의 문이 닫힐 때까지 미국에 정착한 동유럽 유대인은 250만 명에 달했다.

유대인 대부분은 뉴욕에서 짐을 풀었다. 특히, 로우어이스트사이드의 유대인 인구는 당시 뭄바이의 인구밀도와 맞먹었다. 이제 유대인들 눈앞에는 슈테틀의 무너질 듯한 판자집 대신 사람들로 빽빽한 도시 빈민가의 아파트가, 페일 거주지의 지저분한 시골길 대신 바쁘고 시끄러운 거리가 펼쳐졌다.

음악가들에게도 격변의 시기였다. 동유럽에서도 그때그때 일을 찾아야 하는 프리랜서가 많았지만, 뉴욕에서는 넓은 지역을 돌며 연주할 수가 없었다. 그들이 정착한 곳은 새로운 상실감과 자괴감으로 가득한, 수많은 사람들이 밀집해 살아가는 작은 도시였다. 결혼식은 개인 집이나 여관이 아닌 연회장에서 이루어졌다. 구세계에서는 결혼식의 정교한 의식이 클레즈모림의 레퍼토리를 결정했지만, 신세계에서는 연회장 측에서 클레즈모림의 음악을 결정했다. 운 좋은 음악가들은 연회장의 하우스 밴드에 고용되어 프리랜서 생활을 이어가기도 했다. 클레즈모림이 연주하는 음악은 결혼 패키지에 속했고, 음악가들은 고정 급료를 받으며 전과 같이 팁도 받았다. 팁을 받는 전통은 지금까지 이어지고 있다.

구세계의 결혼식 절차는 금방 잊혀졌다. 할아버지 세대의 종교관습은 이미 슈테틀에서 퇴색되던 터였다. 그러다 보니 뉴욕에 정착한 유대인들 중에는 아예 슈테틀 문화를 뒤로 하고 새로운 생활방식을 터득하려는 사람들이 부쩍 늘어났다. 신부를 자리에 앉히거나 베일을 씌워주는 예식은 자취를 감추었고, 신랑신부를 놀려먹는 연극도 사라졌다. 바드혼도, 총각파티나 신부파티도 이제 필요치 않았다.

실제로 구스 골드슈타인과 컴퍼니Gus Goldstein and Company가 1922년에 녹음한 '즐거운 랍비Der Mesader Kedushin'를 들어보면 전통 예식과 바드혼이 이민 시기에 얼마나 폄하되고 있었는지 알 수 있다. 랍비, 바드혼, 결혼예식, 클레즈모림까지 구세계 전체를 조롱하며 1930년대의 문화풍자가 미키 카츠Mickey Katz를 예견하는 세련된 패러디 음악이다. 결혼 예식을 매끄럽게 진행하는 바드혼의 역할도 연회장 직원이 떠맡기 일쑤였다.

다행히 라이브 음악은 모든 결혼식에 필수적이어서 클레즈모림의 전통은 지금까지 이어질 수 있었다. (물론 몇몇 현대 음악가들은 DJ가 음악가 역할을 대신한다며 불만을 토로한다.) 구세계에서 최고의 클레즈모림은 청중의 어떤 요구에도 모두 대처할 수 있는 다재다능한 음악가였다. 이런 능력은 미국에서도 높이 평가되었다. 연회장에서 결혼식을 치르더라도 클레즈모림은 필요했다. 예식을 마친 후 식사가 준비된 연회장으로 옮겨갈 때 클레즈모림이 연주를 하며 행렬을 이끌었기 때문이다. 총각파티나 신부파티에서 사용하던 의식음악도 (완전히 잊어버리지 않았을 경우) 원래의 기능이나 역할에 상관없이 배경음악으로 연주했다.

음악가의 역할은 단순해졌다. 듣고 춤추기에 적당한 음악을 다양한 양식으로 연주하며 하객의 여흥을 돋워주는 역할이었다. 그러다 보니, 프레이레흐, 불가, 셰르 등 경쾌한 음악이 인기를 끌었다. 앞에서 이미 살펴보았지만, 동유럽의 클레즈머 레퍼토리에는 비유대인 음악에서 유래한 왈츠나 폴카도 포함되어 있었다. 이제는 폭스트로트, 래그타임, 빅밴드 스윙 등 다양한 미국음악까지 클레즈머 레퍼토리에 포함되었다. 유대인의 기존 춤곡과 미국의 새로운 춤곡이 큰 인기를 누리게 된 것이다.

예나 지금이나 프리랜서 음악가들의 처지는 비슷하다. 이민자 클레즈모림도 대부분 생계를 위해 일거리를 찾아다녀야 했다. 그런데, 악보를 볼 줄 모르거나, 콘서바토리에서 정식교육을 받지 않았거나, 구세계 음악 외에는 아무 것도 연주할 수 없는 음악가들은 구세계에서와 마찬가지로 멸시 당하기 일쑤였다. 페일 거주지에서와 마찬가지로 안 좋은 이미지가 붙어 다녔고, '클레즈머'라는 말 자체가 모욕적인 언사로 사용되었다. 클레즈모림은 여전히 사회계층의 하나로 여겨졌고, 가족끼리 서로 일감을 나누어 주며 생계를 이어갔다. 또한 남들이 알아들을 수 없는 은어로 이야기 하다 보니 즐로브(시골뜨기, 농부라는 뜻으로 비유대인과 동의어로 사용했다.) 같은 새로운 단어를 만들어내기도 했다. 사람들은 음악가를 마치 부랑인이나 범죄자 대하듯 '늙은이 핀 클레슈타인' '술주정뱅이 그로스만,' 이런 식으로 불러댔다.

도시 생활을 하다 보니 색다른 연주 기회도 생겨났다. 유대인 게토 안에서는 카페, 찻집, 술집, 음식점 등에 고용되었고, 그 외에도 퍼레이드, 정치집회, 자선모임, 사교댄스 등 갖가지 모임에서 연주 요청이 들어왔다. 출신지에 따라 생겨난 유대인의 공동기구들은 유대인 사회생활의 중심이었고, 이들 행사에 클레즈모림이 초청되는 경우가 잦았다.

재능과 야심을 겸비하고 새로운 레퍼토리를 자유로이 연주하는 음악가들은 스스로를 클레즈모림이 아닌 무지칸트, 즉 진정한 음악가라 부르며 새로운 기회에 발을 들여놓았다. 악보를 볼 줄 아는 음악가들은 보드빌, 영화관, 이디쉬 극장의 피트 오케스트라에서 일자리를 얻을 수 있었고, 다양한 음악과 문화 장르를 섞으면서 재능을 발휘한 몇몇 음악가들은 음반 시장의 스타로 떠올랐다. 이민 절정기에 미국의 음반 산업은 한창 절정기를 맞던 중이었다. 뉴욕의 음반 회사들은 당시 카탈로그 대부분을 채우고 있던 가벼운 살롱 음악이나 행진곡풍의 밴드 음악에서 벗어나 새로운 레퍼토리를 찾고 있었고, 수많은 유대인 이민자의 향수를 불러일으키는 '에스닉' 음악 시장의 가능성을 높게 점치고 있었다.

이제 클레즈머는 더 이상 구전으로 전해지는 민속음악이 아니었다. 시장성을 담보한 상업적 대중음악이었다. 클레즈머 음악 자체에도 중요한 변화가 생겼다. 결혼식이나 축하연회에서 20분 이상 계속 연주되던 춤곡이 이제는 유성기 레코드에 3분 길이로 녹음되어 소비자에게 팔려나가 개인집 거실에서 울려 퍼졌다. 라이브 음악에서 레코드 음악으로 서서히 바뀌면서, 갖가지 연주방식과 실수까지 모두 녹음되어 말 그대로 음악 '레코드(기록)'가 되어버린 것이다.

초기 이민 시기의 음반

급증하던 이민자 유대인들에게 처음 전해진 레코드는 1913년 트럼펫 연주자 **아베 엘렌크리그**Abe Elenkrig(1878~1965)와 그의 앙상블 히브리 불가리아 오케스트라Hebrew Bulgarian Orchestra가 녹음한 미국의 초창기 클레즈머 음악이었다. 이때 녹음된 12곡은 당시의 클레즈머와 미국음악을 주도했던 행진곡풍의 브라스 음악이었다. 바이올린이 중심이던 구세계 밴드와 달리 클라리넷과 호른이 밴드를 리드하며 주선율을 연주하고, 군대 스타일의 정확한 드럼 연주가 움파 비트를 몰고 간다.

해리 칸델 Harry Kandel(1885~1943)은 1917~1927년 10년간 레코드 시대를 만끽한 음악가로, 뉴저지의 빅터 레이블인 캄덴에서 90곡 이상을 녹음하며 풍성한 클래식 클레즈머 유산을 남겼다. 우크라이나 오데사 콘서바토리에서 클라리넷을 공부했고, 1906년 필라델피아로 이민 온 후에는 보드빌에서, 존 필립 수자John Philip Sousa의 펜실베이니아 주립 군악대에서, 연주 경험을 쌓았다. 그러다가 마침내 필라델피아의 이디쉬 극장인

아크 스트리트 극장Arch Street Theater에서 피트 밴드 지휘를 맡으면서 유명해졌고, 이후 결혼식과 클럽은 물론 음반회사에서도 유명세를 떨쳤다.

칸델의 음반은 대규모 밴드를 위한 브라스 앙상블 음악이라는 점이 특징이다. 대부분 12명 연주자 편성으로 만들었는데, 군악대풍은 수자의 영향으로 보인다. 1926년에는 재즈 오케스트라와 함께 음악 양식을 크게 변화시켰다. 편곡과 악기 편성을 바꾸고 색소폰과 밴조를 추가했으며 딕시랜드 양식을 가져왔다. 대표적인 예로 '재키, 재즈엠업Jakie Jazz'Em Up'를 꼽을 수 있는데, 클레즈머와 미국 대중음악을 의식적으로 융합한 초창기 시도라 할 수 있다.

칸델의 오케스트라에는 **제이콥 재키 호프만**Jacob "Jakie" Hoffman(1899~1974)이라는 뛰어난 연주자가 있었다. 드럼과 퍼커션 연주자였으나, 구세계의 침블과 스트로피들의 역할을 실로폰으로 옮겨 연주한 실로폰 비르투오소로 더 잘 알려져 있다. 그의 뛰어난 연주는 클레즈머 명곡인 '길거리 음악Gasn Nign', '도이나와 호라Doina and Hora'에서 확인할 수 있다. 뛰어난 이디쉬 음악가답게 호프만은 다양한 연주 경험을 쌓았다. 필라델피아 오케스트라에서 타악기 연주도 했고, 보스턴 팝스·몬테카를로의 뤼세 발레단과 연주여행도 다녔으며, 필라델피아의 영화관에서 무성영화 피아노 반주도 했다.

그 외에 이민 시기의 뛰어난 레코드 연주자를 꼽자면, 아코디언 연주자 **미쉬카 지가노프**Mishka Ziganoff(1889~1967), 침발롬(침블의 변형악기) 연주자 **요셉 모스코비츠**Joseph Moskowitz(1879~1954)를 들 수 있다. 두 연주자 모두 클레즈머 음악과 비유대인 음악에 두루 능한 음악가로 광범위한 레퍼토리를 갖고 있었다. 지가노프는 유대인 음악가들과 자주 연주한 건 확실하나, 유대인인지 아닌지는 불분명하다. 집시음악의 특성이 워낙 뚜렷하게 나타날 뿐 아니라, 클레즈머 외에 그리스, 폴란드, 리투아니아, 헝가리 음악도 그의 주요 레퍼토리에 속했기 때문이다.

모스코비츠는 고향 루마니아에서 아버지한테 음악을 배웠고, 어려서부터 유럽과 미국으로 연주여행을 다니며 신동으로 이름을 떨쳤다. 1913년에는 로우어이스트사이드에 레스토랑을 열었고, 이곳에서 루마니아 유대인에게 고향 음악을 들려주며 미국의

초창기 이민 세대의 유명한 밴드 리더, 아베 슈바르츠가 1922년 경 딸 실비아의 피아노 연주에 맞춰 바이올린을 연주하는 모습

רומײנישע װאלאך
ROMANIAN VOLACH
By ABE SCHWARTZ

Abe Schwartz famous Violin Player accompanied by the famous Pianist his daughter Miss Schwartz

PLAYED ON COLUMBIA RECORD BY ABE SCHWARTZ

FOR PIANO

Piano 50 cts.　　　　　Violin or Mandolin 50 cts.

화려한 연주생활을 이어갔다. 모스코비츠의 명성은 날로 높아졌고 뉴욕 타운홀에서 연속적으로 콘서트를 열기도 했다. 레코드도 다수 남겼는데, 컴필레이션 앨범인 〈침발롬의 예술: 요셉 모스코비츠의 음악 1916-53The Art of the Cymbalom: The Music of Joseph Moskowitz, 1916-53〉에서 그의 명연주를 확인할 수 있다. 클레즈머 음악과 루마니아 춤곡, 우크라이나 민요, 그리스와 터키 음악, 탱고, 래그타임, 왈츠, 게다가 브람스 음악까지 수록된 전형적인 코스모폴리탄 클레즈머 음반이다.

엘렌크리그, 칸델을 비롯하여 I. J. 호흐만Hochman, 이치클 그람트베이스Itzikl Kramtveiss,

요셉 프랜켈Lt. Joseph Frankel의 밴드는 앙상블에 중점을 두었으나, **아베 슈바르츠**Abe Schwartz(1881~1963)의 밴드부터는 솔로가 리드하는 도입부가 두드러진다. 루마니아 태생의 슈바르츠는 1910년대 후반부터 40년대 초반까지 가장 많은 클레즈머 음반을 남긴 음악가였다. 그의 중심 레퍼토리는 구세계 음악(특히 하시디즘 음악)과 딕시랜드 스타일의 5중주 편곡이었다. 바이올린과 피아노를 연주하고 작곡까지 했지만, 슈바르츠의 이름이 확실하게 각인된 것은 이민 세대 가운데, 아니, 모든 세대를 통틀어, 가장 유명하고 가장 영향력 강한 두 명의 클라리넷 비르투오소와 함께 녹음한 음반 때문일 것이다.

슈바르츠의 '사돈을 집으로 모시며'(1923년 녹음)를 들어보면, 음악 전체를 관통하는 클라리넷 선율에 주목하게 된다. 여기에 소규모 앙상블의 단순한 리듬과 화성이 깔린다. 칸델이나 호흐만의 초창기 대규모 앙상블이 빚어낸 활기찬 분위기, 곳곳에서 분출하는 사운드와는 확연히 대비된다. 슈바르츠의 앙상블에 속해있던 익명의 클라리넷 연주자는 이제 스타 독주자로 우뚝 서게 된다. 재즈에서 루이 암스트롱, 시드니 베세 같은 혁신적 비르투오소가 앙상블을 뛰어넘어 스타 독주자로 인정받던 당시 추세와 비슷했다.

나프툴레 브란트바인Naftule Brandwein &
데이브 타라스Dave Tarras

슈바르츠의 '사돈을 집으로 모시며'에서 클라리넷을 연주한 사람은 나프툴레 브란트바인(1884~1963)이었다. 프르제미슬라니(우크라이나)의 갈리시아 슈테틀에서 유명세를 떨치던 클레즈머 가정에서 1889년에 태어났다. 아버지 페사크 브란트바인Pesakh Brandwein은 가족 밴드를 이끌며 갈리시아 동쪽을 여행하던 피들러이자 바드혼이었다. 나프툴레의 형제 11명 중 9명이 미국으로 이민 갔고, 고향에 남은 형제 중 한 명의 아들이 바로 다큐멘터리 영화 《마지막 클레즈머The Last Klezmer》의 주인공이자 클레즈머 리바이벌의 영웅, 레오폴드 코즐로프스키Leopold Kozlowski이다.

나프툴레가 뉴욕에 도착한 때는 1909년 혹은 1913년으로 기록되어 있다. 어쨌든 뉴욕에 온 지 몇 년 되지 않아 자칭 '유대인 음악의 왕'으로 명성을 쌓기 시작했다.

전설적인 인물 브란트바인은 연주 실력 만큼이나 기이한 행동으로도 유명했다. 한번은 엉클 샘 복장을 하고 크리스마스 트리 전구를 온 몸에 둘러 불을 켠 채 연주하다가 땀이 흥건해지는 바람에 감전 사고를 일으킬 뻔 했다. 기분 전환을 좋아하던 편집증 환자 같은 또 한 명의 음악 천재, 마일스 데이비스Miles Davis를 연상케도 하는데, 나프툴레도 마일스 데이비스처럼 청중을 등지고 연주하는 경우가 종종 있었다. 마일스 데이비스

나프툴레 브란트바인(왼쪽)과 밴드 동료 음악가 루이 슈필만Louis Spielman, 1928년 체르나프스키 오케스트라와 연주여행 중.

와 달리 나프툴레는 스튜디오에서 구경하던 사람들에게 손가락 테크닉을 숨기기 위해서였다. 또한, 운전대를 잡으면 무모하기 그지없었는데, 캣스킬의 커브 길에서는 속도를 늦추면서 승객들에게 클라리넷 연주로 세레나데를 들려주기도 했다. 워낙 기이한 행동을 많이 해서 바지가 내려간 상태로 연주를 해도 청중은 놀라지 않았고, '나프툴레 브란트바인 오케스트라'라고 쓰인 네온사인을 목에 두르고 연주하기도 했다. 분명 쇼맨십이 강한 연주자였다. 오늘날 활동했다면 록 페스티벌이나 다운타운 나이트클럽 무대에 잘 어울렸을 것이다.

브란트바인은 구세계 음악가의 전형이었다. 술을 엄청 좋아했고 도박이나 카드 게임은 물론이고 여자도 좋아했다. 유대인 마피아라고 불렸던 머더 회사Murder Inc.가 가장 좋

아하는 음악가라는 소문도 있었다. 슈바르츠 밴드, 요셉 체르냐프스키Joseph Cherniavsky(1894~1959)의 미국 이디쉬 재즈 밴드Yiddish-American Jazz Band 등 브란트바인이 함께 일한 밴드는 여럿이었지만, 오래 지속되는 경우는 별로 없었다. 신뢰하기 힘든 연주자였을 뿐 아니라 동료 음악가들이 함께 일하기를 꺼렸기 때문이다. 이디쉬 연극이나 레코드 스튜디오에서 일할 기회도 주어지지 않았다. 즉흥연주는 천부적이었지만 악보를 볼 줄 몰랐기 때문이다.

나프툴레 브란트바인의 자유분방한 연주 스타일은 전설적인 기인奇人다웠다. 그의 모든 것은 현대의 클레즈모림에게 영감을 불러일으킨 원천이었다.

그러나 캣스킬의 파티, 결혼, 호텔 행사에서 브란트바인의 인기는 1963년 사망할 때까지 사그라지지 않았다. 레코드로 남긴 연주는 24곡 정도인데, 1922~1927년에 녹음된 것으로 당대의 가장 중요한 녹음으로 남아있다. 넘쳐흐르는 감성, 유려한 프레이징, 구세계 바이올린을 닮은 화려한 장식 등, 그야말로 전설의 연주자다웠다. 음 몇 개만 주어지면 브란트바인은 수많은 음을 빠르게 연주해냈다. 1924년 신문 기사도 찬사를 보냈다. "여기에 당신을 위한 스피드가 있다. 이 놀라운 음악의 빠른 움직임을 주시해보라. 나프툴레 브란트바인의 음악에서 나오는 명료하고 천재적인 멜로디. 당신은 전율을 느낄 것이다."

'루마니아의 도이나Rumenishe Doina'의 도입부를 들어보면 유동적인 리듬으로 연주되는 유려한 선율과 새소리 같은 트릴이 나온다. 브란트바인의 전형적인 사운드이다. 도입부에 이어 녹슈필(도이나의 후반부 춤곡)의 활기찬 패시지에서도 유려하게 연주를 이어가며, 클라이맥스에 이르러도 생기 넘치는 재기와 애통하고도 사랑스런 갈망이 균

형을 잃지 않는다. 도이나의 정수를 보여주는 연주이다.

브란트바인은 20세기 후반에 부활한 클레즈머의 영적 대부라 할 수 있다. 그의 반항적 이미지는 특별히 클레즈머 르네상스 시기의 예리하고 실험적인 연주자들에게 매력적인 아이콘이었다. 클래식 클레즈머의 기본 레퍼토리에는 브란트바인의 음악이 많은데, 대표적으로 '타슐리흐에서Fun Tashlich(강에서 돌아오며)'는 클레즈머틱스, 크로케Kroke, 이드 비셔스Yid Vicious 등 현대 클레즈머 밴드의 녹음으로도 들을 수 있다. 또한 '나프툴레가 레베를 위해 연주하네Naftule Spielt far dem Rebin'는 중동음악의 영향을 엿볼 수 있는 음악으로 브란트바인이 좋아했던 터키풍 춤곡이다. 플라잉 불가 클레즈머 밴드Flying Bulgar Klezmer Band, 패러독스 트리오Paradox Trio 등 현대 밴드도 편곡하여 연주한 곡이다. 브란트바인의 음악만 모아 발매한 음반으로는 〈클레즈머 클라리넷의 왕King of the Klezmer Clarinet〉이 유일하지만, 사실 초기 클레즈머 음악을 모은 컴필레이션 음반에는 대부분 브란트바인의 연주가 포함되어 있다.

브란트바인의 기인 기질에 밴드 리더들이 지쳐갈 무렵, 또 한 명의 클라리넷 연주자가 나타났다. 바로 데이브 타라스(1897~1989)였다. 재능은 브란트바인과 맞먹었으나, 성격이나 행동방식은 완전히 달랐다. 클레즈머 음악은 이중성을 특징으로 한다. 비통하지만 사랑스럽고, 행복하지만 슬프고, 느리지만 빠르다. 이런 이중성이 데이브 타라스와 나프툴레 브란트바인의 음악에서 각각 재현된다고 볼 수 있다. 절제와 과장된 표현, 품위와 기이함, 훈련받은 음악성과 즉흥성이 두 음악가의 상반된 특성이다.

하시디즘 클레즈모림 왕국의 자손인 데이브 타라스는 1897년에 우크라이나 우만 근처 포돌리아에 위치한 테르노프카 슈테틀에서 도비드 타라슈크Dovid Tarraschuk라는 이름을 받고 태어났다. 포돌리아는 서남쪽의 베사라비아와 북동쪽의 키에프 사이에 끼인 곳으로, 베쉬트Besht(이스라엘 바알 셈 토프Israel Baal Shem Tov)가 무아경의 신비주의를 기반으로 한 하시디즘 운동을 창시하여 하시디즘 전통이 견고하게 뿌리내린 지역이다. 타라슈크 가족은 원래 테플릭이라는 도시 출신이었다. 그곳에서 아버지가 할아버지에 이어 2대째 트롬본 연주자이자 바드혼으로 일했다. 가족 밴드를 이끌던 삼촌을 마음에 들어 했던 테플릭의 어느 귀족은 타라슈크 가족에게 집을 지을 수 있는 땅을 선물했다.

데이브 타라스와 숙모 말카(1911년 러시아 테르노프카). 어린 타라스는 플루트, 만돌린, 기타, 발라라이카를 두루 배웠고 10대에 클라리넷 연주로 방향을 바꾸었다.

구세계 클레즈모림이 대부분 그랬듯이, 타라스도 아버지에게서 음악을 배웠다. 9세경 타라스는 악보를 읽고, 발랄라이카, 기타, 만돌린, 플루트도 연주하게 되었다. 그중 가장 많이 연주한 악기는 플루트였으나, 10대 초반부터는 클라리넷을 주로 연주했다. 몇 년간 타라스는 아버지 밴드와 함께 여러 곳을 여행하며 다양한 청중 앞에서 다양한 레퍼토리를 연주했다.

구세계에서 타라스의 연주 경험은 길지 않았다. 1915년 전쟁이 터지면서 18세의 클라리넷 연주자는 차르 군대에 징집되었다. 연주 실력 덕분에 장교단에 속한 군악대에서 연주를 하게 되었고, 이어 군악대 리더를 맡는 바람에 참전은 면할 수 있었다. 그러나 국내에서 혁명으로 정치적 소용돌이가 일어 러시아 군대는 해산되고, 이어 반유대주의 대학살이 덮치면서 타라스는 수천 명의 유대인들과 함께 1921년 뉴욕으로 떠났다.

타라스의 입국 상황은 당시 이민 광경의 전형이라 할 수 있다. 타라스를 처음 맞이한 것은 다름 아닌 엘리스 아일랜드의 대혼란이었다. 유럽 이민자의 입국절차가 이루어지는 엘리스 아일랜드는 하루에 최고 5천명의 이민자를 맞이했다. 타라스는 도착하자마자 가방부터 내놓아야 했다. 소독을 위해서였다. 그런데 소독 과정에서 그만 가방 안의 클라리넷이 망가지고 말았다. 신세계의 환영인사였다.

타라스는 부서진 클라리넷에 별로 마음을 쓰지 않았다. 신세계에서 음악가가 되기에는 실력이 모자랄 것이라 생각하고, 다른 일을 하기로 이미 마음먹고 있었기 때문이다. 누이가 결혼해서 뉴욕에 살고 있었고, 타라스는 매형의 도움으로 당시 대부분의 유대인 이민자와 마찬가지로 의복공장에서 일자리를 찾았다. 그러나 1년간 모은 돈으로 클라리넷을 구입하고부터는 뉴욕 근교에서 가족 소개로 아름아름 결혼식 연주를 시작했다.

얼마 되지 않아 타라스는 연주만으로 충분히 생계를 유지하게 되었고, 1923년경부터는 명성도 얻기 시작했다. 그는 연주솜씨와 행동거지가 남달랐다. 악보를 볼 줄 안다는 사실만으로도 구세계 클레즈모림과는 완전히 달랐다. 나프툴레 브란트바인의 주벽과 기이한 행동에 동료 음악가들이 인내심을 잃어갈 무렵, 밴드 리더인 요셉 체르냐프스키의 관심을 끈 연주자가 바로 타라스였다. 체르냐프스키 밴드는 보드빌 스타일로 코사크와 하시디즘 복장을 번갈아 입으며 연주했다. 1925년 브란트바인은 마침내 타라스에게 밀려났고, 타라스는 곧 첫 번째 레코드 작업에 들어갔다.

체르냐프스키와 함께 빅터 레이블에서 녹음한 레코드로 타라스의 명성은 날로 높아졌다. 곧이어 다른 레이블과 밴드에서도 연주 요청이 들어왔고, 컬럼비아 레코드는 브란트바인을 해고한 아베 슈바르츠와 함께 녹음을 진행했다. 슈바르츠 밴드는 스튜디오 밴드였고, 타라스는 유대 전통음악 외에 이민자들을 겨냥하여 러시아, 폴란드, 그리스 음악도 녹음했다. 데이브 타라스는 곧 나프툴레 브란트바인의 자리를 차지했다. 이제 '클레즈머 클라리넷의 왕'은 타라스였다.

1925년 체르냐프스키와 함께 녹음한 '이디쉬 행진곡Yiddisher March'의 도입부 연주는 머리와 마음이 조심스럽게 배합되어 그리움과 깊은 울림을 자아내는가 하면, 클레즈머의 심장이라 할 수 있는 열정과 신비로 가득 차 있다. 같은 해 아베 슈바르츠 오케스트라와 함께 녹음한 '수도원 레베의 제자들Dem Monastrishter Rebin's Chosid'l'에서 타라스는 생기 넘치는 주선율을 연주하며 표현력도 경지에 다다랐음을 보여준다.

타라스는 오케스트라와 함께, 혹은 보컬 반주로 다른 연주자들과 함께 녹음한 경우가 많다. 타라스의 음악을 녹음한 그룹은 슈바르츠와 체르냐프스키 밴드 외에 루 로켓Lou Lockett 오케스트라, 모이셰 오이셔와 플로렌스 바이스Moishe Oysher & Florence Weiss, 미치 미칼레스코Michi Michalesco, 알렉산더 올샤넷츠키 오케스트라Alexander Olshanetsky Orchestra, 아베 엘슈타인 오케스트라Abe Ellstein Orchestra, 베리 시스터스Barry Sisters, 이디쉬 스윙 오케스트라Yiddish Swing Orchestra, 이디쉬 스윙테트Yiddish Swingtette, 보이브라이더 카펠레Boibrider Kapelle, 댄스 오케스트라Tantz Orchestra, 알 글레이저의 부코비나 카펠레Al Glaser's Bucovina Kapelle 등으로, 모두 이디쉬 대중음악을 이끈 중요한 음악가/단체들이었다. 타라스는 수백 곡 이상을 녹음했고, 유대인 음악 외에 러시아, 폴란드, 그리스 음악도 녹음했다. 라디오 출연 요청이 쇄도했고, 특히 1939년부터 1955년까지 지속된 WHN 방송 프로그램 《이디쉬 멜로디 인 스윙Yiddish Melodies in Swing》에서는 단골 연주자로 등장했다.

1920년대부터 50년대까지 미국 클레즈머의 가장 중요한 음악가였던 타라스는 당시 인기 있던 유대 춤곡 양식인 불가를 발전시키는 데에도 크게 기여하였다. 원래 불가는 베사라비아에 뿌리를 둔 구세계 클레즈머 장르로 그다지 중요하게 여겨지지 않았으나, 1940년대에는 미국 클레즈머와 동의어가 되어 클레즈머 음악 전부를 불가라고 칭할 정도로 인기가 높았다. 타라스는 구세계 클레즈머 레퍼토리보다 불가를 선호하여, 불가 양식의 노래를 열댓 곡 작곡하고 녹음했다. 구세계 클레즈머 레퍼토리는 타라스에게 너무 '단순'했고, 일반 청중에게는 너무 '종교적'이었다.

불가는 프레이레흐와 많이 비슷하다. 대부분 행복하고 경쾌한 장조이며, 첫 박에 악센트를 둔 두 박자의 규칙적인 리듬으로 되어 있다. 울부짖음보다 웃음소리가 많은 20세기 중반의 전형적인 '유대'음악이다. 타라스는 불가 음악으로 모든 사람을 춤추게 만들었다. 당시 대표적인 불가 음악이 유대 춤곡의 정수라 할 수 있는 '하바 나길라'이다.

타라스는 레코드 녹음과 공연 외에 유대인 사회의 중심이라 할 수 있는 결혼식과 각종 행사에도 끊임없이 모습을 드러냈다. 데이브 타라스를 데려올 수 있다고 큰소리치면 없던 일자리도 생길 정도였다. 그러다가 타라스를 데려오지 못하면, 대타로 나선 클라리넷 연주자에게 타라스인 척 하라는 지시를 내려야 했다.

타라스는 다재다능한 연주 솜씨로 이디쉬 극장에서도 성공가도를 달렸다. 이디쉬 극장음악은 유럽 사운드를 멀리 하고 보다 현대적인 사운드를 찾았기 때문에 유럽에서 태어난 음악가가 이디쉬 극장에서 성공하기는 어려웠다. 이디쉬 문화 가

클라리넷 연주자 데이브 타라스. 최고의 성공을 거둔 이민 세대 이디쉬 음악가의 친숙한 연주 모습.

운데 이디쉬 극장은 국제적이며 세속적인 문화였고, 클레즈머는 하시디즘에 뿌리를 둔 종교문화였다. 그러다 보니 클레즈머는 이디쉬 극장이 피하고 싶은 구세계 문화의 잔재이자 조롱의 대상이었던 것이다. 악보를 읽을 줄 알고 다재다능한 연주 실력을 겸한 타라스도 클레즈머의 주변 환경을 별로 좋아하지 않았다.

놀랄 정도로 다양하고 광범위한 타라스의 음악은 〈미국 이디쉬 클레즈머 음악 1925-56Yiddish-American Klezmer Music 1925-56〉에서 확인할 수 있다. 타라스의 음반 제목을 이렇게 붙인 것은 타라스 음악이 곧 미국의 이디쉬 음악이기 때문이다. '수도원 레베의 제자들'에서 1925년의 타라스는 비상하는 연주자의 모습을 보여준다. 아베 슈바르츠 오케스트라의 리듬과 화성에 맞춰 구세계의 새처럼 클라리넷 소리가 하늘을 날아오른다. '특별한 신랑Bridegroom Special'에서 타라스와 호흡을 맞춘 보컬리스트는 세이무르 레히트자이트Seymour Rechtzeit와 미치 미칼레스코이다. 살짝 미국화된 빅밴드 스윙에 유대음악의 터치를 가미한 음악으로, 원곡은 극장음악 '당신이 원하는 것이 곧 내가 원하는 것Vos Du Vilst, Dos Vil Ikh Oykh'이다.

이디쉬 스윙테트 연주의 '줌 갈리 갈리Zum Gali Gali'에서 타라스는 혼종음악 같은 흥미로운 선율을 들려준다. '팔레스타인 노동요'라고 소개되어 있는데 사실은 히브리 민요이다. (라운지 재즈 음악 같이 연주되어 알아차리기가 쉽지 않다.) 레니 트리스타노Lennie Tristano의 피아노 연주에 이어 비브라폰 소리가 들려온다. 듣기 편한 블루스로 진행되는데, 현대인의 귀에 비브라폰 소리는 에스키벨Esquivel 밴드의 사이키델릭 사운드처럼 들릴 수도 있다. 타라스가 아베 엘슈타인 오케스트라를 지휘한 곡도 있는데, 소규모 밴드로 연주되는 클래식 클레즈머 '금혼식Die Goldene Chasene'(1945년 녹음)이다.

데이브 타라스와 나프툴레 브란트바인은 음악과 성향이 서로 많이 달랐다. 〈이케스: 초기 클레즈머 레코딩 1911-39〉음반의 9번, 10번 트랙을 들어보면 두 연주자의 스타일을 확실하게 비교할 수 있다. '경쾌한 불가Heyser Bulgar'에서 브란트바인은 경쾌하고 탄력 있는 연주를 들려준다. 클라리넷에서 터져 나온 음들은 갈망하듯 울부짖듯 감성적인 아르페지오를 만들어낸다. 반면, 타라스는 '루마니아 노래A Rumenisher Nign'에서 보다 위엄 있는 연주를 들려준다. 모든 음과 프레이즈는 제각기 할 말을 다 하는 듯하다. 타라스는 리듬을 타면서도 다른 음악가들과 소통하려는 모습이다. 진정으로 밴드와 함께 연주하고 있다는 느낌인 반면, 브란트바인은 함께 연주하는 밴드를 거의 무시하는 느낌이다. 음악이 시작되면 혼자 흥에 겨워 음악 속으로 빠져들고, 다른 연주자들은 2~3분 동안 힘겹게 그를 쫓아간다. 물론 타라스가 자유롭게 연주할 줄 모른다는 뜻은 아니다. '루마니아 노래'의 후반부에서 2/4박자의 베사라비아 흥가로 리듬이 바뀌면, 소용돌이치듯 리프를 연주한다. 하지만 놀랄 정도로 절제를 잃지 않는다. 타라스와 브란트바인이 어려서 각각 플루트와 트럼펫으로 연주를 시작한 것도 두 사람이 서로 다른 연주 스타일로 나아간 원인일 수 있을 것 같다.

1920년대 말 클레즈머의 인기는 서서히 식어갔다. 오랜 침체기의 시작이었다. 음반산업도 대공황으로 바닥을 쳤고, 1930년대에야 라디오 시대와 함께 다시 활기를 띠게 된다. 유럽에서 들어오던 유대인 이민 물결도 1920년대 중반에는 그치고 말았다. 구세계의 새로운 사운드를 공급해주는 통로가 없어진 것이다. 미국에 머문 기간이 길어지면서 유대인들은 서서히 미국 주류사회에 동화되기 시작했고, 이디쉬 극장이나 칸토르 음악 대신 미국의 빅밴드 스윙, 브로드웨이, 팝음악을 듣는 사람들이 많아졌다.

2차 세계대전 이후에는 이디쉬 춤곡을 원하는 사람도 사라져갔다. 결혼식에서 신부들은 최신 대중음악을 듣고 싶어 했다. 1940~1950년대 최신 대중음악은 차차 같은 라틴 댄스곡이었다. 그나마 명맥을 유지하던 유대음악은 파티에 사용되는 몇몇 곡의 불가뿐이었다. 유대인 청중은 새로운 조국 이스라엘의 민속춤곡을 원하는 경우가 더 많았다. 이디쉬 문화를 파괴한 홀로코스트의 충격이 채 가시지 않은 터라, 아예 고대 히브리 문화를 새롭게 되살리는 편이 나았던 것이다.

클레즈머 왕국은 완전히 사라져버렸다. 클레즈모림의 아들들은 아버지 직업을 이어받길 완강히 거부하며 구세계 사운드에 등을 돌렸고, 클래식과 재즈에 빠져들었다. 그나마 20세기 초반까지는 나이 지긋한 음악가들이 결혼식, 바르미츠바, 각종 파티, 뉴욕 유대인이 좋아하는 휴양지 캣스킬에서 '유대음악'을 계속 연주했으나, 이디쉬 음악만을 고집하는 음악가는 데이브 타라스를 포함하여 극소수에 불과했다.

클레즈머와 미국 팝 음악(특히 재즈)을 접목하려는 시도도 있었다. 주로 한 무대에서, 같은 노래를 변형시키는 경우가 많았는데, 이렇게 성공한 경우라 해도 그건 요행이거나 희한한 일에 불과했다. 클레즈머-재즈 퓨전은 1920년대에 오리엔탈 폭스트로트라고 불렀다. 재즈 편성에 유대음악 혹은 중동음악 사운드를 덧붙인 것으로, 가장 유명한 예는 에디 칸토르Eddie Cantor의 1930년대 히트곡 '팔레스타인에서 온 레나Leena from Palestina'였다. 원곡은 유명한 불가 '조금만 더Nokh a Bisl'였다. 또 다른 특이한 예는 흑인 밴드 리더이자 보컬리스트인 캡 캘로웨이Cab Calloway 버전의 이디쉬 민요 '바로 그거야Ot Azoy'이다. 칸토르의 소리와 히브리어를 흉내 내는 소리가 들어 있다.

조지 거슈윈George Gershwin의 '랩소디 인 블루Rhapsody in Blue'(1924)에서도 클레즈머 사운드가 들린다고 주장하는 사람들이 있다. 클라리넷으로 연주되는 도입부 글리산도가 클레즈머의 흐느끼는 소리와 비슷하다는 것이다. (데이브 타라스가 1940년에 녹음한 '니콜라예프 불가Nikolaev Bulgar'에서도 비슷한 도입부가 나온다.) 1900년대 초 뉴욕에서 성장한 유대인이니, 분명 거슈윈도 칸토르와 클레즈머 사운드를 흡수했을 것이다. 그러나 유대음악을 직접 연주하거나 작곡한 경험은 없었다. '화이트 크리스마스White Christmas', '부활절 퍼레이드Easter Parade'를 작곡한 어빙 벌린Irving Berlin도 마찬가지였다. 이디쉬어를 구사하는 작곡가였고, 틴 팬 앨리에서 '피들을 켜라, 래그타임을 연주하라Yiddle on Your Fiddle, Play Some Ragtime'를 만들었지만, 유대음악 경험은 없었다. 한편, 유명한 대중음악 작곡가 헤럴드 알렌Harold Arlen은 1932년 히트곡 '그건 종이달일 뿐It's Only a Paper Moon'으로 칸토르 아들임이 드러났다. 의도적이건 아니건 간에, 멜로디 패턴이 안식일 축성 기도문의 패턴과 비슷하기 때문이다.

스윙 시기에는 이디쉬 음악과 미국 팝 퓨전으로 상업적 성공을 거두기도 했다. 앤드류 시스터스Andres Sisters의 '나한테 당신은 아름다워Bay Mir Bistu Sheyn'가 대표적인 사례인데, 팝차트 정상에 이르기까지 과정은 좀 복잡했다. 시작은 1932년이었다. 원곡은 숄렘 세쿤다Sholem Secunda의 이디쉬 극장음악 '할 수 있다면 하리라 Would If I Could'로, 아론 레베데프Aaron Lebedeff가 노래하고 데이브 타라스가 클라리넷을 연주했다. 그런데 유명한 흑인 듀오 자니와 조지Johnny and George가 1932년 여름에 우연히 캣스킬에서 이 노래를 듣고, 다음 시즌에 할렘 아폴로 극장 무대에 올려 흑인 청중의 열렬한 환호를 받았다.

　그런데 청중 가운데 틴 팬 앨리의 작곡가 새미 칸Sammy Cahn과 사울 채플린Saul Chaplin이 있었다. 칸은 그 노래의 출판사를 찾아내어 50달러에 저작권을 샀고, 1937년 11월 앤드류 시스터스 노래로 음반을 출시했다. 평소 칸은 히트곡이 되려면 반드시 영어 가사로 노래해야 한다는 신념이 있었다. 그런데 이 곡은 앤드류 시스터스가 이디쉬어로 노래하길 원했다. 흥미로운 대목이다.

　신기한 '에스닉' 음악이 상업적으로 대성공을 거두자 비슷한 시도가 잠깐 유행했다. 이디쉬 노래 '풋내기 사촌Di Grine Kuzine'이 '내 시골뜨기 사촌My Little Country Cousin'으로 리메이크되었고, '나한테 당신은 아름다워'의 리메이크는 여러 버전이 연이어 등장했다. 그 중 하나가 마르타 틸튼Martha Tilton이 베니 굿맨 오케스트라Benny Goodman Orchestra와 녹음한 버전이다. 앤드류 시스터스는 '나한테 당신은 아름다워'에 이어 '요셉, 요셉Joseph, Joseph'을 발표했다. 이디쉬 극장의 연주자였던 넬리 카스만Nellie Casman의 1923년 히트곡 '요셀, 요셀Yossel, Yossel'의 영어 버전이다.

　또 하나의 사례는 유대음악을 연주하던 트럼펫 연주자 지기 엘만Ziggy Elman(해리 핀켈만Harry Finkelman)이다. 그는 이디쉬 음악 '조용한 불가Der Shtiler Bulgar'를 들고 베니 굿맨 오케스트라에 합류했다. (이 곡은 1918년 아베 슈베르츠 오케스트라가 처음 녹음한 음악이었다.) 그리고는 이 곡을 '스윙풍의 프레이레흐Frailach(freylekh) in Swing'로 제목을 바꿔 1938년에 녹음했고, 다음 해에는 베니 굿맨 오케스트라가 가사를 붙여 '그러면 천사들이 노래를 부르네And the Angels Sing'란 제목으로 발표했다. 조니 머서Johnny Mercer가 가사를 쓰고 마르타 틸튼이 노래한 히트곡이다.

　재즈와 클레즈머의 경계에 있던 또 다른 음악가는 진 크루파Gene Krupa 스윙 밴드에서 색소폰을 연주한 샘 무지커Sam Musiker였다. 이름만 봐도 알 수 있지만, 클레즈머 음악가 집안 출신이었다. 미국에서 태어나 처음에는 클래식 음악을 공부했으나 자신의 뿌리를 찾아 1940년대 중반 타라스와 함께 유대음악을 연주했다. 무지커는 데이브 타라스가 좀 더 상업적으로 성공할 수 있도록 베니 굿맨 스타일의 편성을 제안했는데, 그 결과가 루 로켓 오케스트라와 연주한 몇 개 트랙이다. 〈미국 이디쉬 클레즈머 음악 1925-56〉 음반에 수록되어 있다.

구세계 관습대로 무지커와 타라스는 단순한 직업 파트너 이상의 관계였다. 무지커는 타라스의 딸 브라우니Brownie와 결혼한 후, 1956년에 타라스와 함께 녹음도 했다. 〈댄스!Tanz!〉가 바로 그 음반이다. 흥미로운 점은 무지커가 '샘의 불가Sam's Bulgar'에서 빅밴드-클레즈머 퓨전을, '예멘 댄스Der Yemenite Tanz'에서 이국적인 중동음악을 선보인 데 반해, 타라스는 '루마니아 판타지Roumanian Fantasy'와 '집시Gypsy'에서 클레즈머 전통에 굳건히 뿌리내린 모습을 보여준다는 것이다.

1960년대에도 딕 데일Dick Dale이 서프 기타 버전으로 '이집트인Misirlou'(1962)과 '하바 나길라'(1963)를 발표하는 등 새로운 시도가 있긴 했지만, 팝음악과 로큰롤의 인기로 클레즈머는 거의 자취를 감추게 된다. 데이브 타라스와 몇몇 음악가들(예컨대, 엡스타인 브라더스Epstein Brothers)은 브루클린을 피난처로 삼았다. 그곳에는 2차 세계대전 이후 이민 온 유대인들의 공동체가 있었고, 그 중에는 하시딤도 많았다. 초기 이민자들과 달리 종교적으로 엄격한 유대인들이었기에 서둘러 구세대 문화를 버릴 생각도 없었고, 오히려 니구님에 뿌리를 둔 타라스 음악을 좋아했다. 슈테틀의 악취가 유대인의 기억에서 사라질 무렵, 타라스는 어릴 적 살던 구세계 슈테틀을 닮은 공동체에서 고향을 발견한 것이다.

1970년대 중반, 앤디 슈테트만이 데이브 타라스를 발견한 곳이 바로 이곳, 브루클린의 하시디즘 공동체였다. 두 사람은 유명한 멘토와 제자 사이로 발전했고, 두 사람 모두 1980~1990년대 클레즈머 리바이벌의 주역이었다. 앤디 슈테트만과 월터 제프 펠트만의 노력으로 1970년대 말, 뉴욕의 발칸민속예술센터Balkan Folk Arts Center(현, 전통음악무용센터Center for Traditional Music and Dance)에서 타라스 공연이 시리즈로 개최되었고, 타라스의 새 음반도 출간되었다. 이렇게 시작된 클레즈머 리바이벌은 타라스가 1984년 국립예술기금위원회National Endowment for the Arts에서 국가문화유산상National Heritage Award을 수상하며 정점을 찍었다. 그리고 5년 뒤 1989년 2월 14일, 타라스는 세상을 떠났다.

제3장

리바이벌

REVIVAL

더 클레즈모림
앤디 슈태트만
'카펠례'
클레즈머 콘서바토리 밴드

03 .

리바이벌

-
-
-

1970~1980년대 클레즈머 리바이벌은 몇 가지 요인에서 비롯되었다. TV 미니시리즈로도 방영되었던 알렉스 헤일리Alex Haley의 소설 『뿌리Roots』가 성공을 거두면서 미국 유대인 사이에서도 민족적 자긍심이 생겨나기 시작했고, 이스라엘 건국으로 정치적 환멸을 느끼던 유대인들이 이스라엘의 히브리 문화에 반감을 갖게 된 것이다. 한편, 유대인 음악가들은 민속음악과 월드뮤직에 관심을 갖기 시작했고, 60년대 저항문화에 실망하면서 영적인 눈도 뜨게 되었다. 또한 홀로코스트 때문에 애써 외면하던 동유럽 유대인 문화에 다시 고개를 돌릴 수 있을 정도로 시간도 어느 정도 지나 있었다.

클레즈머 콘서바토리 밴드의 창시자이자 리더인 한쿠스 넷스키는 이렇게 말한다. "옛 것이 돌아왔다. 블루스가 돌아왔다. 우리 세대가 나이가 들어 결국 같은 일이 벌어진 것이다. '잠깐, 뭐지? 우리 민속음악은 어디에 있는 거지?'" 클레즈머가 살아난 이유를 가장 잘 표현한 말이지 싶다. 클레즈머틱스의 알리샤 스비갈스도 이렇게 말한다. "클레즈머는 돌아와야 했다. 당연했다. 좋은 건 항상 그런 법이니까."

클레즈머 리바이벌에 대해 말하려면 음악적 경향도 언급해야겠지만, 음악가 개개인의 이야기도 못지않게 중요하다. 음악가들이 제각기 자기 길을 가다가 우연히 지하실이나 다락방에 잠자던 과거의 사운드를, 부모님·조부모님의 음악을 발견하고 재발견했기 때문이다.

앤디 슈태트만, 마이클 앨퍼트, 레브 리버만Lev Liberman, 한쿠스 넷스키, 헨리 사포즈닉, 앨런 베른... 정체성을 찾아, 뮤즈를 찾아 떠돌아다니던 이들의 여정은 묻혀 있던 부모님 세대의 음악을 발견한 순간, 마침내 빛을 만나게 된다. 위에 열거한 원인들이 영향을 미친 방식은 서로 달랐겠지만, 이들이 발견한 부모님 세대의 음악은 새롭고 창의적인 삶의 출발을 알리는 신호탄이었다.

더 클레즈모림
The Klezmorim

레브 리버만은 일찍이 대학 시절에 다방면으로 음악 경험을 쌓은 연주자였다. 어머니는 오페라 애호가였고 아버지는 포크송 그룹(위버스Weavers나 뉴 로스트 시티 램블러스New Lost City Ramblers 같은 그룹)의 팬이었으며, 레브 자신은 어려서부터 프로코피예프Prokofiev를 좋아했다. "걸어 다닐 때에도 내 머릿속에는 러시아 음향과 화성이 늘 울려 퍼졌다"고 말한다. 캘리포니아의 클레어몬트 포모나 대학 시절에는 초창기 재즈에 관심을 갖기 시작했다. 캡 캘로웨이, 시드니 베셰, 듀크 엘링턴Duke Ellington의 음악을 듣고, 베티붑Betty Boop 만화도 보았다. 그런가 하면, 쿠르트 바일Kurt Weill과 거슈윈의 음악을 배우기도 했다.

유레카의 순간은 1971년에 찾아왔다. 그가 좋아했던 잡다한 음악에 공통분모가 있음을 깨달은 순간이었다. "러시아·뉴욕·유럽의 현대음악, 초창기 영화음악, 뉴올리언스 재즈, 이 모든 것에 유대음악이" 있었던 것이다. 깨달음을 얻은 후 리버만은 러시아와 루마니아의 민속음악, 대공황 시기의 만화 사운드트랙, 초창기 재즈, 거슈윈·바일·프로코피예프의 음악에서 잃어버린 중간 고리, 즉 유대음악을 찾기 시작했다.

대학 졸업 후 리버만은 플루트(당시 리버만이 주로 연주하던 악기)를 들고 버클리로 옮겨가 여러 밴드와 함께 록, 포크, 가벼운 클래식, 발칸, 그리스 음악을 연주했다. 데이비드 스쿠스David Skuse와도 공연을 시작했다. 그는 베이에리어의 수많은 발칸 밴드 가운데 특별히 눈에 띄는 음악가였고, 아일랜드·스칸디나비아·러시아 음악도 연주하고 있었다.

1974년 레브와 데이비드는 사라예보 포크 앙상블Sarajevo Folk Ensemble이라는 이름으로 밴드 활동을 시작했다. 그러다가 다음 해 레브 리버만이 유대 마그네스 박물관Judah Magnes Museum에서 우연히 발견한 옛날 이디쉬 음반을 가져왔다. 악보도 만들고 연습도 하다가 두 사람은 곧 밴드 레퍼토리에 클레즈머 음악을 넣기 시작했다. 그러다 보니 밴드 멤버가 더 필요해졌다. 데이비드 줄리언 그레이David Julian Gray가 두어 번 거절하다가 결국 합류하면서 클라리넷, 만돌린, 바이올린, 발칸 악기들을 가져왔다. 이어 그레그 카라조지Greg Carageorge와 로리 채스틴Laurie Chastain이 각각 베이스와 피들을 맡았다. 구색이 갖춰지자 이들은 거리에서, 결혼식에서, 파티에서 연주를 시작했다.

처음에는 유대인 공동체와 결혼식에서 연주를 시작하려 했으나 예기치 않은 반대에 부딪쳤다. 부끄러운 구세계 잔재로 여기던 음악을 맞이할 준비가 아직 안 되었던 것이다. 결국 유대인 공동체 밖에서 연주를 시작했고 반응은 긍정적이었다. "공공장소에서 연주를 했다. 그곳 청중은 문화를 부담으로 여기지 않는 사람들이었다. 결과는 좋았다." 리버만의 말이다.

'더 클레즈모림'이라는 이름으로 정식 데뷔한 것은 1976년 버클리 공공 도서관(북부 도서관)에서였다. 여러 '에스닉' 밴드의 공연 시리즈 가운데 하나에 불과했으나, 클레즈머 리바이벌의 시작을 알리는 중요한 공연이었다. 이들은 곧 포크뮤직 공연장에 정착했다. 버클리에 위치한 프라이트 앤 샐비지 커피하우스Freight and Salvage coffeehouse였다. 이곳은 더 클레즈모림의 비공식 본부가 되었다. "우리는 그곳에서 청중과 레퍼토리를 개발했고 공연하는 방법도 배웠다. 우리 이름을 알린 곳도 그곳이다." 여기에서 성공한 덕분에 그 다음 해에는 데뷔 앨범 〈이스트사이드 웨딩East Side Wedding〉(1977)을 발표하게 된다. 최초의 클레즈머 리바이벌 음반이었다. 리버만은 다소 겸손하게 "클레즈머 르네상스의 껍질이 처음 깨지는 소리"였다고 말한다. 이후 10년간 연주자들을 바꾸어가며 더 클레즈모림은 다가올 클레즈머 리바이벌을 꾸준히 준비했다. 그러다가 1984년, 더 클레즈모림이 카네기홀 공연을 성사시켰을 때, 클레즈머 리바이벌이라는 현상을 의심하는 사람은 아무도 없었다.

더 클레즈모림의 악기 구성과 접근법은 수년에 걸쳐 변화를 거듭했다. 기악곡 레퍼토리에 이디쉬 노래와 이디쉬 극장음악을 사용한 노래도 가끔 덧붙였지만, 주요 레퍼토리는 연주자들의 밴드 음악이었다. 첫 번째 앨범을 녹음할 때에는 작은 앙상블(플루트, 클라리넷, 바이올린, 베이스의 4중주 구성에 몇몇 발칸 악기를 더한 정도) 음악에 불과했고, 음악 취향이나 레퍼토리도 발칸에 가까웠다. 그런데 두 번째 앨범 〈황금의 거리Streets of Gold〉(1978)에서는 11명으로 라인업이 확장되었다. 리버만이 직접 색소폰을 연주하면서 관악기 섹션까지 완전히 갖추게 되었고, 수록된 음악은 거의 이디쉬 레퍼토리였다. 더 클레즈모림이 한두 번 사용했던 악기는 둠벡, 라우토, 브라스 휘슬, 펙호른(앨토 호른), 바라반, 그리고 리버만이 "어떤 음악가에게도 쓸모없게 된 낡아빠진 둘시머"라고 표현한 막소폰이었다.

클레즈머 리바이벌의 선두 그룹 중 하나인 더 클레즈모림은 극장 무대 같은 쇼, 재즈풍 음악, 호른이 포함된 강한 사운드의 악기편성 등으로 기억된다. 사진은 1978년 샌프란시스코 미국 음악 대극장Great American Music Hall에서의 연주 장면. 왼쪽부터 케빈 린스콧Kevin Linscott, 레브 리버만, 스튜어트 브로트만, 데이비드 줄리언 그레이, 존 라스킨John Raskin, 브라이언 비쉬네프스키Brian Wishnefsky.

나중에 활동한 클레즈머 밴드들은 데뷔 앨범이 나오면 옛날 유성기 음반이나 동유럽의 필드 녹음을 재발매할 수 있는 기회를 쉽게 얻을 수 있었지만, 더 클레즈모림은 그런 혜택을 누릴 수 없었다. 그나마 아주 천천히 만들어지고 있던 클레즈머 관계자 네트워크에서, 그리고 레코드 수집가이자 음악학자인 마틴 슈바르츠Martin Schwartz에게서 필요한 자료를 어쩌다 한번씩 얻을 수 있었다. 버클리 대학 교수였던 슈바르츠는 이후 더 클레즈모림의 멘토가 되었다. 당시에는 클레즈머를 학문적으로 연구하려는 시도도 없었고, 옛날 클레즈머 음악가들이 다시 조명을 받거나 그들의 음악이 자료로 만들어진 것도 나중 일이었다.

리버만은 당시 상황을 이렇게 회고했다. "처음 몇 년 동안 정말 외로웠다. 그런 음악을 하는 사람은 우리밖에 없었다… 재즈 역사를 공부할 때면, 우리도 그 옛날 뉴올리언스·캔자스시티의 재즈 연주자들처럼, 52번가 비밥 연주자들처럼, 음악을 할 수 있다면 얼마나 좋을까 생각하며 부러워했다. 매일 밤 만나 잼세션을 벌이고 새벽까지 서로 경쟁하듯 연주하는 그런 것 말이다. 서로 열정적으로 연주하고 자극도 주고받고 도전도 주고받고 싶었다. 서로의 음악을 들으며 클레즈머 안에서 자신의 목소리를 찾아가는 과정을 경험하고 싶었다."

더 클레즈모림의 고립감을 감안하면 초기 음반은 놀랄 정도로 훌륭하다. 클레즈머 리바이벌의 최초이자 최고 밴드로서 더 클레즈모림은 새로운 클레즈머 음악가들에게 기준을 제시하고, 청중과 비평가의 기대감도 고조시켰다. 또한 클레즈머가 유대인 게토에서 빠져나와 극장 무대, 콘서트홀, 재즈클럽, 라디오와 TV에 공개되도록 만든 장본인이었다. 레퍼토리 폭도 무척 넓었는데, '랍비의 축제에서Baym Rebn's Sude' '경쾌한 불가' 같은 구세계 노래 외에도 그리스·터키 음악, 재즈넘버, 극장음악 등 '클레즈머 음악'이라고 뭉뚱그려 말할 수 있는 음악 모두를 포함하고 있었다.

공연 중 더 클레즈모림은 클레즈머 음악의 신기하면서도 코믹한 면, 리버만의 표현에 의하면 "고장 난 증기오르간이 제멋대로 날뛰는, 보드카에 푹 젖은 사운드"를 강조했다. 두 명의 초기 멤버는 샌프란시스코 거리극에서 기즈모 교수 1인 밴드Professor Gizmo the One-Man Band, 헤어리 제임스-트럼펫을 연주하는 고릴라Hairy James the Trumpet-

Playing Gorilla를 공연하던 베테랑이었다. 1983-84년, 플라잉 카라마조프 브라더스Flying Karamazov Brothers가 팀에 합류하면서 이미 보드빌 같던 무대를 완전히 광대극 같은 오락 무대로 만들어버렸다. 페즈(빨간색 터키 모자)를 쓰기도 하고 고무공 병아리를 청중에게 던지기도 했다. 드럼 연주자는 할로윈 때 쓰는 플라스틱 뼈를 드럼스틱으로 사용하는가 하면, 사회주의자들의 시위 모습, 홀리 롤러Holy Roller의 열광적인 교회 집회, 가부키도 흉내 냈다. 무대 위에서 펄쩍 뛰어올라 공중에서 연주를 하는가 하면, 관악기로 한 음을 오랫동안 끌면서 얼굴이 시뻘게질 때까지 버티기도 했다. 뿔을 가지고 나와 검劍인 양, 망원경인 양 사용하기도 했다. 이들의 쇼는 거의 제정신이 아닌 괴상한 행위였고, 그래서 이런 모습으로 더 클레즈모림을 기억하는 사람들도 많다. 리버만이 유감스러워 하는 부분이다.

더 클레즈모림은 단순한 클레즈머 음악 밴드가 아니었다. 이들의 연극적 행위는 상당히 효과적인 여흥거리였다. 리버만은 이렇게 회상한다. "음악만으로 성공했다면 좋았겠지만, 쇼 없이는 불가능했다." 한참 만에 옛날 음악으로 돌아오는 사람들과 소통하기 위해서는 불가피한 선택이었다는 뜻이다.

그렇다고 해서 더 클레즈모림의 예술적인 면까지 간과해서는 안 될 것이다. 12년 이상 공연을 펼치면서 다양한 접근법을 개발했을 뿐 아니라, '메디아치너 왈츠Medyatsiner Waltz' 같은 전통적인 음악부터 '바다Thalass' 같은 퓨전, 나아가 재즈와 월드 뮤직의 실험적 퓨전까지 시도하며 앞으로 전개될 클레즈머 리바이벌을 이미 예견했기 때문이다. 안타깝게도 1980년대 말에 시도한 실험적이고 창의적인 음악은 공식 발매되지 않았다.

더 클레즈모림의 음반 〈언더그라운드에서 온 소식Notes from Underground〉(1984)에는 초창기 재즈에 대한 리버만의 애정이 한껏 드러나 있다. '이집트 소녀 엘라Egyptian Ella', '이디쉬 찰스턴Yiddisher Charleston' 등 오리엔탈 폭스트로트가 담겨 있는가 하면, 듀크 엘링턴의 '더 무취The Mooche'가 거의 원래 버전대로 연주된다. 시드니 베셰의 '메디나의 노래Song of the Medina/Casbah'는 데이비드 크라카우어가 베셰에 대한 찬사를 연발케 만든 음악이다. 더 클레즈모림의 코믹한 인상은 이 음반에서도 찾을 수 있는

데, '베티붑Betty Boop', '토이랜드의 갱스터Gansters in Toyland' 메들리 때문이다. 중동음악 키치 같은 '이스탄불Stambul'도 수록되어 있다.

암스테르담 공연실황 음반 〈재즈 베이비Jazz Babies〉(1988)에는 코믹한 효과를 주기위해 춤추기 힘들 정도로 빠르게 연주한 음악('키시네버Kishinever' '서커스 시르바Circus Sirba')도 있고, 클레즈머와 상관없는 뉴올리언스 재즈('디가 디가 두Digga Digga Doo')도 포함되어 있다. (클레즈머와 뉴올리언스 재즈의 공통점은 1920년대에 연주되고 녹음되었다는 사실뿐이다.) 암스테르담 콘서트는 다소 어울리지 않는 문구로 홍보되었고("최고의 재즈 베이비가 말을 걸다"), 전체적으로 보드빌 같은 무대였다.

하지만 재기 넘치는 연주도 포함되어 있다. 구세계의 주요 레퍼토리인 '사돈을 집으로 모시며'를 트롬본과 튜바로 연주하였고, 벤 골드베르그Ben Goldberg가 '오, 아버지Oy Tate'에서 보여준 클라리넷 독주는 플라잉 카라마조프 브라더스 없이도 텀블링이 가능함을 입증한 연주이다. 캡 캘로웨이의 '미니 더 무처Minnie the Moocher'는 클레즈머 음반에 적절치 않아 보이지만, 캡 캘로웨이가 1939년에 녹음한 '건강을 기원하며Abi Gezunt'가 캘로웨이 음반에 어울리지 않는 것과 별반 다르지 않다.

더 클레즈모림을 거쳐 다른 그룹으로 옮겨간 음악가로는 스튜어트 브로트만Stuart Brotman, 벤 골드베르그, 케니 월슨Kenny Wolleson 등이 있다. 스튜어트 브로트만은 더 클레즈모림에 합류하기 전, 데이비드 린들리David Lindley의 베이에리어 월드포크 밴드인 칼레이도스코프Kaleidoscope의 멤버였고, 엘리스 아일랜드 밴드Ellis Island Band의 공동창시자이기도 했다. 더 클레즈모림과는 〈황금의 거리〉를 녹음했고 〈메트로폴리스Metropolis〉(1981) 제작을 맡았다. 〈메트로폴리스〉는 클레즈머 음악으로 그래미상에 노미네이트된 유일한 음반이다.[1] 브로트만은 이후 브레이브 올드 월드 창단 멤버로 들어갔다. 벤 골드베르그(클라리넷)와 케니 월슨(타악기)은 더 클레즈모림의 마지막 시기를 함께 보낸 후 뉴 클레즈머 트리오New Klezmer Trio를 창단, 실험적인 연주를 계속

• • •

1   이 책이 출판된 후, 클레즈머틱스의 〈원더휠Wonder Wheel〉(2006)이 베스트 컨템퍼러리 월드뮤직 앨범 그래미상을 수상했다(역주).

시도했다. 더 클레즈모림이 현대의 클레즈머 음악에 끼친 영향은 아무리 강조해도 지나치지 않을 것이다.

앤디 슈태트만
Andy Statman

앤디 슈태트만이 클레즈머 음악을 연주하기 시작한 것은 70년대 중반이었다. 당시 만돌린 연주자였던 그는 컨트리 음악 화성과 빠른 피킹 연주로 블루그래스 음악 분야에서 이미 유명했다. 또한, 네슈빌 세션맨으로서 밥 딜런, 더그 삼Doug Sahm(유명한 더글러스 경 5중주의 리더), 데이비드 브롬베르그David Bromberg 등의 음반에 참여하며 컨트리/록 음악에 필요한 역량도 과시하고 있었다. 특히 모던/프로그레시브 블루그래스에서 독창적인 연주로 유명했는데, 바사르 클레멘츠Vassar Clements, 피터 로완peter Rowan, 그리고 그의 멘토이자 듀엣 파트너였던 데이비드 그리스만David Grisman과 함께 연주하며, 빌 먼로Bill Monroe가 개척한 높은 음역의 애절한 사운드와 재즈를 결합하기도 했다.

앤디 슈태트만이 성장한 곳은 퀸스의 잭슨 하이츠, 현재 살고 있는 곳은 하시디즘 공동체가 있는 브루클린의 미드우드이다. 택시로 20분 거리에 불과하지만, 앤디 슈태트만이 퀸스에서 브루클린에 가기까지는 몇 년이란 세월이 필요했다. 수차례 돌고 돌아 결국 출발점으로 되돌아와 지금은 유대인 공동체에서 유대인 삶의 리듬을 지키며 칸토르와 클레즈모림의 사운드 안에 파묻혀 살고 있다.

슈태트만은 클레즈머 음악을 처음 들었던 순간을 지금도 기억한다. "어려서 클레즈머를 들었다. 그때는 클레즈머라는 이름도 없었지만." 1950년생인 그는 37번가 근처 89번지에서 자랐다. "당시에는 명칭도 없었다. 우리는 가족 모임에서 음반으로 들은 음악을 연주했고, 거기에 맞춰 춤도 췄다." 유대교 규율을 지키는 집안은 아니었지만, 앤디는 탈무드 토라(유대인 오후반 학교)에 다녔고, 그곳 랍비는 학생들에게 니구님을 가르쳤다. "나를 포함하여 당시 학생들은 니구님을 노래하며 무아경에 빠져들었다." 그로부터 40년 후 바로 그 니구님이 정교하고 실험적인 음악 재료, 즉흥연주의 재료가 될 것이라고는 예상치 못했다.

슈태트만 집에는 클레즈머 외에 클래식, 브로드웨이 음악 앨범도 있었다. 유대음악이건 아니건 간에 앤디가 음악 경험이 풍부한 환경에서 성장한 것만은 확실하다. 외가는 몇 대째 내려오는 유럽의 유명한 칸토르 집안이었고, 그 중에는 유럽 전역을 돌며 회당이 아닌 콘서트 무대에서 공연한 사람도 있었다. 사촌 새미 페인Sammy Fain은 콜 포터Cole Porter, 거슈윈과 동시대에 활동한 대중음악 작곡가였다. '사랑은 아름다워라Love Is a Many-Splendored Thing'가 바로 그의 대표작이다.

슈태트만은 집 밖에서 울려 퍼지던 50년대 로큰롤, 루트뮤직에도 푹 빠졌다. 특별히 그의 귀를 사로잡은 음반은 블루그래스 듀오, 얼 플랫Earl Flatt과 레스터 스크럭스Lester Scruggs의 재발매 음반이었다. 이 음반에 대해 슈태트만은 이렇게 말한다. "정통 블루그래스, 아주 열정적이고 아름다운 음악… 컬리 세클러Curly Seckler가 만돌린을 연주했다. 휴지부에 잠깐 연주했을 뿐인데, 소름이 돋았다."

블루그래스 사운드는 뉴욕에 살던 소년에게 목가적인 삶의 판타지를 불러 일으켰다. 슈태트만은 매일 아침 학교 가기 전에 TV 프로그램 《현대 농부Modern Farmer》를 보았고, 밤이 되면 라디오에 귀를 대고 컨트리 음악과 웨스턴 음악을 들었다. 10대 시절 지하철을 타고 맨해튼에 간 적도 있었다. 포크뮤직이 한창 성행하던 그리니치 빌리지가 있는 곳이었다. 빌 키스Bill Keith, 마티 커틀러Marty Cutler, 존 헤럴드John Herald, 데이비드 그리스만, 모두 그곳에서 만나 몰려다니며 블루그래스 음악을 연주했다. 슈태트만보다 몇 살 위였던 그리스만은 뉴욕 메트로폴리탄 중산층 출신의 유대인으로 슈태트만의 멘토가 되었다. 슈태트만은 이렇게 회상한다. "그리스만은 톰슨 스트리트에 거주하며 그리니치 빌리지의 블루그래스 삶을 이어가고 있었다. 레드 알렌Red Allen과 함께 연주도 하고, 프랭크 웨이크필드Frank Wakefield와는 함께 살기도 했다. 집안 가득 블루그래스 사진을 붙여두고 라디오 쇼를 녹음한 테이프를 수도 없이 갖고 있었다. 그 중에는 40년대에 빌 먼로가 플랫, 스크럭스와 함께 연주하던 테이프도 있었다. 그는 만돌린을 연주해주며 이렇게 말하곤 했다. '이거 연습 끝나면 전화해.'"

슈태트만은 슬슬 학교를 빼먹고 블루그래스를 연주하러 다니기 시작했다. 지미 마틴Jimmy Martin, 오스본 브라더스Osborne Brothers가 연주하는 '머리가 쭈뼛 서는 음악'을 들으러 페스티벌에도 갔다. 블루그래스에 완전히 빠져버렸다. "그냥 모든 걸 다 배웠다. 블루그래스 뮤지션이 되고 싶었으니까." 17세쯤 슈태트만은 수백 곡의 만돌린 독주곡을 마스터했고, 만돌린 소리도 웨이크필드, 먼로, 오스본, 맥레이놀드McReynolds와 비슷해졌다. 그러나 그만의 스타일도 개발하고 있었다. 슈태트만은 10대 천재로 이름을 날리기 시작했다. 밴조를 연주하는 토니 트리쉬카Tony Trischka, 피터 워닉Peter Wernick과 함께 컨트리 쿠킹Country Cooking이라는 밴드도 조직했고, 데이비드 브롬베르그, 바사르 클레멘츠, 리처드 그린Richard Greene, 부엘 니들링어Buell Neidlinger와 함께 공연도 했다.

그러나 음악에 대한 슈태트만의 열정은 블루그래스로 만족할 수 없었다. 네슈빌 세션맨이라는 것도 편치 않았다. 지미 마틴이나 랄프 스탠리Ralph Stanley처럼 클래식한 블루그래스 밴드에 영원히 사로잡힐 만큼 블루그래스 문화가 친숙하게 느껴지지도 않았고, 음악 자체도 연주자인 그를 만족시키지 못했다. "블루그래스에 표현된 묵직한 것들이 노래로는 표현되는데, 악기로는 그렇지 못했다. 그리고 무엇보다 난 남부 사람이 아니었다."

클레즈머 리바이벌의 선구자 앤디 슈태트만. 클레즈머에 새로운 영성靈性을 불어넣었다.

슈태트만은 다른 음악 스타일에 매력을 느끼기 시작했다. 실험적인 재즈 색소폰 연주자 앨버스 애일러Albert Ayler와 존 콜트레인John Coltrane, 그리고 이들이 연주한 인도, 아프리카, 발칸 음악에 매력을 느껴 색소폰을 연주하기 시작했다. "안으로 숨 쉴 수 있는" 악기여서 감정을 직접 표현할 수 있었다. 그는 아트 블레이키Art Blakey와 연주한 바 있는 리처드 그란도Richard Grando에게 색소폰을 배우기 시작했다. 그란도는 음악과 영성의 관계를 탐구하고 있었고, 특히 아메리카 원주민의 종교와 주역周易을 공부하던 중이었다.

그 와중에도 슈태트만은 비슷한 생각을 가진 프로그레시브 블루그래스 뮤지션과 브랙퍼스트 스페셜Breakfast Special이라는 그룹을 만들어 만돌린을 계속 연주했다. 컨트리 쿠킹에서 함께 연주했던 토니 트리쉬카도 함께였다. 브랙퍼스트 스페셜 밴드는 전통적인 블루그래스 음악을 가져와 원래 세팅과 상관없이 재즈, 하와이 음악, 유대음악과 결합시켰다. "우리는 새로운 지평을 열고 있었다. 그런데 블루그래스 저널은 우리에게 전혀 관심이 없었다. 우리는 색소폰과 드럼을 넣었는데, 이건 전례가 없는 세팅이었다."

이 무렵, 슈태트만과 그의 음악 파트너였던 제프 펠트만은 아제르바이잔 음악과 그리스 음악을 배우기 시작했다. 아르메니아, 그리스 음악의 대가였던 안트라니크 아로우스타미안Antranik Aroustamian, 페리클레스 할키아스Perikles Halkias가 그들의 안내자였다. 마침내 자신의 뿌리로 이끌려가고 있었던 것이다. "내가 영적인 길을 찾는 거라면, 내가 유대인이니까 나한테 전해진 것, 그것을 찾아야한다는 생각이 문득 들었다." 그는 브루클린의 하시디즘 공동체에서 영적 탐구를 시작했다. 그리고는 서서히 토라 규정을 지키는 유대인이 되어갔다. 음악은 멀리 가지 않아도 찾을 수 있었다. 부모님 집에서 찾아낸 음반이면 충분했다. 실제로 수많은 클레즈머 음반을 찾아냈다.

"뉴욕에서 여러 밴드와 연주하며 여러 민족음악을 배웠다. 그런데 전통적인 유대음악 밴드가 없다는 것을 깨달았다. 그때부터 더욱 유대음악을 파기 시작했다. 이 분야에서 전문 음악가가 되기 위해 태어난 것이라 생각했다. 백 년 전 유럽에서 연주했던 음악가들만큼 연주할 수 있다면, 하는 바람도 생겨났다."

이때 슈태트만은 데이브 타라스가 아직 생존해 있다는 사실, 게다가 슈태트만이 사는 곳에서 멀지 않은 곳으로 얼마 전 이사 왔다는 소식을 전해 듣는다. 타라스의 거처를 알아낸 후 만돌린을 들고 그의 집 문을 두드렸다. 문 앞에서 자신을 소개한 후 만돌린으로 타라스의 노래를 연주하기 시작했다. 타라스는 즉시 슈태트만을 제자로 받아들였고, 몇 안 되는 앨버트 시스템 클라리넷을 넘겨주었다. 암묵적으로는 슈태트만을 자신의 후계자로 생각하고 있었던 것이다. 두 사람의 창의적인 파트너십이 이렇게 시작되었다. 슈태트만은 제프 펠트만과 함께 타라스의 새 음반을 발매하고 시리즈 공연도 기획했다. 음반과 공연이 모두 성공을 거두자 타라스는 놀라움을 금치 못했다. 이미 뒤처지고 잊혀졌다고 생각했는데, 젊은 세대 음악가들이 자신을 찾아내 과거의 명성을 되찾아준 것이다. 마치 10여 년 전 포크 뮤지션들이 미시시피 델타에서 나이 지긋한 흑인 블루스 음악가들을 찾아낸 것과 비슷한 상황이었다.

타라스의 클라리넷과 편곡, 그의 열렬한 성원, 그리고 초기 음악학자들의 연구 결과에 힘입어 슈태트만과 펠트만은 〈유대 클레즈머 음악Jewish Klezmer Music〉(1979)을 녹음하게 된다. 베이스는 마티 콘퓨리어스Marty Confurius가 연주했다. 트리오 포맷(슈태트만이 클라리넷과 만돌린을, 펠트만이 침블을 연주했다.)으로 구세계 느낌을 주었지만, 녹음한 음악은 대부분 호호만, 해리 칸델, 아베 슈바르츠, 나프툴레 브란트바인이 1920년대 미국에서 녹음한 것들이었다. 이어 슈태트만은 〈클레즈머 음악: 앤디 슈태트만 클레즈머 오케스트라Klezmer Music: Andy Statman Klezmer Orchestra〉(1983) 음반을 녹음했다. '앤디 슈태트만 클레즈머 오케스트라'(20년대 스타일!)라고 이름을 붙였으나 실제로는 4중주 앙상블이었다. 콘퓨리어스가 베이스, 밥 존스Bob Jones가 기타, 데이비드 슈타인베르그David Steinberg가 프렌치 호른과 트럼펫을 연주했다. 이 음반에 실린 음악은 '루마니아 댄스' '우크라이나 코시드Ukrainer Chosid'l' '테르키셔Terkisher' '부카레스트 댄스Onga Bucharesti' '갈리시아 코시드Galitzianer Chusid' 등으로, 구세계를 지리적으로 두루 훑으며 비유대인 음악이 클레즈머에 끼친 영향도 보여주고 있다.

다음 해에는 같은 연주자 구성으로 〈클레즈머 모음곡Klezmer Suite〉(1984) 앨범을 발표했다. 슈태트만은 클라리넷 연주자로서 계속 발전하는 모습을 보이며 데이브 타라스의 새 음악도 연주했다. 만돌린도 포기하지 않았다. '루마니아 댄스'에서 경쾌한 리듬을 연주한다든지, '테플리커 셰르Tepliker Sher'에서 주선율을 연주한다든지 하면서, 만돌린 연주기법을 꾸준히 개발했다. 명상음악 '니군Nigun'에서는 유대교와 하시디즘의 신비스런 음악에 더욱 가까이 이끌리는 슈태트만을 발견할 수 있다.

슈태트만은 블루그래스에서 현대판 빌 먼로가 되는 것도, 현대판 데이브 타라스가되는 것도 원치 않았다. 영적인 관심으로 클레즈머에 깊이 다가갈수록 니구님에 뿌리를 둔 음악에 관심이 갔다. 하시디즘의 신참 추종자로서 슈태트만은 재즈의 즉흥연주가 하시디즘의 명상적인 신비주의에 가장 부합한다고 생각했다. 그리고 니구님을 기초로 즉흥연주를 시도함으로써 슈태트만은 자신의 음악적 성향과 영적인 성향을 결합시키는 최상의 방법을 찾아냈다.

슈태트만은 이렇게 말한다. "클레즈머는 그 자체로 매우 영적인 음악이다. 음악은대부분 종교적인 역할을 수행하기 위해 만들어진다. 결혼식에서 신랑신부를 행복하게만들어주는 것도 그런 역할 중 하나이다." 심케(파티)에서 즐거움을 주는 것은 미츠베(계명)라는 것이다. "구세계의 클레즈모림은 결혼식에서 연주를 하며 미츠베를 수행하고 있음을 의식하고 있었다."

그는 또 이렇게 설명한다. "사람들이 연주한 클레즈머 멜로디는 하시디즘 멜로디에서 가져온 것이 무척 많다. 도이나는 빙산의 일각일 뿐이다. 칸토르가 노래할 때처럼하시디즘에서도 도이나의 요소들을 일부 사용하는 것뿐이다. 옛날 클레즈모림은 대부분 하시디즘 가족 출신이었다. 데이브 타라스도 그랬고, 나프툴레 브란트바인도 그랬다. 그들은 유대문화의 일부였고, 음악의 역할이 무엇인지 잘 알고 있었다. 음악이 점점 세속화되면서 그 깊이를, 그 뿌리를 잃어버렸고, 그래서 불가와 댄스음악만 남게된 것이다.

"그러나 유럽에서 온 사람들은 칸토르 음악, 하시디즘의 명상음악, 다양한 하객을위한 음악, 하객이 식사할 때 연주하는 음악 등 갖가지 음악을 모두 알고 있었다. 음악의 깊이를, 춤곡을 탄생시킨 음악의 여러 층위를 알고 있었다. 춤곡이라고 해서 무조건 가벼운 건 아니다. 하시디즘의 춤곡은 무아경 상태로 이끌어준다. 그들은 바로 이런 음악이 얼마나 깊이 있는지, 어떻게 생겨났는지 알고 있었다. 그것은 하시디즘에서 온 것이다."

슈태트만의 영적·음악적 탐구는 〈하늘과 땅 사이: 유대 신비주의 음악Between Heaven and Earth: Music of the Jewish Mystics〉(1997)과 〈숨겨진 빛The Hidden Light〉(1998)으로 결실을 맺었다. 이 두 장의 음반은 클레즈머 음악의 새로운 지평을 열었다. 하지만 정작 슈태트만은 자신의 음악을 새로운 음악장르로 생각하지 않는다고 밝힌 바 있다. 하시디즘 기도 선율에 즉흥연주를 붙여 만든 무아경 음악인데, 음반 녹음은 정갈하고 즐겁고 듣기 편하다. 반면, 콘서트에서 슈태트만은 이 음악을 확장시켜 연주하기 때문에 청중으로 하여금 '어디에 클레즈머가 있다는 건지' 의아하게 만든다. 관습적인 클레즈머는 더 이상 자신의 관심사가 아니라고 밝힌 바 있지만, 슈태트만은 여전히 이작 펄만의 《피들러의 집에서》 로드쇼에 참여하고 있다.

'카펠례Kapelye'

슈태트만이 데이브 타라스와 연주를 하고 있을 때, 리버만의 밴드가 베이에리어 사람들의 여흥을 담당하고 있을 때, 헨리 사포즈닉은 뉴욕의 YIVO 유대 연구기관에 쌓인 유성기 음반을 뒤지고 있었다. 버려진 아카이브 자료를 모아 음반 중심으로 클레즈머 역사를 엮어내고 싶어서였다. YIVO 유대 연구기관은 구세계 유대문화를 찾기에 가장 적합한 곳이었다. 그런데 브루클린에서 태어난 사포즈닉이 어떻게 이곳을 찾게 되었을까? 이디쉬 환경에서 자라난 뉴욕 토박이의 또 다른 이야기가 여기에서 펼쳐진다. 그러나 아버지 세대의 음악으로 되돌아가기 전에 그는 먼저 미국 포크뮤직을 거쳐야 했다.

사포즈닉의 아버지 진델Zindel은 칸토르였고, 어머니 펄Pearl은 동유럽 민요를 노래했다. 어렸을 때 헨리는 루바비치 예시바Lubavitcher Yeshiva 학교를 다니며 아버지 뒤를 잇기 위해 유대교 회당에서 칸토르 수련생으로 노래를 시작했다. 어려서부터 칸토르 사운드 안에서 성장한 셈이다. 물론, 그 사운드는 클레즈머의 근간이 된 전통적인 멜로디였다.

1950년대 헨리는 캣스킬에서 유대음악을 연주하는 음악가들을 만나게 된다. 아버지가 유대인의 축제인 유월절 행사 중에 캣스킬의 호텔에 고용되었기 때문이었다. 그러나 헨리는 당시 미국 유대인 소년들과 마찬가지로 부모님의 구세계 악센트를 좋아하지 않았다. 몇 차례 밝힌 적도 있지만 소년 헨리의 롤 모델은 비버 클리버Beaver Cleaver(50년대 TV 시리즈 캐릭터로 7살짜리 악동 소년)였다. 헨리는 스스로를 '행크Hank'라 부르며 그리니치 빌리지, 워싱턴 스퀘어 파크를 돌아다니며 옛날 밴조 음악에 심취했고, 70년대 초반에는 밴조 연주자로 밴드를 결성하기도 했다. 앨런 파드버Alan Podber(만돌린), 빌 가버스Bill Garbus(피들)와 함께 만든 델라웨어 워터 갭 스트링밴드Delaware Water Gap String Band였다. 10년 가까이 롱런하며 앨범도 몇 장 내고 유럽 투어도 했다.

또 하나의 클레즈머 리바이벌 밴드, '카펠례'는 이디쉬어를 사용하며 민속적인 보드빌 공연 무대를 선보였다.
사진 속 배너에 밴드 이름이 이디쉬어로 쓰여 있다. 왼쪽부터 로렌 브로디, 에릭 버만, 헨리 사포즈닉, 켄 말츠, 마이클 앨퍼트.

사포즈닉은 옛날 음악을 열심히 배우던 학생이었다. 그가 찾아다니던 거장 뮤지션 중에는 피들 연주자 토미 자렐Tommy Jarrell이 있었는데, 1973년 노스캐롤라이나 서리 카운티에서 그를 처음 만났다. 2년 뒤 자렐을 세 번째 방문했을 때였다. 정작 동족에게는 무시당하고 북쪽 사람들(그 중 대다수는 유대인)의 퍼레이드에서 찬사를 받고 있던 자렐은 사포즈닉에게 퉁명스럽게 물었다. "행크! 당신 민족은 고유의 음악이 없는 거야?"

행크 사포즈닉은 이 질문을 심각하게 받아들였다. 결국 할아버지의 충고를 받아들여 뉴욕 YIVO 사무실을 찾아갔고, 그곳에서 만난 바바라 커셴블랏-김블렛Barbara Kirshenblatt-Gimblett은 연구소에 널려 있던 수천 장의 유성기 음반 더미를 보여주었다. 그야말로 20세기 초 이디쉬 음악의 보물창고였다. 사포즈닉은 음반을 연구하고 정리하기 시작했다. 레브 리버만, 앤디 슈태트만, 제프 펠트만, 마틴 슈바르츠의 도움도 받았다. 그리고 1980년 유성기 복각음반 〈클레즈머 음악 1910-42Klezmer Music: 1910-42〉를 발매했다.

곧 YIVO는 옛날 유대인 음악을 찾는 미래의 클레즈모림, 클레즈머 리바이벌리스트, 음악학자로 북적이게 되었다. 그 중에는 마이클 앨퍼트도 있었다. 일자리를 찾기 위해 로스앤젤레스에서 뉴욕으로 옮겨와 학교, 시니어 센터, 양로원 등에서 이디쉬 음악을 연주하던 민속학자였다. 마이클 앨퍼트도 헨리 사포즈닉와 같은 이민 2세대로, 구세계 문화를 풍부히 간직한 이디쉬 집안에서 성장했다. 클레즈머 리바이벌이 본격화되기도 전에 이디쉬어를 쓰던 앨퍼트의 아버지는 음악에 푹 빠진 아들을 '클레즈머 맨'이라 부르고 있었다.

UCLA에서 슬라브어를 전공한 앨퍼트는 스스로 외국어에 타고난 재능이 있다고 말한다. 음악에서도 바이올린, 기타, 아코디언을 연주하며 아일랜드, 발칸, 세르비아, 러시아 등 갖가지 민속음악을 두루 섭렵한 음악가였다. 1976년 친구 음악가인 마크 시모스Mark Simos가 필라델피아에서 컨퍼런스를 마친 후 민속음악과 관련된 흥미진진한 뉴스를 가지고 로스앤젤레스로 돌아왔다. 그의 손에는 앤디 슈태트만과 제프 펠트만의 테이프도 들려 있었다. 1920년대 클레즈머 음악도 몇 곡 녹음되어 있었는데, 앨퍼트는 그 음악을 즉시 기억해냈다. 어릴 적 이디쉬 라디오 방송에서 흘러나오던 음악이었다. 앨퍼트가 남부 캘리포니아에서 앙상블을 이루어 연주한 적 있는 발칸음악과도 닮아 있었으나, 언어는 달랐다. 앨퍼트와 스튜어트 브로트만 같은 유대인 연주자들의 기억 속에 남아 있던 언어, 바로 이디쉬어였다.

시모스가 '클레즈머'라 부른 그 음악은 그들이 이전에 이미 연주한 적도 있는 음악, 즉 세르비아와 아일랜드의 옛 음악에 해당되는 유대인 버전임에 틀림없었다. 차이점이라면 자신과 같은 민족의 음악이라는 점이었다. 앨퍼트, 시모스, 브로트만은 밴드를 결성했다. 츄츠파 오케스트라Chutzpah Orchestra였다. 그리고는 새로 발견한 이디쉬 춤곡을 연주했다. 가끔씩 '더 클레즈모림' 밴드가 샌프란시스코에서 로스앤젤레스로 내려와 츄츠파 오케스트라와 즉흥연주를 벌였다. 옛날 유대인 지역인 페어펙스 거리에서도 공연을 펼쳤다. 오래 가지는 않았지만 츄츠파 오케스트라는 앞으로 등장할 수많은 그룹의 시발점이었다.

다시 YIVO로 돌아가보자. 클레즈머 음악의 새로운 중심이 된 헨리 사포즈닉은 다양한 행사에서 클레즈머 밴드를 필요로 한다는 얘기를 듣고, 결국 뉴욕에 도착한 앨퍼트와 함께 1979년 '카펠레'라는 밴드를 결성하게 된다. 조쉬 발레츠키Josh Waletzky, 로렌 브로디Lauren Brody, 켄 말츠Ken Maltz, 댄 콘테Dan Conte, 에릭 버만Eric Berman도 합류했다. 클레즈머 리바이벌의 최전방 밴드가 드디어 출범한 것이다.

이디쉬어를 구사할 수 있는 연주자가 세 명(발레츠키도 이디쉬 집안에서 자라나 이디쉬 여름캠프를 다녔다.)이었기에 '카펠레'는 이디쉬계 미국 문화에 대한 깊은 지식과 이해를 드러내 보일 수 있었다. 바로 이 점이 몇십 년간 '카펠레'의 트레이드 마크였고, 다른 리바이벌 밴드와 차별되는 특징이었다. '카펠레'는 유성기 음악을 업데이트시켜 기악음악으로 연주하는 한편, 이디쉬 극장음악, 이디쉬 노래, 새로운 음악을 다양하게 섞기도 했다. '카펠레'의 첫 번째 음반은 〈미래와 과거Future and Past〉(1981)였다. 같은 해 '이디쉬 카라반'이라는 레뷔 공연으로 전국 투어도 했다. 여기에는 앤디 슈태트만, 헨리 사포즈닉의 아버지 진델 사포즈닉도 참여했고, 공연 프로그램은 클레즈머 외에 칸토르 음악, 이디쉬 극장음악도 포함되었다.

'카펠레'의 음반 작업은 80~90년대에도 계속되어 〈레바인과 그의 플라잉 머신Levine

and His Flying Machine〉〈치킨Chicken〉〈방송 중: 미국 유대인 라디오On the Air: Jewish-American Radio〉가 발매되었다. 〈방송 중〉은 아카이브 음악과 신작을 섞어 이디쉬 라디오 방송의 전성기를 재구성한 것으로 유대 문화사에 길이 남을 만한 앨범이다. 다른 밴드와 마찬가지로 '카펠레'의 음악에도 1920년대 전성기 이디쉬 음악의 따뜻하고 친근한 감성이 배어 있다. 특히 단순한 편곡과 어쿠스틱한 악기편성이 '카펠레'의 특징인데, 헨리 사포즈닉이 연주하는 밴조의 팅기는 리듬이 로렌 브로디의 피아노, 에릭 버만의 튜바와 잘 어우러진다. 켄 말츠는 나프툴레 브란트바인 식으로 클라리넷 솔로를 다수 녹음하는가 하면, 민속 전통이나 극장에서 가져온 이디쉬 보컬음악에 자신의 고유한 음악 감성을 성공적으로 담아내기도 했다. '카펠레' 음반에 곁들여진 상세한 해설 또한 간과할 수 없는 중요한 자료이다. 실제로 '카펠레'는 음악을 만드는 일만큼이나 문화를 수집하고 보존하는 일에 기여한 바가 크다. 헨리 사포즈닉이 클레즈머 음악을 연구, 수집, 보존하는 일에 헌신했으니, 당연한 일이다.

음반 녹음과 더불어 '카펠레'는 영화 사운드트랙에도 참여했다. 체임 포톡Chaim Potok의 베스트셀러 소설 『선택된 사람들The Chosen』(한국어 번역판: 『탈무드의 아들』)의 할리우드 영화 버전에서 하시드 결혼식 밴드로 출연하여 클레즈머 음악을 널리 알렸다. 사포즈닉은 영화에서 자신이 하시드로 나온 것을 아이러니라고 말한다. 성공적으로 도망쳤다고 생각한 바로 그 모습이었기 때문이다. '카펠레'는 처음으로 유럽 투어를 성사시킨 최초의 미국 클레즈머 밴드였다. 앨런 베른, 잘만 플로톡Zalman Mlotek, 아드리엔느 쿠퍼Adrienne Cooper, 피터 소콜로프Peter Sokolow 등 '카펠레'를 거쳐간 실력 있는 이디쉬 음악가들도 많았다. 마이클 앨퍼트는 1992년 '카펠레'를 떠나 브레이브 올드 월드 밴드에 합류했고, 헨리 사포즈닉은 '카펠레' 결성 20년 만인 1999년에 밴드를 떠났다. 이후 '카펠레'는 켄 말츠, 에릭 버만, 피터 소콜로프, 그리고 아코디언 연주자 사이 쿠쉬너Sy Kushner를 멤버로 하는 기악 앙상블로 거듭 났다.

클레즈머 콘서바토리 밴드

The Klezmer Conservatory Band

　　　　　　　　　'카펠레'가 뉴욕에서 활동을 시작할 무렵, 뉴잉글랜드 콘서바토리에서 학생들을 가르치던 한쿠스 넷스키는 보스턴에서 또 다른 그룹을 결성 중이었다. 클레즈머 콘서바토리 밴드였다. 넷스키는 유대음악 프로그램을 올려보자는 제안을 받고, 방과 후에 비공식적으로 정기적인 클레즈머 잼세션을 열고 있었다. 여러 그룹이 참여했는데, 한번은 콘서바토리 학생들로 구성된 빅밴드가 세 곡의 스윙 클레즈머 넘버를 연주했다. 큰 갈채가 터져 나왔고 두 차례 추가 공연까지 하게 되었다. 이 그룹이 바로 1980년 겨울에 결성되어 지금까지 음반과 공연 활동을 지속하고 있는 클레즈머 콘서바토리 밴드의 전신이다.

　　클레즈머 콘서바토리 밴드는 재미 삼아 시작된 그룹이 아니었다. 넷스키의 할아버지와 삼촌들은 20세기 전반 필라델피아 클레즈머 음악계에서 정평이 나 있던 음악가였다. 넷스키는 어릴 때 들었던 클레즈머를 어렴풋이 기억하며 그게 뭔지 늘 궁금해했다. 1974년 경 넷스키는 친척 음악가들을 쫓아다니기 시작했다. 옛날 음악을 연주해달라고 조르기도 하고, 데이브 타라스와 나프툴레 브란트바인의 음악이 담긴 유성기 음반을 테이프에 녹음해 다니기도 했다. 넷스키는 클래식 음악 작곡을 전공했고 23세부터

클레즈머 콘서바토리 밴드의 리더이자 색소폰 연주자인 한쿠스 넷스키와 피아니스트 앨런 베른.

뉴잉글랜드 콘서바토리에서 학생들을 가르치고 있었다. 그러면서 필라델피아 그라츠 대학에서 찾아낸 옛날 음반과 자료들을 기초로 편곡집을 만들고 있었다. 1982년 클레즈머 콘서바토리 밴드가 녹음한 첫 번째 앨범 〈이디쉬 르네상스Yiddishe Renaissance〉에는 유명한 이디쉬 극장음악을 리메이크한 곡('담배Papirosn', '루마니아 루마니아Rumenye, Rumenye', '건포도와 아몬드Rozhinkes mit Mandlen'), 클레즈머 황금기 음악('팔레스타인

클레즈머 콘서바토리 밴드(1997년 전후). 뒷줄 왼쪽부터 로빈 밀러Robin Miller, 제프 바르사우어Jeff Warschauer, 그래트 스미스Grant Smith, 개리 보한Gary Bohan, 하비에르 페레즈 사코Javier Perez Saco, 마크 해밀턴Mark Hamilton, 제임스 굿만James Guttman. 아래줄 왼편부터 일레네 슈탈Ilene Stahl, 한쿠스 넷스키, 주디 브레슬러Judy Bressler, 미리엄 랩슨Miriam Rabson.

랍비 집에서Beym Rebn in Palestine', '즐거운 불가')과 함께, 그레타 부크Greta Buck(바이올린)와 넷스키(피아노)가 연주한 요셉 솔린스키Joseph Solinski의 '루마니아 판타지', 1920년대에 요셉 프랑켈 중위Lt. Joseph Frankel의 오케스트라 연주로 처음 녹음되었던 이디쉬 래그타임 '이디쉬 블루스Yiddish Blues'가 수록되어 있다.

클레즈머 콘서바토리 밴드(KCB)는 이후 20년 동안 다양한 음악을 추구하며 이디쉬 음악의 풍부한 레퍼토리를 담아 음반을 발매했다. 기악곡이건 성악곡이건 가리지 않았고, 이디쉬 극장음악, 대중가요, 노동요, 자장가, 춤곡, 저항음악, 니구님, 영화음악, 이민자들의 발라드, 새로운 음악, 명절음악, 비르투오소 공연 등을 총망라했다.

KCB의 전환점은 1984년, 개리슨 케일러Garrison Keillor의 공중파 라디오 버라이어티 쇼 《프레리 홈 컴패니언A Prairie Home Companion》이 보스턴에 왔을 때 이루어졌다. 옛 음악을 주로 다루면서도 가끔 특이한 미국음악을 내보내기로 유명한 프로그램이었다. 밴드 멤버 중 한 명이 테이프를 들고 프로그램 제작진을 찾아갔다. 운이 좋았는지, 개리슨 케일러가 KCB의 음악을 마음에 들어 했고 KCB를 쇼 프로그램에 초대했다. 이후 몇 해 동안 KCB는 여러 차례 케일러의 프로그램에 초청되었고, '카펠레'와 클레즈머틱스 같은 클레즈머 밴드도 출연할 기회를 얻었다. 그러면서 미국에서 클레즈머 음악의 위상이 서서히 높아지기 시작했다.

처음부터 넷스키는 KCB가 클레즈머 리바이벌 그룹이 될 것이라 예상하고 있었다. 1920~30년대 이민 세대 음악가들의 감성으로 이디쉬 스윙과 극장음악을 연주하는 밴드, 유대인들의 향수를 불러일으키는 클레즈머 밴드가 그의 콘셉트였다. 이미 살펴본 바와 같이 미국 클레즈모림은 이디쉬 극장음악과 대중음악 레코딩에 깊이 관여했었다. KCB는 이디쉬 극장음악과 히트곡을 바탕으로 클래식 클레즈머 춤곡과 보컬 넘버를 번갈아 연주하며 미국 클레즈머의 역사를 무대 위에서 깔끔하게 엮어냈다. "우리가 보여준 것은 미국 이디쉬 음악의 전개과정"이라고 넷스키는 말한다. "우리는 미국 음악사에 관여되어 있다. 보르시 벨트 음악, 이디쉬 극장음악, 미국식으로 변모한 클레즈머, 이 모든 것이 미국음악사에 포함된다. 이디쉬 음악가들은 빅밴드와 함께 연주하며 미국음악에도 영향을 끼쳤다. 이 모든 것이 우리가 하는 일이다."

KCB의 창립 멤버 중 프랭크 런던은 이후 클레즈머틱스와 하시딕 뉴 웨이브Hasidic New Wave 멤버로도 활약했고, 자신의 이름으로 발매한 음반도 몇 있다. 트롬본 연주자 데이비드 해리스David Harris는 두 개의 밴드, 쉬림Shirim과 '나프툴레의 꿈'의 공동 창립자였고, 클라리넷을 연주한 돈 바이런은 클레즈머를 연주한 최초의 아프리카계 미국인으로 명성을 얻었다.

돈 바이런이 KCB 멤버였고 KCB를 떠난 후에도 클레즈머를 연주했다는 사실이 특별할 것은 없다. 그러나 아프리카계 연주자가 클레즈머 리바이벌 밴드 멤버라는 사실 만으로도 기사거리가 될 만했다. 그만큼 세간에서는 신기한 일로 받아들여졌지만, 다행히 KCB의 음악을 알리는 데 걸림돌이 되지는 않았다. 바이런은 뉴욕에서 성장한 클래식 음악가였다. 당시 뉴잉글랜드 콘서바토리 학생이었고 클래식 레퍼토리에 관한 '걸어 다니는 사전'과 같았다. 사실 넷스키가 즉석에서 구성한 클레즈머 밴드에도 비유대인들이 있었다. 바이런 또한 스스로 클레즈머 음악에 빠져들었고, 결국 KCB에서 7년간 활동했다.

KCB에서 활동하는 동안 바이런은 미키 카츠에게 깊이 끌리게 된다. 20세기 중반에 활동했던 클라리넷 연주자이자 코미디언, 음악 패러디스트로 잘 알려져 있는 인물이다. 바이런은 카츠의 음악성은 물론, 전후戰後 미국 유대문화에서 차지하는 독특한 위상에 큰 매력을 느꼈다. 카츠에 대한 관심은 KCB의 세 번째 앨범 〈클레즈머 터치A Touch of Klez〉(1985)에도 나타난다. 카츠의 결혼 메들리, '마첼토프 댄스Mazeltov Dances(축하 댄스)' '장난감 브레이크 댄스Tsatske Kazatske'가 수록된 앨범이다. 이때부터 카츠 음악은 KCB 레퍼토리에 포함되었고, 바이런이 1987년 KCB를 떠난 후에도 계속되었다.

이후에도 바이런은 클레즈머를 연주했다. 미키 카츠에 대한 탐구는 세간의 논란을 불러일으켰다. 1950년대에 이디쉬풍으로 음악을 패러디했던 음악가이자 코미디언이었던 카츠는 보르시 벨트 코미디언으로 분장한 사회비평가라는 평도 있었지만, 유대음악을 부끄럽게 만든 음악가라는 평도 있었다. 물론 바이런은 전자 편이었다. 스파이크 존스Spike Jones의 영향을 받은 음악 파티셰는 말할 것도 없고, 전쟁 이후 미국 유대인의 사회동화 경향을 노골적으로 조롱한 것은 창의적인 사회풍자였다는 생각이었다. 바이런은 1993년 음반 〈돈 바이런이 미키 카츠 음악을 연주하다Don Byron Plays the Music of Mickey Katz〉까지 발매하며 카츠에게 경의를 표했다. 음반 표지 사진에는 우주 글씨체, 할 일 없는 룸펜들의 가구, 드레드락 머리를 한 클라리넷 연주자, 연주자 손에 목이 잡혀 있는 고무 치킨이 보인다. 이 모든 것을 통해 아이러니한 문화 전유cultural appropriation를 강력하게 표출한다. 문화 전유는 바이런이 직접 작곡한 음악, '프롤로그Prologue'와 '에필로그Epilogue'에서 계속된다. 이 두 곡에서 바이런은 자신이 작곡한 아방가르드 음악에 카츠의 코미디 녹음 샘플링을 덧입혔다. 그러나 1994년 1월 『뉴욕타임스 매거진』은 바이런이 카츠 녹음을 사용한 것이 적절했는지에 대해 합당치 않은 의문을 제기하며, '클레즈머를 연주하는 흑인' '자신의 정체성과 대립각을 세운 연주자'로 묘사했다. 결국 바이런은 클레즈머를 뒤로 하고, 스스로 '버그 뮤직bug music'이라 칭하던 자신만의 아방가르드 스타일에 전념하기 시작했다.

돈 바이런(오른쪽)과 한쿠스 넷스키. 돈 바이런은 7년간 클레즈머 콘서바토리 밴드에서 활동했다. 음악가이자 코미디언인 미키 카츠 헌정 음반을 녹음한 후, 클레즈머를 떠나 아방가르드 재즈 뮤지션으로 연주 활동을 계속했다.

더 클레즈모림, '카펠레', 앤디 슈태트만 클레즈머 오케스트라, 클레즈머 콘서바토리 밴드 등의 성공은 미국 안팎으로 클레즈머 음악에 대한 관심을 불러일으키기에 충분했다. 몇몇 레코드사는 20세기 초에 녹음된 옛날 이디쉬 음악을 재발매했고, 다른 클레즈머 밴드도 탄생했다. 츄츠파 오케스트라에서 클라리넷을 연주하던 스튜어트 메닌Stewart Mennin은 뉴멕시코의 앨버커키에서 뉴 슈테틀 밴드New Shtetl Band를 만들었고, 산타크루즈 대학UCSC 학생들(벤 골드베르그, 댄 시맨스Dan Seamans, 카일라 플렉서Kaila Flexer)은 캠퍼스에서 더 클레즈모림 밴드 연주를 보고 호첸플로츠Hotzenplotz 밴드를 결성했다. 예일 스트롬Yale Strom은 즈미로스Zmiros라는 그룹을 만들어 동유럽에서 발견한 이디쉬 음악을 음반과 공연을 통해 소개하는가 하면, 동유럽에 거주하는 클레즈머 연주자들의 레퍼토리를 수집하여 정리하기도 했다.

클레즈머 리바이벌이 진행되자 연주자들은 이디쉬 음악을 연주했던 원로 음악가들을 적극적으로 찾아 나서기 시작했다. 앤디 슈태트만과 데이브 타라스의 관계는 시작에 불과했다. 마이클 앨퍼트는 브론야 사키나Bronya Sakina, 벤 바질러Ben Bazyler, 레온 슈바르츠Leon Schwartz와 음악으로 우정을 쌓았고, 헨리 사포즈닉은 이민 시대의 클라리넷 연주자 슐로임케 베커만Shloimke Beckerman의 아들인 시드 베커만과 친구가 되어 시드, 하위 레스Howie Leess, 피터 소콜로프(전후 세대 음악가와의 연주 경험이 많았던 젊은 연주자)와 함께 클레즈머 플러스Klezmer Plus라는 그룹을 만들었다. 엡스타인 브라더스(맥스, 윌리, 줄리)는 은퇴 후 플로리다에서 몇몇 리바이벌 음악가들과 함께 활동했고, 그 중에는 음반 작업을 함께 한 조엘 루빈도 있었다. 유명한 다큐멘터리 영화《티클 인 더 하트A Tickle in the Heart》의 주인공도 엡스타인이었다. 레이 무지커Ray Musiker는 민스크 출신의 3세대 클레즈머 음악가로 뉴욕 클레즈머 앙상블을 이끌며 음반도 남겼다. 레이의 아들 리Lee도 같은 밴드 멤버였다.

여타 포크뮤직 리바이벌과 마찬가지로 클레즈머 리바이벌도 아래로부터 진행되었다. 아마추어 뮤지션들이 함께 모여 음반을 들으며 레퍼토리를 습득하는가 하면, 지역 공동체가 후원에 나서기도 했다. 점차 결혼식과 바르미츠바의 연주 요청이 많아지자, 실력 있는 아마추어 음악가들이 전문 음악 밴드를 결성하게 되었고, 작곡가와 음반 제작자도 생겨났다. 80년대 후반에는 클레즈머 음악가가 되려는 사람들이 400명 이상 '클레즈캠프'에 모여들었다. 클레즈캠프란 매년 캣스킬에서 열리는 클레즈머 워크숍으로 클레즈머 리바이벌을 주도했던 음악가들, 예컨대 마이클 앨퍼트, 한쿠스 넷스키, 헨리 사포즈닉 등이 강사로 나선다.

클레즈머 리바이벌 밴드는 유럽에서도 열띤 호응을 얻었다. 특히 독일의 반응이 뜨거웠다. 한때 유대인과 유대인 문화를 말살하려 했던 땅에서 이디쉬 음악이 다시 살아난 것이다. 이디쉬어가 여러 나라의 언어를 섞은 것이긴 하지만 특히 독일어와 가깝다는 점도 영향을 미쳤을 것이다. 실제로 독일 청중은 이디쉬어 노래 가사를 비교적 쉽게 이해한다. 클레즈머 리바이벌의 기운은 동유럽에도 스며들었다. 동유럽에서 클레즈머가 완전히 사라진 것이 아니었다. 홀로코스트에서 살아남은 유대인, 유대인 음악가들과 레퍼토리를 공유했던 비유대인 음악가들이 클레즈머를 연주하고 있었던 것이다.

옛 음반의 재발매와 초기 리바이벌 밴드의 역사적 재구성을 통해 클레즈머는 생명을 되찾았다. 클레즈머가 보다 생명력 있고 창의적인 음악 장르로 재탄생되는 계기가 마련된 것이다. 바로 클레즈머 르네상스의 신호탄이었다.

지오라 페이드만Giora Feidman

흥미롭게도 1970년대 이후 많은 사람들이 클레즈머에 관심을 갖게 만들고도 클레즈머 리바이벌과 직접적인 연관이 거의 없는 음악가가 한 명 있다. 지오라 페이드만이 그 주인공이다.

리바이벌 자체가 미국 연주자들을 중심으로 벌어진 현상이었고, 많은 경우 미국 포크뮤직, 동유럽 민속음악, 재즈를 연주하던 음악가들이 주축을 이루었다. 이들은 서로 테이프를 바꿔 듣고 함께 잼세션을 벌이는가 하면, 서로 배우기도 하고 이리저리 그룹을 만들기도 하면서, 클레즈머 리바이벌 패밀리가 되어 활동했다.

그런데, 앤디 슈태트만, 헨리 사포즈닉, 레브 리버만, 한쿠스 넷스키 등이 막 클레즈머를 연주하기 시작할 무렵, 클라리넷 연주자 지오라 페이드만은 클래식 음악 무대에서 자신의 음악인 동유럽 민속음악을 적극적으로 알리고 있었다. 1936년 부에노스아이레스에서 태어난 페이드만은 20세에 이스라엘 필하모닉 오케스트라 단원이 되었는데, 동료 연주자들이 이디쉬 음악에 전혀 관심이 없다는 것을 알고 놀라움을 금치 못했다. 베사라비아(클레즈머에게 미시시피 델타 같은 지역)에서 몇 대째 내려온 클레즈모림 집안 출신인 그가 공연과 음반으로 주류 클래식 음악계에 이디쉬 음악 레퍼토리를 소개하기 시작한 것도 이 때문이었다.

세계적으로 유명한 바이올리니스트 이작 펄만의 클래식-클레즈머 크로스오버 프로젝트보다 10년 앞서 페이드만이 먼저 국제적 호응을 얻었다. 1981년 뉴욕 애버리 피셔 홀의 공연은 당시 클레즈머 공연의 정점이었다. 클레즈머 음반도 열 장 이상 내놓았다. 〈클레즈머 셀러브레이션Klezmer Celebration〉〈비바 클레즈머Viva El Klezmer〉〈클래식 클레즈머Klassic Klezmer〉〈클레즈머 매직The Magic of Klezmer〉 등이 대표적이었다. 1984년에는 연극 《게토Ghetto》에서 클라리넷을 연주했다. 조슈아 소볼Joshua Sobol의 홀로코스트 연극으로, 피터 자덱Peter Zadek이 베를린에서 제작하여 논란과 찬사를 동시에 불러일으킨 작품이었다. 이 공연은 그리 오래지 않은 과거를 보여주며 독일 청중의 양심을 건드렸고, 연극에서 마지막까지 살아남는 역할을 맡았던 페이드만은 독일인에게 홀로코스트 생존자, 영웅의 상징으로 각인되었다.

클레즈머를 널리 알리는 데 기여했으나, 페이드만은 클레즈머 리바이벌 음악가로 간주되지는 않는다. 앞서 언급했듯이 미국 클레즈머 리바이벌의 뿌리는 민속이었고, 페이드만의 뿌리는 클래식 음악이었기 때문이다. 페이드만은 프레이레흐·행진곡 등을 연주할 때나, 레너드 번스타인Leonard Bernstein의 《웨스트사이드스토리West Side Story》나 거슈윈의 음악을 이디쉬풍으로 연주할 때나, 혹은 스티븐 스필버그Steven Spielberg의 영화 《쉰들러 리스트Schindler's List》 배경음악으로 정통 유대음악을 만들었을 때나, 늘 클래식 음악의 웅장한 종지와 다이내믹스를 구사함으로써 민속·재즈·대중음악을 바탕으로 한 클레즈머 리바이벌 그룹과는 대조를 이루었다. 그래서 페이드만은 분명 클레즈머 리바이벌의 선구자였고, 적어도 유럽에서는 클레즈머를 알린 유명한 '문화 인사'였음에도 불구하고, 클레즈머 리바이벌의 주요 담론에서는 부차적인 음악가로 머물 수밖에 없었다.

제4장

르네상스
RENAISSANCE

04.
르네상스

.

.

.

리바이벌 밴드는 과거 클레즈머 음악을 발굴·보급하며 모던 클레즈머의 기준을 만들어갔다. 클레즈머의 미래를 예견한 획기적인 작업이었다. 재즈, 록, 클래식 등 다양한 음악 경험을 가진 밴드 멤버들은 리바이벌 음악가로서 제 역할을 다했고, 이어 다른 음악 양식을 덧붙이며 새로운 음악 장르를 창안해냈다. 리바이벌 밴드가 클래식 클레즈머 레퍼토리를 섭렵하고 새로운 실험을 시도하기까지 걸린 시간은 단 몇 년이었다. 이미 1990년대 중반, 클레즈머와 다른 음악 장르를 접목하는 시도가 부쩍 늘어났고, 자메이카의 스카부터 펑크, 록, 헤비메탈, 전자음악까지 장르도 가리지 않았다. 창의적인 면에서 조금 뒤떨어지거나, 실제 연주가 이론을 구현하지 못하는 경우도 물론 있었다. 가장 좋은 시나리오는 클레즈머 음악으로 탄탄하게 기반을 쌓고, 다른 음악에서 닦은 역량을 발휘하여 클레즈머 기반의 새로운 유대음악을 만들어내는 것이었다. 그렇게 성공한 그룹이 브레이브 올드 월드와 클레즈머틱스였다.

브레이브 올드 월드
Brave Old World

브레이브 올드 월드는 클레즈머 분야에서 최초의 '슈퍼

그룹'이라 불린다. 구성원 네 명의 면면을 살펴보면 과장된 말도 아닐 듯싶다. 마이클 앨퍼트, 앨런 베른, 쿠르트 비욜링Kurt Bjorling, 스튜어트 브로트만의 이력을 합치면 클레즈머 리바이벌의 역사와 같기 때문이다. 마이클 앨퍼트는 '카펠례'의 창립멤버였고, 앨런 베른은 '카펠례'와 클레즈머 콘서바토리 밴드에서 활동했다. 쿠르트 비욜링은 시카고 클레즈머 앙상블 멤버로 활동하며 클레즈머틱스와 공연도 하고 음반도 냈다. 스튜어트 브로트만이라는 이름은, 앞서 보았듯이, 곳곳에서 튀어나온다. 마이클 앨퍼트와 츄츠파 오케스트라에서, 스튜어트 메닌·배리 피셔Barry Fisher·론 홈스Ron Holmes와 엘리스 아일랜드 밴드에서 연주했고, 더 클레즈모림의 멤버이자 프로듀서로 활동했으며, '카펠례'와 함께 서부 투어도 했다. 그리고 마침내 브레이브 올드 월드에 합류했다.

브레이브 올드 월드 멤버들은 모두 클레즈머와 상관없는 그룹에서 음악 경험을 쌓았다. 브로트만은 1960년대 로스앤젤레스에서 유대인 결혼식 연주로 경험을 쌓았고, 캔드 히트Canned Heat·칼레이도스코프 밴드에서 크로스오버 음악도 연주했다. (칼레이도스코프는 데이비드 린들리가 밴드 리더였고 다양한 음악을 연주하는 월드-포크-록 밴드였다.) 앨퍼트와 브로트만은 발칸음악에 정통했고, 비욜링과 베른은 클래식 음악과 재즈 전문이었다. 이들은 모두 음악학자이자 비르투오소 연주자였다. 이렇게 네 명의 실력이 한 곳에 결집되어 슈퍼그룹이 탄생한 것이다.

브레이브 올드 월드가 공식적으로 탄생한 것은 1988년 베를린에서 열린 즉석 콘서트 시리즈에서였다. 하지만 10년 전부터 이미 초석은 마련되어 있었다. 클래식 음악가로서 이디쉬 음악과 그리스 음악을 연주하던 조엘 루빈이 서부에서 스튜어트 브로트만과 마이클 앨퍼트를 만나 클레즈머 연주를 시작한 것이 계기였다. 이들은 앨런 베른, 쿠르트 비욜링과 함께 매년 열리는 클레즈캠프 워크숍에 참가하여 연주도 하고 참가자들을 가르치기도 했다. 그러다가 조엘 루빈 클레즈머 밴드의 카세트 녹음이 1988년 6월에 〈브레이브 올드 월드〉라는 이름으로 발매되었고, 이때 앨퍼트, 브로트만, 한쿠스 넷스키 등이 녹음에 참여했다. (이 테이프는 나중에 〈배고픈 마음Hungry Hearts〉이라는 제목의 CD로 발매되었으나, 루빈의 원래 카세트 제목을 네 명의 뮤지션이 그룹명으로 사용하는 바람에 그룹 창단 연도를 혼동하기 쉽다.)

1988년 조엘 루빈과 앨런 베른은 스페인 콘서트 투어를 마치고 베를린을 방문했다. 베른에게 베를린은 익숙한 곳이었다. 이들은 아인슈타인 카페에서 콘서트 시리즈를 열었다. 이 카페는 원래 유명한 독일 유대인 여배우의 소유였고 이후 게슈타포 본거지로 사용되었던 곳이다. 루빈-베른의 콘서트가 성공을 거두자 멤버가 늘어나기 시작했다. 처음에는 1984년 '카펠레'와 함께 같은 장소에서 공연했던 마이클 앨퍼트가 합류하여 3중주가 되었고, 이어 스튜어트 브로트만이 합류함으로써 정식 공연이 본격화될 수 있었다.

앨퍼트, 베른, 브로트만은 모두 클레즈머 리바이벌 밴드에 깊이 관여한 바 있으나, 단순한 리바이벌을 뛰어넘어 새로운 음악을 만들고 싶다는 갈망도 품고 있었다. 브레이브 올드 월드의 꿈은 이디쉬 전통에 깊이 뿌리 내리면서 동시에 전통을 뛰어넘는 새로운 유대인 음악, 막연히 향수를 자극하는 음악이 아니라 현대 청중과 소통할 수 있는 음악을 만드는 것이었다. 그러려면 구세계 클레즈머 음악가들의 마음과 영혼을 지향하며, 각 멤버의 재능을 살려 클래식 같은 정교한 음악을 만들어야 했다.

앨런 베른은 콘서바토리 출신의 음악가로 뉴욕 헐리에 있는 칼 버거Karl Berger의 크리에이티브 뮤직 스튜디오Creative Music Studio에서 일한 경험이 있었다. 이 스튜디오는 실험적인 재즈 연주자와 클래식 아방가르드 음악가가 만나 즉흥연주를 벌이던 곳으로, 음악가들의 휴식처이자 싱크탱크 역할을 하던 곳이다. 앨런 베른은 예술적인 모험을 위해 전통음악에 즉흥성을 도입해야 한다고 생각했다. "청중 앞에서 연주할 때, 청중이 '도대체 다음엔 무슨 일이 일어날까?'라는 생각 외에 다른 생각은 하지 않도록 만들어야 한다." 청중은 기존 형식의 재창조를 기다리는 것이 아니라, 새로운 형식의 창조를 기대한다는 것이다.

클레즈머 리바이벌과 클레즈머 르네상스의 차이점이 여기에서 발견된다. 클레즈머틱스, 토론토의 플라잉 불가 클레즈머 밴드, 뉴올리언스 클레즈머 올스타스, 브레이브 올드 월드 등 르네상스 시기의 밴드들은 이디쉬 전통을 깊이 파헤치면서 리바이벌 밴드보다 과거에 더 깊이 뿌리 내린, 그러나 아주 새로운 음악을 지향했다. 그래서 브레이브 올드 월드의 멤버들은 전통적인 이디쉬 음악에 대한 애정만큼, '새로운 유대음악'을 위한 즉흥연주(단순 재생산이 아닌)에 대한 갈망도 컸다.

마침내 브레이브 올드 월드의 연주자 네 명은 새로운 음악을 작곡하면서 옛 음악을 편곡하기 시작했고, 1990년 첫 번째 앨범 〈클레즈머 음악Klezmer Music〉을 내놓았다. 믿기지 않을 정도로 전통적인 사운드이지만, 미래의 새로운 계획도 엿볼 수 있는 음반이다. 대부분의 리바이벌 밴드는 유성기 시대의 3분짜리 노래 패턴을 그대도 답습했었다. 그런데 브레이브 올드 월드는 길이에 제약을 두지 않았다. 물론 CD 시대라서 가능한 일이었다. 중간중간에 숨 쉴 여유를 마련해주면서 곡의 길이를 5~8분으로 늘렸다. 현대적인 개혁이었지만, 아이러니하게도 원래 춤곡 형태로의 복귀이기도 했다.

브레이브 올드 월드의 베를린 콘서트. 클레즈머 리바이벌, 재즈, 클래식, 여러 민족음악에 뿌리를 둔 연주자들이 풍부하고 다양한 음악 경험을 바탕으로 현대의 클레즈머 밴드를 창단했다. 왼쪽부터 스튜어트 브로트만, 앨런 베른, 마이클 앨퍼트, 쿠르트 비욜링.

〈클레즈머 음악〉 음반에는 벤 바질러의 피처링으로 바드흔 음악도 수록되어 있다. 벤 바질러는 동유럽 출신의 1세대 음악가이자 바드흔이었고, 바질러와 앨퍼트는 리바이벌 시대의 유명한 멘토-제자 사이였다. 바드흔은 앙상블과 번갈아가며 노래도 하고 열변을 토하기도 하는데, 이는 브레이브 올드 월드가 계속해서 모색했던 음악 형식이기도 하다. 〈클레즈머 음악〉에는 마이클 앨퍼트가 이디쉬어로 쓴 가사도 포함되어 있다. 체르노빌 원전 사고, 베를린 장벽 붕괴, 현대 테크놀로지와 구세계 문화의 단절 등 동시대 사건을 이디쉬어로 노래하며 이디쉬어가 여전히 살아있음을 당당히 보여주었다.

브레이브 올드 월드는 1992년 잠시 활동을 중단했다가 몇 달 후 활동을 재개했다. 클라리넷 연주자 쿠르트 비욜링이 새로 합류했고, 조엘 루빈은 밴드를 떠나 프로듀서 활동을 시작했다. 이후 로빈은 구세계 음악을 재구성하며 연구활동과 음반작업을 계속 해나갔다. 클레즈머 전성기 그룹인 엡스타인 브라더스와 함께 작업도 하고, 유럽 페스티벌과 콘서트 시리즈를 기획하기도 했다.

비욜링과 베른·앨퍼트·브로트만의 호흡은 완벽했다. 비욜링은 구세계 클레즈머를 열심히 공부하던 학생이었고(1984년 비욜링이 창단한 시카고 클레즈머 앙상블과 함께 녹음한 음악을 들어보면 알 수 있다.), 클래식, 재즈, 다양한 민족음악 등 폭넓은 음악 경험을 갖고 있었다. 비욜링과 함께 브레이브 올드 월드는 두 번째 앨범 〈울타리를 넘어서Beyond the Pale〉(1994)를 녹음했다. 이 음반에 담긴 따뜻한 재즈 사운드는 베른이 그토록 갈망하던 자연스럽고 창의적인 즉흥연주에 아주 적합했다.

〈울타리를 넘어서〉는 앨퍼트가 이디쉬어로 작사한 '베를린 서곡Berlin Overture''베를린 1990Berlin 1990'의 내용을 주제로 한 음반이었다. 앨퍼트는 이디쉬 음악가들이 독일어로 노래하며 느끼는 양면성을 직설적으로 토로한다. "독일에서 연주한 적이 있다. 아주 여러 번… 그런데 나의 뮤즈를 걸고 맹세하지만, 단 한 번도 편한 적이 없었다." 미국 음악가들로 결성된 그룹이었지만 브레이브 올드 월드는 독일과 관계가 깊었다. 앨런 베른은 1987년 이후 베를린에 머물면서 브레멘 극장Bremen State Theater의 음악감독을 지냈고, 조슈아 소볼의 유명한 연극 《게토》의 음악감독도 맡았다. 브레이브 올드 월드도 많은 시간을 베를린에서 보냈다. 그들의 실험적인 음악 작업에 베를린이 예술적, 재정적으로 후원을 아끼지 않았기 때문이다. 베른은 미국의 어느 곳보다 훨씬 많은 지원을 베를린에서 받았다고 말한다.

〈울타리를 넘어서〉의 하이라이트 중 하나는 베른의 '대형 기차Big Train'로, 이별의 눈물을 자아내는 전통적인 멜로디 몇 개를 엮어 만든 아코디언 연주곡이다. 라이너노트에 적힌 베른의 설명을 보면, 25년 군복무를 위해 차르 군대에 징집된 젊은 러시아 유대인 이야기를 듣고 영감을 받아 쓴 곡이라고 한다. 하지만 실제 이 노래를 들으면 그런 배경을 알아차릴 수조차 없고(음반은 전체적으로 현대 독일의 이디쉬 문화를 모색한다.), 유대인을 대량 수송했던 기차를 연상하기도 힘들다.

창단 10년 후인 1999년, 브레이브 올드 월드는 클레즈머 리바이벌과 르네상스를 통틀어 최고의 성과라 할 수 있는 음반 〈블러드 오렌지Blood Oranges(Royte Pmerantsn)〉를 발표한다. 비틀즈의 〈페퍼스 론리 하츠 클럽 밴드Sgt. Pepper's Lonely Hearts Club Band〉만큼이나 중요한 음반이었다. 〈블러드 오렌지〉에서 밴드 멤버들은 클레즈머 리바이벌의 여러 갈래를 정교하게 엮어 구세계 음악언어를 긴장과 이완의 패턴으로 멋지게 재구성했다. 구세계의 어쿠스틱 앙상블을 모델로 한 라인업으로 베토벤 음악을 연상케 하는가 하면, 록 밴드의 유연하고도 역동적인 에너지가 분출하기도 한다. 악기들은 클래식 음악언어로 이야기하기도 하고, 앙상블 안에서 서로의 위치를 편안하게 바꾸기도 하면서, 뭔가 초월한 듯 3차원 세계를 느끼게 한다.

마이클 앨퍼트는 서로 주고받는 악기 연주 사이에 보컬로 해설을 넣으면서 바드혼 역할을 수행한다. 구세계 스타일을 선보이다가 인터넷, 비디오, CD-ROM, 광섬유 등 신세계 용어를 내뱉기도 한다. 그런가 하면 스튜어트 브로트만은 베이스 연주로 클래식 실내악 분위기를 자아낸다. 전체적으로 재즈, 아프리카계 쿠바, 손드하임Sondheim, 쿠르트 바일, 네오클래식 등 모든 것이 뒤섞여 있지만, 이디쉬 악센트는 결코 사라지지 않는다. 밴드 구성원 네 명의 배경을 생각하면 당연한 결과지만, 그럼에도 불구하고 〈블러드 오렌지〉는 모던 클레즈머의 기대치를 한껏 올려놓은 명반이라 할 수 있다.

클레즈머틱스

Klezmatics

　　　　　　1997년 봄, 클레즈머틱스의 〈퍼제스트Possessed〉 발매 기념공연은 단순한 음반 발매 콘서트가 아니었다. 뉴욕 아방가르드 음악의 신전이랄 수 있는 니팅팩토리에서 화려하게 펼쳐진 다층적이고 다면적인 의미를 함축한 공연이었다. 불을 내뿜고 칼을 삼키는 사람들과 구레나룻을 기른 여성이 등장하는 아목 서커스Circus Amok, 중앙아시아 부하라 지역의 유대 전통음악을 연주하는 앙상블 샤쉬마캄Shashmaqam, 고등학교 시절엔 절대 들어본 적 없는 진보 페미니스트 응원단 엑스-치어리더스X-Cheerleaders, 리처드 쿠자미 범중동 앙상블Richard Khuzami Pan-Middle Eastern Ensemble이 무대에 등장했고, 마지막에는 검은 옷을 입은 보헤미안, 뉴욕 근방에 사는 사람들, 슬리보비츠에 취한 예쉬바 대학생들이 모두 디제이 렉카DJ Rekha가 들려주는 미국계 인도음악 방그라 비트에 맞춰 끝까지 춤을 췄다.

　유대인의 전형적인 사교모임은 아니었지만, 다양한 음악과 청중을 하나로 모아준 것은 클레즈머틱스였고, 범문화적이고 진보적인 이 앙상블이 열정적으로 연주한 퓨전 음악의 뿌리는 전통 댄스뮤직이었다. 그래서 클레즈머틱스가 '모든 형제들Ale Brider' (옛날 이디쉬 노동요였는데 클레즈머틱스가 일종의 밴드 주제곡으로 변모시킨 노래) 을 연주할 때면 모든 청중이 하나의 소용돌이가 되어 춤을 추며 떼창을 했다. 독특한 이디쉬어 '오이Oy!'를 끊임없이 반복하는 합창은 따라 부르기도 쉬웠다.

　클레즈머 콘서트의 전형은 아니지만, 당시로서는 그다지 유별난 풍경도 아니었다. 물론 클레즈머틱스이기에 가능한 일이었다. 브레이브 올드 월드가 콘서트 무대에 적합한 클레즈머를 만들어냈다면, 클레즈머틱스는 반대 방향으로, 즉, 다운타운의 최신 재즈/록 클럽에 적합한 클레즈머를 만들어냈다.

　클레즈머와 로큰롤은 분명 닮은 점이 많다. 기본적으로 춤곡이라는 점이 가장 큰 유사점이고, 클레즈머틱스는 이 점을 제대로 활용했다. 클레즈머틱스의 음악은 구세계와 신세계의 파티음악을 결합한 음악이었다. 다시 말해서, 구세계 음악의 요소(레퍼토리, 장식음, 편곡)를 록 음악의 모던한 감성으로 걸러낸 음악이었다. 이들이 옛날

선율(예컨대 하시디즘 기도 선율)에 펑크나 레게 비트를 섞는 것은 전혀 어색하지 않다. 이들이 연주하는 프레이레흐와 불가는 자메이카 스카와 비슷하다거나, 솔로 연주가 프랭크 자파 Frank Zappa를 떠올리게 한다는 지적도 있는데, 자연스런 평가라 할 수 있다.

전통과 혁신 사이의 긴장은 클레즈머틱스의 자양분이다. 다양한 음악에 마음을 열지 못하는 청중의 호응까지 얻어낸 이유이기도 하다. 그러나 클레즈머틱스 내부의 역동성은 단순히 새 것과 옛것의 긴장에서 비롯된 것이 아니라, 여섯 명의 재능 있는 연주자들의 창조적인 에너지에서 비롯된 것이라 할 수 있다.

로린 스클램베르그의 칸토르 스타일 보컬은 클레즈머틱스의 소울이다. _상
트럼펫 연주자 프랭크 런던은 현대 클레즈머에서 가장 중요한 연주자이자 여러 밴드의 베테랑이다. _중
바이올린 비르투오소 알리샤 스비갈스는 구세계 사운드를 클레즈머틱스에 도입했다. _하

클레즈머틱스가 시작된 것은 1986년 뉴욕의 로어이스트사이드에서였다. 롭Rob이란 애매한 이름으로 클레즈머 음악가를 찾는다는 광고가 빌리지 보이스Village Voice에 실렸다. 롭은 광고 후 곧 사라졌으나, 몇몇 음악가들이 이미 모여든 후였다. 그 중에는 트럼펫과 키보드를 연주하는 프랭크 런던(롱아일랜드 출신으로 보스턴에서 뉴욕으로 이사 온 직후였다.), 퀸스 아스토리아에서 피들 연주로 그리스 음악계를 휩쓸던 알리샤 스비갈스가 있었다.

이후 몇 년간 클라리넷 연주자 마곳 레버렛을 포함하여 몇몇 음악가들이 다녀갔으나, 1년 안에 알리샤 스비갈스, 프랭크 런던, 로린 스클램베르그, 데이비드 리히트 David Licht, 폴 모리셋Paul Morrissett을 주 멤버로 하는 밴드가 만들어졌다. 스클램베르그와 데이비드 리히트는 런던이 찾아낸 연주자였다. 당시 스클램베르그는 캘리포니아에서 온 새내기 뉴요커로 발칸 브라스 밴드에서 아코디언을 연주하던 중이었고, 리히트는 노스캐롤라이나에서 온 새내기 뉴요커로 봉워터Bongwater라는 사이코빌리 밴드에서 드럼을 연주하고 있었다. 그룹의 첫 번째 베이스 연주자, 데이브 린드세이Dave Lindsay가 떠난 후 스클램베르그가 발칸 밴드에서 모리셋(침블도 연주했다.)을 데려왔다. 이렇게 다섯 명의 연주자가 계속 밴드에서 활동 중이다. 몇 년에 한 번씩 바뀌는 자리는 클라리넷이 유일한데, 마곳 레버렛, 쿠르트 비욜링, 데이비드 크라카우어가 거쳐 갔고 현재는 맷 다리아우Matt Darriau가 클라리넷 연주를 맡고 있다.[1]

밴드가 결성될 당시 클레즈머 연주 경험이 있던 사람은 프랭크 런던뿐이었다. 그는 보스턴에 있을 때 클레즈머 콘서바토리 밴드의 창립 멤버로 활동했다. 다른 멤버들은 유대음악 경험에 있어 천차만별이었다. 그러나 이들은 곧 옛날 음반을 공부하고 채보도 하면서 클레즈머에 빠져들었다. 스비갈스와 스클램베르그는 YIVO 사운드 아카이브에서 음반을 찾다가 그곳에서 일까지 하게 되었다.

"처음에는 다른 사람들의 편곡을 카피하면서 클레즈머가 연주되는 여러 방식을 모

. . .

1 2016년 현재 멤버는 맷 다리아우, 프랭크 런던, 폴 모리셋, 로린 스클램베르그, 데이비드 리히트, 그리고 이 책 출판 이후 합류한 리사 굿킨Lisa Gutkin(바이올린), 리치 바샤이Richie Barshay(퍼커션)이다(역주).

방했다." 스클램베르그의 말이다. 그는 10대 시절 유대/이스라엘 포크댄스에 관여한 적이 있었고, 회당에서 기도를 이끄는 일도 했었다. "일단 모방하고 나니, 우리 스스로 편곡도 할 수 있었다."

"우리가 뭘 하고 있는지 알아내기까지 시간이 좀 걸렸다." 프랭크 런던의 말이다. "1988년 〈침묵=죽음Shvaygn=toyt〉을 발매했다. 처음으로 유럽 연주여행을 하던 중 베를린에서 녹음한 음반이다. 이후 2년간 우리는 클레즈머틱스의 특성을 모색했다. 사운드에 집착하기보다 이론적으로, 철학적으로, 음악에 접근하는 방법을 모색했다."

음악에 접근하는 방식은 밴드 멤버의 정치적·영적 성향, 개인의 삶까지 관련된다. 이들은 클레즈머 전통에 뿌리를 내리고 있지만, 정통성에 대한 선입견은 거부한다. 브라운 대학에서 음악인류학을 전공한 스비갈스는 이렇게 말한다. "제멋대로 정해놓은 음악에 우리 자신을 가두지 말아야 한다. 우리는 좋은 음악을 만들려고 노력한다. 우리는 사람들이 대체로 옳다고 말하는 음악과 다르다고 해서 포기하지 않는다... 우리는 정통성을 말하지 않는다. 유대음악 밴드에 있어야 할 어떤 요소를 강조하지도 않는다... 우리의 철칙은 좋은 음악을 만드는 것이다."

런던도 스비갈스와 비슷한 생각이다. "난 음악에 대한 편견이 없다. 내가 록 음악을 좋아하고 재즈를 싫어한다거나, 비밥을 좋아하고 스윙을 싫어한다거나 해서 문제가 되는 건 아니다. 문제는 좋은 음악이냐, 나쁜 음악이냐, 하는 것뿐이다. 난 내 의견이 강한 사람이라서 철저하게 나만의 미학에 의거하여 좋은 음악과 나쁜 음악을 구분한다."

〈침묵=죽음〉과 함께 클레즈머틱스는 쾌활한 비르투오소 밴드로 각인되었다. 또한, 아베 슈바르츠, 아베 엘슈타인, 데이브 타라스의 레퍼토리에서 가져온 이디쉬 노래와 춤곡을 감성적 보컬로 재구성하는 밴드로도 유명해졌다. 이 음반은 모더니스트의 면모도 잘 보여주는데, 특히 재즈 앙상블 넘버 '내 마음 안에는Bilvovi'이 그렇다. 이 곡을 함께 연주한 그룹은 프랭크 런던의 실험적인 브라스 앙상블, 레미제라블 브라스 밴드 Les Miserables Brass Band이다. 이 밴드는 클레즈머틱스와 함께 베를린의 하이마트클랑에 페스티벌Heimatklange Festival에 함께 참여하기도 했다.

〈리듬+유대인Rhythm+Jews〉(1990)은 클레즈머틱스의 정체성을 더욱 확고히 다진 음반이다. 나프툴레 브란트바인의 '타슐리흐에서'를 연주한 첫 번째 트랙은 동유럽과 켈트 분위기를 강조하며 로린 스클램베르그의 사이키델릭한 찬트(니구님과 비슷한)를 확장시켜 놓았다. 이 곡과 하시디즘 성가 '작은 끈, 작은 진주Shnirele Perele'는 클레즈머틱스를 대표하는 음악이 되었다. 이 음반 역시 베를린에서 녹음되었고, 클레즈머틱스에 새로 합류한 클라리넷 연주자 데이비드 크라카우어가 브란트바인의 선율을 여럿 녹음했다. 알리샤 스비갈스는 '바이올린 도이나Violin Doyna'에서 집시 분위기가 물씬 나는 피들 연주로 마치 최면을 거는 듯한 사운드를 들려준다. 전체적으로 이 앨범은 베이스 연주자 폴 모리셋과 드럼 연주자 데이비드 리히트의 강한 록 비트와 함께 활기차고 거침없는 연주를 보여준다.

클레즈머틱스의 독특한 사운드와 접근법은 세 번째 앨범 〈뿔 있는 유대인Jews with Horns〉(1995)에서 완전히 만개한다. 새로운 선율과 전통적인 선율을 융합하여 클레즈머틱스 스타일을 다시 정립한 것이다. 첫 번째 트랙 '모자 쓴 남자Man in Hat'는 약간 정신없고 소란스럽다. 로린 스클램베르그가 현란한 목소리로 재기 넘치는 말장난을 늘어놓고, 캐나다 포크-팝 그룹인 목시 프뤼버스Moxy Frϋvous가 백업 보컬을 맡았다. 두 번째 트랙 '어부의 노래Fisherlid'는 전통적인 사운드에 중동 억양이 섞인 느린 댄스곡이다. 마크 리봇Marc Ribot의 가벼운 일렉기타 사운드와 유명한 이디쉬 시인 알리자 그린블랫Aliza Greenblatt(우디 거스리Woody Guthrie의 장모)의 가사도 들을 수 있다. 전통적인 하시디즘 춤곡 '하시딤 댄스Khsidim Tants'에서는 세컨드라인 비트가 힘을 더해준다. 네 번째 트랙부터는 '심케-토라Simkhes-toyre' 같은 파티음악과 '루마니아 판타지' 같은 정교하면서도 신비스런 음악이 번갈아 나온다. '루마니아 판타지'에서는 스비갈스의 바이올린 연주로 애끊는 울음소리를 들을 수 있다.

〈뿔 있는 유대인〉에 이어 클레즈머틱스의 베스트 음반이라 할 수 있는 〈퍼제스트〉(1997)가 발매되었다. 이즈음 클레즈머틱스 멤버들은 작곡에 자신을 갖게 되었고, 그래서 옛 음악 리메이크보다 새로운 음악 창작과 실험적인 편곡으로 방향을 선회하기 시작했다. 현대의 이디쉬 시인이자 학자인 마이클 웩스Michael Wex의 노랫말에 프랭크 런던이 곡을 붙인 '마리화나 노래Mizmor Shir Lehanef'는 신비스런 즐거움을 선사하는 대마초 찬가이며, 이디쉬 시인 슈바르츠J. J. Schwartz와 라이젠A. Reisen의 시에 스비갈스가 곡을 붙인 '우리 같이 잔을 들자Lomir Heybn Dem Bekher'는 억압받는 이들의 정치적 결속을 호소하는 노래이다.

〈퍼제스트〉 음반 제작을 위해 풀리처상 수상자인 극작가 토니 쿠쉬너Tony Kushner는 안스키S. An-ski의 유명한 이디쉬 연극 《디벅(악령)The Dybbuk》을 각색했다. 쿠쉬너의 각색을 바탕으로 〈퍼제스트〉의 멋진 노래와 기악곡이 만들어진 것이다. 쿠쉬너와 클레즈머틱스는 공통점이 많은데, 특히 동성애자의 예술적 감성, 정치적 성향, 사생활 등이 그렇다. (클레즈머틱스의 멤버 두 명은 게이이다.). 앞서 발표한 첫 번째 음반 〈침묵=죽음〉도 액트업ACT UP(에이즈 인권운동단체)의 슬로건을 음반명으로 사용한 것이었다. 로린 스클램베르그는 사랑 노래에서 남성 대명사가 나오면 장난스럽게 살짝 어투를 바꿔 노래하기도 한다. 그는 클레즈머틱스와 쿠쉬너의 창조적인 파트너십에 대해 이렇게 말한다. "우리는 정치적으로 같은 관점을 갖고 있다. 인간에 대해 같은 시각을 가진 사람들이 함께 일하고 있으니, 우리는 운이 좋다."

악기편성은 거의 어쿠스틱 사운드로 이루어지지만(폴 모리셋 밴드와 프랭크 런던이 가끔 연주하는 키보드만 전자악기이다.), 콘서트에서 직접 클레즈머틱스를 보면 클레즈머를 연주하는 록 밴드를 연상케 한다. 록 스타 같은 분위기 때문에 인기가 높은 것도 사실이다. 특히 젊은이들 사이에서 인기가 높다. 실제로 클레즈머틱스가 록 클럽에서 연주하는 것을 본다면 잊을 수 없는 기억으로 남을 것이다. 클레즈머틱스의 비밀병기는 데이비드 리히트와 폴 모리셋의 엄청난 리듬 섹션이다. 특히 리히트는 전통적인 이디쉬 드러밍을 고수하면서도, 펑크·록·재즈 등 로큰롤 느낌을 주는 모든 음악을 가져다 사용한다. 그러나 펑크·록·재즈 음악으로 변모시키지는 않는다.

1998년 클레즈머틱스는 이스라엘 여가수 하바 알버스타인Chava Alberstein과 함께 〈우물The Well〉을 녹음했다. 20세기의 이디쉬어 시에 알버스타인이 곡을 붙였다. 온전한 클레즈머 음반이랄 수는 없지만, 보다 넓은 지평에서 클레즈머틱스가 이디쉬 문화에 기여하고 있음을 입증한 음반이다. 클레즈머틱스는 1992년 베를린 유대문화 페스티벌에서 알버스타인(이스라엘의 조안 바에즈Joan Baez, 주디 콜린스Judy Collins라 불러도 좋다.)을 처음 만났고, 그때부터 함께 무대에 서는 일이 잦아졌다. 〈우물〉 음반 제작은 벤 민크Ben Mink가 맡았다. (케이디 랭K. D. Lang, 로이 오비슨Roy Orbison과 함께 오래 작업한 유명한 프로듀서이다.) 미국 포크, 프랑스 샹송, 브라질 삼바 등 알버스타인의 폭넓은 음악세계를 반영한, 월드-팝 음반이다. 풍부한 성량으로 이 음반을 가득 채운 알버스타인은 마치 이디쉬어로 노래하는 에디트 피아프Edith Piaf 같기도 하다. 몇몇 곡에서는 로린 스클램베르그가 알버스타인과 듀엣도 하고, 함께 리드 보컬을 맡기도 한다.

클레즈머틱스는 리더도 없고 상황에 따라 모두가 작곡, 편곡, 솔로를 맡기 때문에 갈등이 야기될 수도 있으나, 단원들의 다양한 재능과 관심사를 밴드 전체를 위해 사용할 수 있는 방법을 모색하며 별다른 문제 없이 이어져왔다.

소울 가득한 칸토르 스타일 보컬로 클레즈머틱스 사운드에 따뜻함과 친밀감을 더해주는 스클램베르그는 이렇게 말한다. "누군가 뭔가를 가져오면 모두 의견을 말하기도 하고 뭔가 보태기도 한다. 작품이 변하기도 하고, 정말 그때그때 다르다. 어떤 것은 다른 곳에 더 어울리기도 하고, 그러면 다른 것이 되기도 한다. 솔직하게 얘기해줄수록 좋다. 정해진 규칙은 없지만 편곡할 때마다 갈등이 생기긴 한다. 가끔은 개인이 밀어붙여 해결되기도 하고 가끔은 해결이 안 되기도 한다. 어떤 것은 아무도 관여하고 싶지 않아 그냥 미뤄둘 때도 있다. 이제 우리는 더 이상 혈기왕성하지 않다. 많이 익숙해지기도 했다. 어떻게 보면 일이 너무 많기도 하다. 다른 것들이 더 중요해지기도 한다. 가족이나 편안함을 더 중시하는 단원들도 있다. 그래도 우리는 여전히 같은 멤버이다."

밴드의 두 극단極端이 있다면, 스비갈스와 런던이다. 스비갈스의 매혹적인 바이올린 사운드만 들으면 완전히 모던하고 개인감정에 충실한 음악가 같지만, 편곡할 때 발휘되는 그녀의 창의성은 음악의 뿌리에서 결코 벗어나지 않는다. 스비갈스는 이렇게 말한다. "클레즈머를 연주하려면 클레즈머에 필요한 음악언어를 배워야 한다. 오래 걸리긴 하지만, 난 깊이 있는 연주를 원한다. 예를 들어, 클레즈머 연주에 필요한 장식이 모두 들어있어야 한다."

스비갈스는 첫 번째 솔로 음반 〈피들〉을 녹음하면서 전통적인 레퍼토리에 더욱 깊이 빠져들었다. 모두 어쿠스틱 사운드로 녹음한 이 음반에서 스비갈스는 전통적인 카펠레의 모습을 보여주었다. 즉, 20세기부터 클라리넷에게 빼앗긴 주도권을 바이올린에게 되찾아준 것이다. 솔로 활동과 더불어 스비갈스는 여성연주자로 구성된 클레즈머 앙상블 미크베Mikveh에서도 활동 중이다. 미크베 멤버로는 클레즈머틱스 창단시 클라리넷을 연주했던 마곳 레버렛, '카펠레' 멤버였던 로렌 브로디(아코디언)와 아드리엔느 쿠퍼(보컬)가 있다.

프랭크 런던도 외부 활동을 겸한다. 하시딕 뉴 웨이브가 대표적인데, 하시디즘 기도음악을 기초로 펑크와 프리재즈 퓨전을 시도하며 새로운 유대 아방가르드 음악을 만들어내고 있다. 그러나 아무리 멀리 떨어져 나가도 런던은 뿌리에서 벗어나지 않는다. "빠져 들어갈 수 있는 음악세계가 정말 너무나 넓다. 앞으로 모든 종류의 음악을 탐색하고 싶지만 모두 탐색할 수는 없을 것이다."

런던, 스비갈스 외에 다리아우도 발칸/집시 4중주 앙상블인 패러독스 트리오를 이끌며 외부 활동을 겸하고 있다. 밴드 이름을 보면 비유대음악 밴드 같지만, 늘 클레즈머 그룹과 함께 연주하고 클레즈머 페스티벌에도 참여한다. 앙상블에 대한 오해를 바로잡기 위해(사실상 다리아우 자신의 여러 음악 스타일을 통합한 결과이기도 하지만) 1999년 〈원천Source〉이라는 음반을 내놓았다. 이른바 '발칸-유대 크로스오버 레퍼토리'를 표방한 음반으로 나프툴레 브란트바인의 음악도 여러 곡 녹음되어 있다. 다리아우는 아일랜드 음악 그룹인 휠기그Whirlgig와도 연주활동을 하고 있으며, 네오스윙 밴드인 볼링 더 잭Ballin' the Jack도 이끌고 있다. 볼링 더 잭에는 프랭크 런던도 참여한다.

클레즈머틱스 멤버의 또 다른 프로젝트는 런던, 스클램베르그, 유리 케인(아코디언) 등 트리오 구성으로 기획한 니구님 음반이다. 또한 스클램베르그는 어린이를 위해 동물을 소재로 한 이디쉬 노래를 모아 〈초록 오리The Green Duck〉를 공동 제작했다. 인디영화 음악을 작곡하는 멤버들도 있다. 예컨대, 조나단 베르만Jonathan Berman의 다큐멘터리 《슈비츠Shvitz》에 사용된 런던의 음악은 니팅팩토리 레이블에서 발매되었고,

런던의 영화음악 모음집인 〈빚The Debt〉은 1999년 차딕 레코드사Tzadik Records에서 발매되었다. 1998년에는 HBO 케이블 TV 시리즈 《애들은 웃겨Kids Are Punny》 가운데 〈광대 우화The Parable of the Clowns〉에서도 클레즈머틱스의 음악이 사용되었다.

한쪽 발은 슈테틀에, 다른 한쪽 발은 니팅팩토리에 확실하게 디디고 있는 클레즈머틱스는 클레즈머 르네상스 시대에 구세계-신세계 대화를 구현하고 있다. 이것이 바로 클레즈머틱스가 지향해온 '정통성에 뿌리 내린 개혁'이다. 덕분에 클레즈머틱스는 키치, 노스탤지어, 지나친 감상, 신기함 등 네오클레즈머 밴드를 좀먹고 있는 여러 요소에서 자유로울 수 있었다. 한마디로 클레즈머틱스는 가벼운 춤곡부터 나이트클럽의 하드록 음악까지 조심스레 탐색하며 클레즈모림의 새로운 시대를 열고 있다고 말할 수 있다.

이작 펄만
Itzhak Perlman

1990년대 중반은 클레즈머 르네상스의 절정기였다. 클레즈머 콘서바토리 밴드는 15년 연주경력을 자랑하고 있었고, 클레즈머틱스와 브레이브 올드 월드는 클레즈머를 이전과 다른 위치에 올려놓고 있었다. 또한 앤디 슈태트만은 새로 찾은 영성을 클레즈머에 접목시키며 미국 전역에서, 특히 유대인 사이에서 유대교 영성의 부활을 주도하고 있었다.

그러나 미국 주류사회에서는, 심지어 많은 미국 유대인들에게조차, 클레즈머는 여전히 신기한 음악, 구세계에 대한 노스탤지어 정도로 인식되고 있었다. 이삼십 년 전보다 구세계에 대한 호기심도 많아졌고, 조금은 편안하게 클레즈머를 대할 수 있게 되었지만, 아직 기회가 많은 건 아니었다. 가끔 예외는 있었지만, 클레즈머 콘서트는 여전히 유대인의 문화행사로 여겨졌고, 민족음악에 관심 있는 이들의 호응만 있을 뿐, 주류 관객에게는 여전히 관심 밖이었다.

상황이 바뀐 것은 이작 펄만이 자신의 뿌리에 관심을 갖기 시작하면서부터였다. 세계적으로 유명한 클래식 바이올리니스트 이작 펄만은 이스라엘에서 이디쉬어를 사용하는 집안에서 성장했고, 1987년 이스라엘 필하모닉 오케스트라와 함께 이디쉬 노래를 오케스트라 편곡으로 연주하여 녹음한 적도 있었다. 그러나 오케스트라 편곡 없이 클레즈머 연주에 도전한 것은 《피들러의 집에서》가 처음이었다.

《피들러의 집에서》 프로젝트는 PBS-TV 시리즈 《위대한 공연Great Performances》 다큐멘터리로 시작되었다. 1995년 첫 방송에서 펄만은 조상의 고향인 폴란드에 가서 그의 음악적 뿌리이자 문화적 뿌리를 클레즈모림의 세계에서 재발견한다. 펄만과 함께 크라카우의 중세 거리와 유대인 회당을 방문한 사람들이 바로 미국의 클레즈머 밴드였다. 펄만은 이곳저곳에서 브레이브 올드 월드, 클레즈머틱스 멤버들과 함께 잼연주도 벌인다.

뉴욕으로 돌아온 펄만은 맨해튼 로어이스트사이드에 있는 새미의 루마니아 레스토랑Sammy's Roumanian Restaurant에서 저녁을 먹으며 레드 버튼스Red Buttons, 피버쉬 핀켈Fyvush Finkel에게 이디쉬 극장 이야기를 듣는다. 프로그램의 절정은 뉴욕 링컨 센터의 올스타 콘서트였다. 펄만과 함께 앤디 슈태트만, 클레즈머 콘서바토리 밴드, 클레즈머

1990년 중반, 세계적으로 유명한 클래식 바이올리니스트 이작 펄만이 클레즈머 음악을 연주함으로써 클레즈머는 미디어로부터 유례없는 스포트라이트를 받았다. 그의 CD 〈피들러의 집에서〉는 클레즈머 음반사상 최고의 베스트셀러로 손꼽힌다.

틱스, 브레이브 올드 월드 멤버들이 함께 공연을 펼친 것이다. 한마디로 음악, 전통, 리바이벌, 이 모든 것에 대한 펄만의 새로운 관심을 축하하는 다큐멘터리 영상이었다.

《피들러의 집에서》 프로젝트로 불붙은 펄만의 열정은 쉽게 사그라들지 않았다. 펄만은 프로그램 제작 중 만난 음악가들에게 스튜디오 음반 녹음을 제안했고, 그렇게 탄생한 음반 〈피들러의 집에서〉는 25만 장이 팔렸다. 클레즈머 음반으로는 최고의 판매량이었다. 이후 음반작업에 참여한 연주자들의 라이브 공연 투어가 시작되었다. 울프트랩Worlftrap, 라디오 시티 뮤직 홀Radio City Music Hall, 탱글우드Tanglewood, 라비니아Ravinia 등, 옛날 같으면 엄두도 내지 못했을 장소에서 이디쉬 음악 공연이 펼쳐졌다.

클레즈머 연주자들에게는 생소한 일이었다. 작은 공연장에서, 몇백 명의 청중 앞에서 연주하던 밴드들이 갑자기 세계적으로 유명한 콘서트홀에서, 수천만 관객 앞에서 연주하기 시작한 것이다. 게다가 음반 판매량도 10배에서 100배까지 늘어났다. 게다가 펄만 덕분에 클레즈머는 주류 언론의 관심대상이 되었다. 피들 연주 백 년간 결코 없었던 일이다.

《피들러의 집에서》 프로그램도 알려지기 시작했다. TV 프로그램이 홈비디오로 출시되어 팔려나갔고, 첫 번째 CD에 이어 콘서트 실황 앨범 〈라이브 피들러의 집에서〉도 발매되었다. 펄만은 데이비드 레터만David Letterman의 TV 프로그램에 클레즈머 음악가들과 함께 출연하여 청중을 압도했고, 진행자의 말문을 막히게 만들었다. 진행자는 그저 "클레즈머, 클레즈머"만 반복할 뿐이었다.

펄만은 연주경력 중반에 클레즈머에게 급습을 당하면서 어릴 적 들었던 친근한 음악으로 되돌아왔다. "난 클레즈머와 함께 자라났다. 나한테는 전혀 새로운 것이 아니었다." 클레즈머에 대해 펄만은 이렇게 이야기한다. "아주 가까운 무엇, 내가 느끼는 그 무엇이다... 전염성이 강한 음악이다. 들으면 들을수록, 연주하면 연주할수록, 클레즈머에 대한 애정이 깊어지고 클레즈머 밴드와의 공연에 더 큰 만족을 느끼게 된다."

클레즈머를 연주하면서 펄만은 보다 솔직한 감정을 표출할 수 있게 되었다. "훨씬 자유롭다"고 그는 말한다. 지금껏 쌓아온 클래식 음악 레퍼토리와 비교해 그렇다는 뜻이다. "어떤 연주자건, 어떤 방식이건, 즉흥연주를 할 수 있다. 이것이 너무나 흥미로웠다. 여러 종류의 음반을 들어볼 때 특히 흥미로웠다. 서로 다른 오케스트라가, 혹은 서로 다른 독주자가(서로 다른 클라리넷 연주자가, 혹은 서로 다른 바이올린 연주자가) 같은 선율을 연주하는 것을 들어보면 각기 자기 스타일로 연주하는 것을 알 수 있다. 그러니까 같은 멜로디라 해도 각기 독창적이고 즉흥적인 요소가 들어 있는 것이다. 그래서 다른 공연을 만들어낸다… 클래식 음악과 완전히 다른 점이다. 클래식 음악은 기본적으로, 말하기가 좀 미묘한데. 그러니까 클래식 음악에는 조금 뻣뻣한 면이 있다."

펄만의 프로젝트에 대해 음악비평가와 클레즈머 애호가의 생각이 다를 수 있겠으나, 펄만의 콜라보가 클레즈머 리바이벌 25년 역사 가운데 가장 엄청난 사건이었다는 사실만은 모두가 인정한다. 펄만의 이름만 듣고 콘서트에 오고 레코드를 사는 사람이 수천 명에 달했고, 이들이 클레즈머 음악을 알게 된 것이다. 이작 펄만의 프로젝트는 우연하게 대박을 터뜨린 사건이었으나 돈으로도 살 수 없는 어마어마한 홍보효과를 가져왔다.

"이작 펄만이 클레즈머에 관심을 갖고 직접 관여하면서 클레즈머의 위상도 높아졌다. 이제는 유대인 청중만이 아니라 보다 광범위한 청중이 생긴 것이다. 20년 전에는 꿈도 꾸지 못했을 일이다." 마이클 앨퍼트의 말이다.

클레즈머 음악이 주류사회로 진입했음을 알게 된 순간을 앨퍼트는 이렇게 설명한다. "2년 전 오레곤주州 캐스케이드로 가던 중이었다. 자동차 기름을 넣으려고 주유소에 들렀는데, 주유소 직원이 나를 알아봤다. TV에서 봤다고 했다."

수천 개 밴드의 탄생

클레즈머 리바이벌 이후 수백 개의 밴드(프로/반아마추어/아마추어 밴드)의 공연과 음반이 잇따랐다. 초기 밴드 더 클레즈모림을 따라가는 밴드도 있었고, 브레이브 올드 월드와 클레즈머틱스처럼 구세계 클레즈머와 현대 사운드를 결합하는 밴드도 있었다.

유럽 커넥션

엄격히 말하자면, 클레즈머 리바이벌과 르네상스는 미국의 음악 현상이 아니었다. '카펠례', 더 클레즈모림 등 1세대 리바이벌 밴드는 유럽 전역에서 갈채를 받았고, 브레이브 올드 월드와 클레즈머틱스는 실험적인 음악임을 인정받아 독일의 후원을 받았다. 음반도 베를린에서 녹음했다. 유럽인들은 미국 아티스트가 자국에서 공연하도록 후원한 것이 아니었다. 그렇다고 유럽 음악인들 대다수가 유대인인 것도 아니었다. 미국 유대인들이 조상의 음악인 유대인 음악을 연주하고 그들 음악을 비유대인들 사이에서 지켜나간다는 사실 때문에 유럽은 이디쉬 음악의 리바이벌을 후원한 것이다.

클레즈머 밴드는 유럽 전역에서 열매를 맺었다. 클레즈모림이 원래 헝가리, 폴란드, 루마니아 등 동유럽 국가에서 집시나 지역 음악인들과 잼연주를 하고 시장 광장이나 선술집, 귀족 집에서 연주도 했었다는 점을 상기하면, 클레즈머에 대한 유럽의 관심이 그리 놀라운 일도 아니다. 미국의 클레즈머 연주자들은 동유럽의 작은 도시를 직접 방문하며 클레즈머 선율을 기억하는 옛날 음악가들도 찾아냈다.

클레즈머는 독일에서 큰 인기를 누렸다. 독일의 젊은 뮤지션들이 클레즈머 사운드에 왜 매혹되었는지 추측하기란 그리 어려운 일이 아니다. 당시 독일은 일종의 집단치료로서 유대문화에 전반적으로 매료되어 있었다. 독일 젊은이들은 부모 세대가 남긴 유산에 대해 모호한 감정을 갖고 있었고, 이에 대한 일종의 치료법으로 유대문화를 택한 것일 수 있다. 유럽의 클레즈머 리바이벌이 시작된 지점은 바로 독일이었다. 독일은 클레즈머틱스와 브레이브 올드 월드를 후원하고, 열 개 이상의 클레즈머 밴드를 탄생시켰다. 그 중 둘 이상의 밴드가 고임Gojim(Goyim)이라는 이름을 밴드명으로 선택했는데, 이는 비유대인이라는 뜻이었다. 고임이라는 이름으로 아이러니한 프라이드를 드러내 보이는 듯하다. 독일어를 아는 청중은 미국 청중보다 쉽게 클레즈머에 접근할 수 있다. 이디쉬어와 독일어가 비슷하기 때문이다. 독일인은 이디쉬어 노래를 들을 때 나이 많은 미국 유대인만큼 가사를 잘 이해한다. 그러나 유럽의 클레즈머 리바이벌은 아쉬케나지 문화가 묻혀 있는 독일과 동유럽에 한정되지 않았다. 관심 없을 것 같던 나라, 즉 덴마크, 스위스, 스웨덴 등 유대인 문화가 뿌려진 적조차 없는 곳에서도 클레즈머 밴드가 탄생했다.

어떻게 클레즈머가 유럽 전역에서 큰 인기를 누리게 된 것일까, 하는 질문은 어떻게 미국 청중이 클레즈머를 좋아하게 되었을까, 어떻게 옛날 클레즈모림은 비유대인 행사에 고용될 수 있었을까, 하는 질문과 비슷하다. 음악가와 청중은 모두 클레즈머를 즐긴다. 제대로 연주만 하면 듣는 이의 마음과 발을 움직이게 만들기 때문이다. 클레즈머는 언어와 문화의 경계를 넘나드는 뿌리 음악, 소울 음악이기 때문이다.

1987년 토론토에서 결성된 **플라잉 불가 클레즈머 밴드**는 클레즈머틱스와 비슷한 과정을 겪었다. (실제로 두 밴드의 초기 레퍼토리는 겹치는 부분이 꽤 많다.) 밴드와 같은 이름으로 발매된 첫 번째 음반(1990)부터 거의 10년 뒤 녹음한 〈치르쿠스Tsirkus〉(1999)까지 살펴보면, 기악곡과 노래를 섞은 리바이벌 밴드에서 클레즈머 음악 양식에 새로운 기운을 불어넣는 앙상블로 성장했음을 알 수 있다.

첫 번째 음반은 민속적인 분위기 안에서 만돌린, 바이올린, 발칸 플루트, 목관악기를 사용한 기본 레퍼토리가 주를 이룬다. 두 번째 음반 〈아가다Agada〉(1993)는 보다 모던한 재즈 콤보 형식으로 혁신적인 편곡을 사용하고 있다. 첫 번째 음반에 사용된 요소들이 이미 폐기처분되었음을 확인할 수 있다. 다음 음반 〈불Fire〉(1996)은 밴드 '카펠례'의 보컬 아드리엔느 쿠퍼가 게스트로 참여한 라이브 앨범으로, 플라잉 불가의 음악적 성취를 요약한 음반이다. 활달한 극장 스타일 노래와 보다 실험적인 음악이 적절하게 어우러져 있다.

〈치르쿠스〉는 그룹 창설자인 데이비드 부흐빈더David Buchbinder의 창의력이 돋보이는 음반으로 팝, 재즈, 아프로-쿠바 음악, 브로드웨이 등 다양한 글로벌 음악의 영향을 이디쉬 음악에 결합시켰다. 타이틀 트랙 '치르쿠스'는 소울 넘치는 재즈풍의 이디쉬록 발라드이다. 아마 도널드 페이겐Donal Fagen이 유대인 조상의 음악에 관심을 두었더라면 그의 밴드 스틸리 댄의 사운드가 이렇게 되지 않았을까 싶다. '플로라Flora'에서 트럼펫을 연주한 부흐빈더는 오르간 소리와 비슷한 일렉기타의 풍부한 화성 위에 요셉 모스코비츠의 솔로 멜로디를 숨소리 섞인 구슬픈 소리로 연주한다. '하이와이어Highwire'에서는 계속 조바꿈되는 재즈 피아노 연주 위에 하시디즘 음악에서 가져온 클라리넷 선율이 연주되며, '이교도의 춤Infidel Tants'에서는 호른과 목관 연주자들의 솔로 패시지와 앙상블의 울부짖는 소리를 들을 수 있다.

뉴올리언스 클레즈머 올스타스 New Orleans Klezmer Allstarts는 밴드명에서 알 수 있듯이 뉴올리언스 사람들의 클레즈머 밴드이다. 이들의 음악에서는 뉴올리언스의 세컨드라인 리듬과 프레이레흐, 불가 리듬이 어우러지고, 크레올 멜로디와 니구님 선율이 교차한다. 뉴올리언스 카페에서 매주 재즈 잼세션을 갖던 음악가들이 1991년에 창단한 밴드인데, 펑크를 기반으로 하지만 모든 음악에 개방적인 밴드로 유명하다. 르네상스 밴드 중에서는 모던 록 청중에게 가장 큰 호응을 얻었으며, 스쿼럴 넛 지퍼스, 케이크 Cake 등 유명한 록 밴드의 공연에 자주 등장한 그룹이다. 블루스 트래블러Blues Traveler 그룹이 개척한 새로운 히피 밴드들의 투어 페스티벌인 H.O.R.D.E. (Horizons of Rock Developing Everywhere) 투어에도 참여했고, 뉴올리언스 기반의 여러 펑크 그룹, 갈락틱Galactic, 로열 핑거보울Royal Fingerbowl, 마이클 레이Michael Ray, 코스믹 크루웨Cosmic Krewe 등의 무대에 모습을 드러내기도 했다.

올스타스는 모험적이고 개방적인 태도에도 불구하고 이디쉬 스타일에 뿌리를 두고 있어, 이들의 창작곡은 확실하게 '클레즈머'라 말할 수 있다. 〈과거에서 새롭게 Fresh Out the Past〉(1999)는 바로 그런 올스타스의 전략이 담긴 음반이다. 루이 암스트롱을 연상시키는 '도너 케밥을 들고 폼나게 걸으며Struttin' with Some Doner Kabob'에서 로버트 바그너Robert Wagner는 클라리넷으로 울부짖는 사운드를 선사하고, 글렌 하트만Glenn Hartman(피아노)과 조나단 프라일리히Jonathan Freilich(일렉기타)는 세파르디풍의 펑키 크레올 비트를 선사한다. 한편, '모로코 롤러The Moroccan Roller'에서 프라일리히는 척 베리 스타일로 기타를 연주하며 아쉬케나지풍의 색소폰 연주와 서로 어우러진다.

'늙은 난봉꾼의 고통Aging Raver's Personal Hell'은 전자음향으로 만든 현대 댄스뮤직이나, 동시에 단조로 소용돌이치듯 연주되는 색소폰과 반복되는 어쿠스틱 피아노의 화성이 곡 전체를 감싸고 있다. 그런가 하면, '너무 귀찮지 않게Not Too Eggy'는 우스꽝스런 만화를 보다가 터져 나오는 웃음 같은 익살스런 음악이다. 아코디언 연주자이자 공동리더인 글렌 하트만은 툴레인 대학에서 클레즈머에 대한 논문을 썼는데, 솔직한 심정을 이렇게 토로했다. "우리는 저속한 옛날 이디쉬 노래를 피해갔다."

뉴올리언스의 유산을 강조하는 드럼 연주자 윌리 그린Willie Green은 네빌 브라더스 Neville Brothers의 드럼 연주자로 잘 알려져 있다. 올스타스 밴드와 연주여행을 끝낸 후에도 음반작업과(〈과거에서 새롭게〉 음반의 '닥터 리저드Dr. Lizard'에서 함께 연주했다.) 뉴올리언스 라이브 공연에 합류했다. 한편, 올스타스는 뉴올리언스 재즈 & 헤리티지 페스티벌New Orleans Jazz and Heritage Festival에 정기적으로 참여하는 밴드이기도 하다.

다른 그룹들도 다양한 방식으로 클레즈머에 접근했다. 감각적인 퓨전을 강조하는가 하면, 악기편성을 새롭게 시도하기도 했다. 예를 들어 텍사스 기반의 **오스틴 클레즈모림**Austin Klezmorim은 찰스 밍거스Charles Mingus와 1920년대 재즈 등 다양한 재즈 양식을 흡수했고, 뉴욕의 **카유가 클레즈머 리바이벌**Cayuga Klezmer

1990년대 뉴올리언스 클레즈머 올스타스는 재즈 사운드, 뉴올리언스에 있는 여러 문화의 감수성을 구세계 클레즈머와 결합하여 생동감 넘치는 현대 퓨전을 창조했다.

Revival의 음반 〈클레즈몰로지Klezmology〉는 프로그레시브, 루트, 클레즈-팝 퓨전 등을 연상시킨다. 잼록 밴드인 피쉬Phish 팬들도 좋아할 만한 음악이다. 한편, 캘리포니아의 **프라일라흐메이커스 클레즈머 스트링 밴드**Freilachmakers Klezmer String Band는 클레즈머, 전통적인 미국 스트링 밴드 음악, 아일랜드 음악의 공통점을 탐구한 밴드이며, 뉴욕 로체스터에 기반을 둔 **12 코너스 클레즈머 밴드**12 Corners Klezmer Band는 기타와 밴조를 라인업에 추가하여 1920년대 레퍼토리를 포크 스타일로 연주했다. 밴조로 클레즈머를 연주한 또 다른 연주자로 페트 루쉐프스키Pete Rushefsky를 꼽을 수 있다.

위스콘신 매디슨을 기반으로 한 앙상블 **이드 비셔스**는 이름에서 풍기는 분위기와 달리 펑크-클레즈머 퓨전 밴드는 아니다. 물론, 펑크록 음악의 즐거움을 충분히 선사하는 노래도 있다. 음반 〈클레즈, 클레즈, 페즈를 쓴 비유대인Klez, Kez, Goy Mit Fez〉에 수록된 '카자흐인은 신경 쓰지 말게Never Mind the Cossacks', '무정부 상태의 우크라이나Anarchy in the Ukraine'가 대표적이다. 한편, 얼터너티브 팝 듀오 데이 마잇 비 자이언츠They Might Be Giants가 클레즈머와 유대인 노래에 관심을 갖는다면, **카발라스**Kabalas처럼 되었을 것이다. ('카발라'는 유대 신비주의를 일컫는다.) 카발라스 밴드는 미키 카츠의 전통을 잇는 날카로운 문화 패러디 안에 이디쉬 음률을 흩뿌려 놓는다. 대표곡으로 치코 막스Chico Marx, 골렘The Golem, 주목받지 못한 유대문화 영웅들에 대한 찬가를 꼽을 수 있다.

1990년대 말, 클레즈머는 '월드뮤직' 아티스트의 레이더망에 걸리게 되었다. 20년간 세계적으로 인기를 모았던 켈트, 아프리카, 브라질 음악처럼 주목할 만한 음악이라고 생각했던 모양이다. 이때부터 클레즈머 선율은 여러 연주자들의 레퍼토리에 부분적으로 나타나기 시작했다. 로스앤젤레스 기타4중주Los Angeles Guitar Quartet, 3 무스타파스 Mustaphas 3, 네덜란드 포크 그룹 플레르크Flairck, 아일랜드 피들러 케빈 버크Kevin Burke, 켈트 앙상블 드 다난De Dannan, 영국 보컬리스트 준 테이버June Tabor 등이 대표적인데, 특히 준 테이버는 '나의 휴식 장소Mayn Rue Plats' '밤Di Nakht' 등 이디쉬 노래도 녹음한 포크송 가수이다. 한편, 피터 가브리엘Peter Gabriel의 주관으로 영국 리딩에서 매년 열리는 월드뮤직 페스티벌 WOMAD 라인업에 브레이브 올드 월드, 폴란드 트리오 크로케 등 클레즈머 밴드가 등장하기도 했다.

록 아티스트도 클레즈머를 사용하기 시작했다. 대학가 인기 그룹인 벤 폴즈 파이브 Ben Folds Five는 〈라인홀트 메스너의 비공인 자서전The Unauthorized Autobiography of Reinhold Messner〉〈어쨌거나 아멘Whatever and Ever Amen〉 등 히트 음반에서 클레즈머틱스의 도움을 받았다. 네오히피 밴드인 피쉬는 라이브 공연에서 '황금 예루살렘 Yerushalayim Shel Zahav' '나의 아버지, 나의 왕Avinu Malkeinu' 같은 히브리 노래로 즉흥연주를 펼치는가 하면, 네오스윙 밴드 스쿼럴 넛 지퍼스도 클레즈머 사운드를 도입했다. 스쿼럴 넛 지퍼스에서 갈라져 나간 밴드, 앤드류 버드의 보울 오브 파이어Andrew Bird's Bowl of Fire에서도 클레즈머 사운드는 계속 모색되었다. 또한, 차밍 호스티스 Charming Hostess, 힙노틱 클램베이크Hypnotic Clambake, 파이어워터Firewater 등 얼터너티브 록 밴드의 레퍼토리에도 클레즈머가 포함되기 시작했다.

1999년 여름 『뉴욕타임스』 보도에 따르면 소니사社가 설립한 샌프란시스코의 종합 엔터테인먼트 센터 메트레온Metreon이 "클레즈머 바이올린의 리듬으로 가득 차 있었다." 이제 클레즈머는 마케팅에 필요한 '정통성' '무시간성' 같은 개념이 어울리는 음악이 된 것이다.

클레즈머 리바이벌 당시, 클레즈머가 과연 얼마나 생명력이 있을까 하는 의문이 쫓아 다녔다. 이런 의문을 품는 사람은 더 이상 없다. 질문은 단 하나, 이제 어디로 향해 갈 것인가?

제5장

울타리를 넘어서
BEYOND THE PALE

05 .

울타리를 넘어서

-
-
-

클레즈머 리바이벌을 낳은 사회·문화·정치적 요인은 다른 유대음악 전통까지 탐색하는 동력이 되어, 같은 음악재료로 완전히 다른 음악을 빚어내는 창의적인 음악창작의 시대를 열었다. 미국 팝 음악과 유대음악이 대충 결합된 이상한 팝음악이나 이상한 유대음악도 등장했지만, 유대음악 혹은 유대인 감성이 충만한 매력적인 실험음악도 탄생했다. 이 장에서는 클레즈머 음악의 영향을 받은, 혹은 클레즈머 전통에 뿌리 내린, 현대 유대음악 아티스트의 실험적 시도를 소개하고자 한다. 음악적 차이는 있으나, 구세계와 신세계의 음악양식을 접목할 때 이들의 마음가짐은 현대의 클레즈모림과 크게 다르지 않았다.

볼프 크라코프스키의 슈테틀 록
Wolf Krakowski's Shtetl-Rock

볼프 크라코프스키가 태어난 곳은 오스트리아 잘펠덴의 파마흐(미국 점령 지역)에 있던 난민 캠프, 현재 거주지는 미국의 초현대적 대학가 매사추세츠주洲 노샘프턴이다. 난민 캠프에서 노샘프턴까지 가는 여정은 길고 길었으나, 볼프는 단 4분 길이의 노래 안에 두 곳의 지리적·문화적 거리감을 해소하고 전혀 비슷할 것 같지 않은 두 세계의 유사점을 드러내 보인다.

〈환생Transmigration/Gilgulim〉 앨범에서 크라코프스키는 뉴잉글랜드에서 내로라하는 루츠-록 음악가들과 앙상블을 이루어 이디쉬 노래와 팝송을 살짝 현대적으로 바꾸어 연주했다. 크라코프스키의 '일렉트릭 슈테틀 록'은 미국의 로드하우스 사운드와 과거 아쉬케나지의 구슬픈 멜로디를 결합한 것으로, '이디쉬 월드비트 소울' 퓨전(자칭)이라고도 부른다. 이런 혼종음악의 경우, 기껏해야 억지스런 사운드가 탄생하거나 최악의 경우 그저 신기하기만 한 음향이 탄생하기 쉬운데, 크라코프스키의 퓨전은 가히 성공적이었다. 아마도 크라코프스키 스스로가 구세계와 신세계의 만남을 구현한 음악가였기 때문일 것이다.

태어난 후 얼마 지나지 않아 크라코프스키는 가족과 함께 스웨덴으로 이주했고, 6년 후 다시 토론토로 이주했다. 토론토의 웨스트엔드 지역에는 '교차로Junction'라 불리는 다민족 도심지가 있는데, 바로 이곳에서 크라코프스키는 자신의 삶과 음악에 두고 두고 영향을 미치게 될 두 세계와 마주친다. '교차로'에 있던 유대교 회당과 맞은편에 있던 철도 선로였다. 지금도 그의 머릿속에는 칸토르의 사운드와 외로운 기차소리가 공존하고 있으며, 이는 〈환생〉의 탁월한 퓨전음악을 설명하기에 가장 적절한 이미지라 할 수 있다.

크라코프스키 삶의 초창기는 기차의 경적 소리가 칸토르 소리를 삼켜버린 시기였다. 17세에 그는 학교를 그만두고 서커스에 들어갔다. 함께 방을 쓰던 사람은 서커스 사이사이 막간극에서 바보 역할을 하던 슐리치Schlitzie와 그의 보호자였다. 슐리치의 보호자는 프랑스계 캐나다 집시로 술고래였는데, 로젠펠트Rosenfeld라는 이름을 받고 태어난 '유대인' 루즈벨트Roosevelt에 대해 자주 격분하곤 했다(로젠펠트는 루즈벨트에 해당하는 독일계 유대인 이름이다. - 역주). 크라코프스키는 이렇게 말한다. "어려운 생활은 아니었다. 어쨌든 학교 가는 것보다 나았으니까."

이후 그는 잭 케루악Jack Kerouac의 영향을 받아 국토횡단여행을 하고, 임시로 조직된 밴드와 밤새도록 잼세션을 벌이는가 하면, 캠브리지 거리극단과도 함께 생활하고, 목수 일이나 석고판 붙이는 일도 했으며, 기타도 제작했다. 그러다가 1981년부터 홀로코스트 생존자로 다큐멘터리에 등장하기 시작했다. 1994~1995년에는 스티븐 스필버그 감독의 〈홀로코스트 생존자Survivors of the Shoah〉 제작에도 참여했다. 크라코프스키 자신의 비디오로는 〈빌나Vilna〉와 〈내 이름은 스텔라: 구술역사My Name is Stella: An Oral History〉가 있다. 전자는 크라코프스키가 '2차 세계대전 이후 최초의 이디쉬 음악 비디오'라 부르는 것이고, 후자는 폴란드의 유대인 간호 학생의 생존에 관한 최초 증언이 담긴 비디오다.

〈환생〉은 12곡의 이디쉬 포크음악, 극장음악, 대중음악을 담고 있다. 작곡은 벤지온 비틀러Benzion Witler, 모르드케 게기르티그Mordkhe Gegirtig, 맥스 펄만Max Perlman, 슈메르케 카체르긴스키Shmerke Kaczerginski 등이 맡았고, 편곡은 크라코프스키가 맡아 루트 컨트리, 블루스, 레게 풍으로 만들었다. "음악 레슨이나 뉴잉글랜드 콘서바토리 같은 건 내 인생에 없었다." 독학으로 음악을 배운 기타리스트, 크라코프스키의 말이다. "그러나 난 캐나다 포크음악의 전설 멘델슨 조Mendelson Joe, 데이지 디볼트Daisy DeBolt와 함께 연주했고, 블루스의 대가 빅 조 윌리엄스Big Joe Williams와 밤새도록 잼세션을 벌이곤 했다. 물론 그 이전의 음악 경험도 있다. 어머니가 불러주던 이디쉬 노래, 히브리어 전례음악, 라디오에서 흘러나오던 패츠 도미노Fats Domino와 에벌리 브라더스Everly Brothers 음악이 이미 내 안에서 자연스레 섞이고 있었다."

〈환생〉의 가장 놀라운 점은 구세계와 신세계의 자연스런 결합이다. 구세계의 멜로디, 프레이즈, 이디쉬 언어가 신세계의 일렉기타 리드, 라스타파리 리듬, 가스펠 합창, 라틴댄스 비트, 블루스의 소울과 별다른 노력 없이 자연스레 조화를 이루고 있다. 크라코프스키의 손을 거치면 어떤 퓨전이든 완전히 논리적이고 유기적인 사운드로 변모한다.

"내가 재현하는 것은 최상의 사운드다. 하지만 더 중요한 것은 솔직한 사운드다. 포크와 팝을 내 경험과 감성으로 걸러내 솔직하게 재현한다. 내 음악은 단순히 '소나무로 재생산된 가구'가 아니다. 공부한 결과가 아니라, 마음과 소울이 만든 음악이다… 내가 가장 깊이 파고든 음악은 블루스이다. 경험에서, 성장과정에서 배운 갖가지 음악이 내 음악의 원동력이었다. 그렇다고 모든 음악을 마구잡이로 섞어 엉망으로 만들거나 그저 신기한 소리를 내거나 하지는 않았다. 다양한 음악 사이에서 중간 역할을 할 수 있는 음악을 만들기까지 정말 오랜 시간이 걸렸다."

볼프 크라코프스키는 그의 음반 〈환생〉에서 전통적인 이디쉬 포크, 팝, 극장음악 등을 루트-록 편곡으로 살짝 바꾸면서 '일렉트릭 슈테틀 록'이라 부르는 자신만의 브랜드를 만들어냈다.

아이작 싱어I. B. Singer의 세계는 물론, 윌리 넬슨Willie Nelson과 밥 말리Bob Marley의 세계에서도 편안함을 느끼는 초문화적 인간, 볼프 크라코프스키는 〈환생〉에서 두 세계 사이의 음악적 가교를 구축했다. 독일이 이디쉬 세계를 파괴하지 않았다면 한참 전에 탄생했을 음악이다. 좋든 싫든 간에 현재 미국 팝음악은 전 세계 곳곳에 침투해 있어, 어느 곳에서든 지역음악과 미국 팝음악이 결합하여 현대의 혼종음악을 낳고 있다. 벨벳 언더그라운드Velvet Underground나 R.E.M.의 영향을 받은 러시아 포크-록 밴드를 만나도 이상할 것이 없는 세상이다. 그러니까 동유럽에서 이디쉬 문화가 지속되었다면 〈환생〉 같은 음악이 탄생했을 것이다. 분명 지나친 상상은 아니다.

크라코프스키 스스로도 자신의 음악 동력을 잘 알고 있다. "진부하지 않게 노래하면 침묵하던 것들이 나를 통해 노래가 된다. 내가 떠나온 곳에 남아 있던 사람들이 이곳에서 '환생'하듯, 그들의 조용한 목소리가 나를 통해 R&B, 블루스, 컨트리-록, 레게 등의 옷을 입는다. 그렇게 구세계와 신세계의 가교가 만들어진다."

밥 글룩의 일렉트로닉 미드라쉬

Bob Gluck's Electronic Midrash

오랫동안 밥 글룩은 두 개의 아주 유사한, 그러나 독립적인 삶의 궤적을 따라 살아왔다. 한편은 아카데미에서 정식 교육을 받고 바흐J. S. Bach부터 존 케이지John Cage, 헨드릭스Jimi Hendrix, 슈톡하우젠Karlheinz Stockhausen까지 섭렵한 연주자이자 작곡가의 궤적이며, 또 다른 한편은 재건파Reconstructionist 유대교 운동에 적극적으로 가담한 랍비의 궤적이다. 그는 전국 봉사활동 책임자였고, 메사추세츠주州 그레이트 배링턴에 위치한 아바타 숄롬 회당Congregation Ahavath Sholom의 영적 지도자였다. 글룩은 의도적으로 두 가지 관심사를 구분한 건 아니지만(그는 유대음악을 광범위하게 공부하고 작곡도 했다.), 기억 속에 있던 유대인 회당 사운드만큼은 원래 모습 그대로 간직하고 있었다.

그러나 시간이 흐르면서 글룩은 두 가지 관심사를 결합하게 된다. 모든 사운드를 음악재료로 받아들이는 현대 음악이론, 현대 문화와 고대 관습의 통합을 지지하는 재건파의 진보적 관점에 크게 고무된 결과였다. 글룩이 특히 집착한 것은 조부모님 기억 속에 남아있던 소리였다. 칸토르의 목소리, 리듬을 타고 흘러가는 회중의 기도 소리, 바스락거리며 기도책 넘기는 소리, 이 모든 것이 '청각적 배경'으로 그의 기억 속에 살아있었다.

1995년 글룩은 기억 속의 '청각적 배경'으로 작곡을 시작했고, 안식일 전례음악을 사용하여 한정판 카세트테이프를 발매했다. 제목은 〈내가 있었던 몇몇 장소: 종교적인 전자음향의 풍광Some Places I Have Been: Sacred Electronic Landscapes〉이었다. 그리고 3년 뒤, 48분짜리 CD 〈듣고 전해준 이야기들Stories Heard and Retold〉을 녹음했다. 라이너노트에서 스스로 밝혔듯, "피에르 헨리Pierre Henry, 에드가 바레즈Edgard Varese의 음악적 감성과 유대인 삶에 스며있는 사운드를 결합"하려는 글룩의 의도가 확연하게 드러난 음반이다.

필라델피아의 재건파 랍비 대학Reconstructionist Rabbinical College을 졸업한 후 글룩은 비로소 주변의 사운드를 조작하는 자신의 행위가 무엇을 뜻하는지 깨닫게 된다. 그가 사용한 사운드는 주로 기도 시간에 흘러나오는 소리, 성서를 자세히 설명해주는 랍비의 주석서인 미드라쉬였다. "유대교의 핵심이 미드라쉬라면, 내가 하고 있는 것이 바로 미드라쉬"라고 글룩은 말한다. 그는 뉴욕 퀸스 출신으로 줄리어드 예비학교를 다닌 후 뉴욕 주립대 알바니에서 전자음악 전공으로 학사학위를 받았다. "고대 텍스트를 읊조리는 방식은 짧은 사운드를 퍼즐처럼 끼워 맞춘 것과 비슷하다. 내가 유대인의 사운드를 가져와 모자이크로 만든 것도 결국 같은 방식이었다."

랍비의 전통적인 미드라쉬와 이를 업데이트한 글룩의 현대적 사운드는 형식과 테크닉에서 가장 큰 차이가 난다. 랍비의 전통적인 도구는 강론, 노래, 텍스트이지만, 글룩은 최첨단 전자공학을 활용한다. 〈듣고 전해준 이야기들〉에서 글룩은 미리 녹음한 사운드를 샘플링, 루핑, 필터링 하여 하나의 사운드 콜라주를 만들어낸다. 한때 클래식 음악 분야에서 피아니스트로 훈련 받던 글룩이 이제는 키보드와 인성人聲은 물론, 다양한 전자악기, 테이프 리코더, 컴퓨터 등 갖가지 도구를 사용하여 청각적 이미지를 창출한 것이다. 실제로 글룩의 작품은 한편의 영화를 보는 듯하다. 음반 속의 이디쉬 노래 다섯 곡은 홀로코스트 이전의 유대인을 추모하는 사운드다.

글룩의 의도는 새로운 유대 예술음악을 만드는 것이었지만, 그의 작품(특히 전통적인 기도 소리를 기반으로 한 작품)은, 작곡가 자신도 인정하듯, 전례음악이라 해도 좋을 것 같다. "전례에 참여하는 유대인들이 서로 다른 방식으로 읊조리는 기도와 음악을 들으며 성찰의 기회를 가질 수 있다. 이 음악을 들으며 기도 생활도 풍부해질 수 있을 것이다." 한편, 유대인의 문화와 종교에 친숙하지 않은 이들에게 그의 음악은 새로운 세계로 진입하는 창구이자 새로운 사운드 스펙트럼이다. "익숙한 멜로디 사운드를 넘어, 보다 광범위한 사운드 세계에 귀를 기울이면, 활용할 수 있는 소리의 팔레트는 넓어진다. 정말 끝이 없을 정도로 넓어진다."

킹 장고의 하시드 스카

King Django's Hasidic Ska

라스타파리에 흠뻑 취한 자메이카 댄스뮤직(레게) 팬들은 30년 동안 부지불식간에 유대인 이미지를 많이 사용했다. 예를 들면, 밥 말리 같은 현대판 예언자들은 현대판 '바빌론' 유배를 애통해하고 약속의 땅 '시온'으로 돌아가기를 갈망한다. 그러다 보니 뉴욕의 스카 아티스트 킹 장고(본명은 제프 베이커Jeff Baker)가 유대인을 주제로 이디쉬어, 히브리어, 영어 가사의 레게와 스카를 녹음한 앨범 〈뿌리와 문화Roots and Culture〉(1998)를 발표했을 때, 이를 이상하게 여기는 사람은 아무도 없었다. 오히려 아주 자연스럽고 적절한 음악행위로 받아들였다. 이 음반에 담긴 자메이카 그루브는 사실 너무나 자연스러워서 사전 지식 없이 들으면 '제7일Seventh Day'이라는 곡이 유대교 안식일 노래라는 것도 알아차리기 힘들고, 호른

브루클린에서 태어난 제프 베이커(킹 장고)는 자메이카 댄스홀 음악과 전통적인 이디쉬 노래를 결합하기 이전에 이미 뉴욕의 스카 음악가로 유명했다.

음향이 가득한 몇몇 음악, 즉 '당신에게 평화를Heveinu Shalom Aleichem', '다함께 노래를Lomir Alle Zingen', '평화를 만드시는 분Ya'aseh Shalom'의 선율이 전통적인 유대교 전례에 사용되는 히브리어/이디쉬어 노래라는 사실도 눈치 채기 힘들 정도이다.

일단 음반 작업을 함께 한 밴드만 보더라도 베이커의 음악에 절로 믿음이 간다. 베이커가 멤버로 활동하는 스키너박스Skinnerbox, 스터본 올스타스Stubborn All Stars는 물론, 토스터스Toasters, 슬래커스Slackers, 뉴욕스카재즈앙상블New York Ska Jazz Ensemble(음반 녹음 당시 뉴욕스카유대앙상블New York Ska Jews Ensemble로

개명)도 녹음에 참여하여 〈뿌리와 문화〉의 기본 리듬을 만들어 주었다.

그러나 베이커가 원한 것은 단순히 몇몇 유대 선율을 레게 스타일로 바꾸는 것이 아니었다. 그는 최고의 클레즈모림이라 할 수 있는 앤디 슈태트만(클라리넷, 만돌린)과 클레즈머틱스의 알리샤 스비갈스(바이올린)를 초청하여 구세계 분위기를 덧입혔다. 또한 클레즈머틱스 등 탑 밴드와 작업했던 이디쉬 학자 마이클 웩스와 가사에 대해 논의하고 전반적으로 이디쉬어가 적절한지, 이른바 코셔 인증을 받을 수 있는지, 협의를 계속했다.

클레즈머-스카 퓨전을 시도한 것은 베이커가 처음이 아니었다. 일찍이 1986년에 헹크 펜더Henk Pender가 이끄는 암스테르담 밴드 데 벤드De Bend가 자메이카 댄스뮤직의 자유분방한 사운드와 프레이레흐의 리듬을 결합한 적이 있었다. 그러나 장고는 자메이카와 동유럽의 음악 양식을 아주 자연스럽게 뒤섞어 놓았다. 예를 들어 '다함께 노래를'의 스카 버전에서 앤디 슈태트만은 흐느끼는 클라리넷 소리를 들려준다. 나프툴레 브란트바인이 웨일러스Wailers의 멤버였나 싶을 정도이다. 가장 인상적인 것은 베이커의 보컬이다. 놀랍게도 이디쉬 억양과 밥 말리의 억양이 유사하다고 느껴질 정도이다.

베이커는 조부모와 함께 브루클린에서 성장한 덕분에, 레게와 이디쉬 음악을 아주 자연스럽게 섞을 수 있었다. 구세계의 클레즈모림이 폴카, 왈츠, 집시음악을 섞은 것과 마찬가지였다. 퓨전음악의 또 다른 버전일 뿐이었다. "내가 자라면서 듣고 연주한 음악은 레게였지만, 난 유대인으로 성장했다. 그러니까 내 음악은 너무나 자연스러운 결과였다." 아이러니하게도 베이커의 퓨전음악 프로젝트는 어느 레코드사 대표(우연히도 유대인이었다!)가 베이커의 스카 그룹에게 크리스마스 음반 제작을 제안하면서 시작되었다. 베이커는 이 제안을 거절했지만, 며칠 후 레코드사 간부가 다시 베이커를 찾아와 유대-자메이카 퓨전음악을 제안했다. "스카 미츠바Ska Mitzva를 만들자!"는 것이었다. 〈뿌리와 문화〉는 이렇게 탄생했다. (실제로 〈뿌리와 문화〉 음반에 '스카 미츠바'라는 제목의 음악이 실려 있다. - 역주)

월리 브릴의 이디쉬 테크노

Wally Brill's Yiddish Techno

1990년대는 다른 시대, 다른 문화의 영적 음악이 크게 유행했다. 음반 제작자들은 서아프리카의 이슬람 싱어 살리프 케이타Salif Keita, 파키스탄의 수피 싱어 누스랏 파테 알리 칸Nusrat Fatet Ali Khan의 음악(종교예식 전통을 있는 그대로 가져온 음악)이 문화적 차이를 초월하여 심오한 깊이를 전달할 수 있음을 간파했다. 당시 라디오의 팝 히트곡 40위권을 채우고 있던 냉랭한 컴퓨터 음악과는 분명 커다란 차이가 있었다. 심지어 그레고리오 성가를 새로 녹음한 음반까지 갑자기 나타나 음반 차트를 휩쓸고 있었다.

유대음악에서도 영적 음악을 재구성한 사례가 있었다. 20세기 초에 요셀 로젠블라트Yossele Rosenblatt, 사무엘 말라프스키Samuel Malavsky, 벤 지온 카포프-카겐Ben Zion Kapov-Kagen 등 비르투오소 칸토르가 회당에서 부르던 노래를 콘서트홀이나 레코드 스튜디오로 옮겨온 것이다. 이렇게 대중화된 칸토르의 음악을 듣고 모든 콘서트를 찾아다니는 청중까지 등장했다. 오늘날 좋아하는 팝 스타, 오페라 스타를 찾아다니는 청중과 별반 다르지 않았다.

프로듀서 월리 브릴은 1995년 여자 친구의 아버지가 수집한 과거 칸토르 음반을 우연히 듣고는, 영적 무아경 상태로 이끄는 살리프 케이타와 누스랏 파테 알리 칸의 음악을 떠올렸다. 그는 즉시 칸토르의 보컬을 샘플링하여 현대 EDM에 엮어 넣었고, 그렇게 〈계약The Covenant〉 앨범이 탄생했다. 에니그마Enigma가 그레고리오 성가를 사용한 것이나, 딥 포리스트Deep Forest가 동유럽 민속음악을 사용한 것과 같은 방식이었다.

브릴의 음악은 한곳에 모인 다양한 음악이 빙빙 돌며 꿈결 같은, 거의 사이키델릭한 분위기를 자아낸다. 재즈 트럼펫이 신시사이저의 전자음향과 부딪치고, 인도 악기 타블라와 호주 악기 디저리두가 칸토르의 멜로디 중간중간에 나타난다. 홀로코스트 생존자와 목격자의 낭송은 브라이언 에노Brian Eno의 앰비언트 음악을 연상시킨다. 레드 제플린Led Zeppelin이 '캐쉬미어Kashmir'에 엮어 넣은 아랍풍 선율과도 비슷하다.

브릴이 고대 음악을 세속적인 클럽 음악 안에 엮어 넣음으로써 전혀 상관없는 사운드와 병치시킨 것을 보고 혹자는 눈살을 찌푸릴지도 모른다. 그러나 잊지 말아야 할 중요한 사실이 있다. 그 옛날의 칸토르, 그러니까 원래 창작자들도 신성한 영역을 벗어나 자신의 음악을 대중적인 형태로 변모시킨 적이 있었다는 사실이다. 그런 전례가 없었다면, 브릴도 새로운 음악 콜라주를 만들지 못했을 것이다. 어찌 보면, 흑인 가스펠 아티스트들이 전후戰後 교회음악을 대중음악인 리듬앤블루스와 결합하여 '소울'음악을 탄생시킨 것처럼, 옛날 칸토르도 그런 뮤지션을 기대하지 않았을까? 브릴은 요셀 로젠블라트가 탁월한 '소울' 싱어라는 것을 잘 알고 있었고, 덕분에 〈계약〉에서 옛날 유대인의 소울을 현대적인 옛스러움으로 바꾸어 놓을 수 있었다.

존 존과 진보유대문화
John Zorn and
Radical Jewish Culture

존 존은 자신의 음악을 클레즈머로 분류하는 것을 달가워하지 않을 것 같다. 하지만 연주자, 작곡가, 레코드 아티스트, 프로듀서, 레코드사 경영자로서 1990년대에 그가 관여한 음악은 상당 부분 클레즈머 르네상스의 진보적 버전이다. 그의 몇몇 작품을 포함하여 그의 차딕 레이블에서 발매한 음반에는 클레즈머 같은 이디쉬 전통에서 비롯된 음악이 많고, 세파르디 음악이나 중동음악, 기타 유대인 음악에 뿌리를 두고 있는 음악도 많다.

이러한 음악 운동을 두고 존 존은 '진보유대문화'라고 명명한다(이 용어는 90년대 후반에야 많이 회자되기 시작했다.). 원래 뉴욕을 비롯한 여러 도시에서 자신이 기획한 페스티벌과 차딕 레이블의 음반 시리즈에 이 이름을 붙였으나, 나중에는 존 존의 의도를 훨씬 뛰어넘어 전반적인 유대음악 운동을 포괄하는 용어가 되어버렸다. 존이 차딕('의로운 사람'이라는 뜻의 히브리어) 레이블을 만든 것은 1995년이었다. 존 자신의 음악과, 존과 비슷한 음악 감수성을 가진 다운타운 뮤지션들의 음악을 녹음하기 위해 시작한 인디 레이블이었다. 존은 음악에 어떤 위계도 없다고 생각한다. 상층과

아방가르드 작곡가이자 색소폰 연주자인 존 존은 1990년대 진보유대문화 운동의 선구자였다. 진보유대문화 운동이란 창작곡과 즉흥연주를 통해 유대인 정체성을 모색하는 다운타운 음악가들의 움직임이었다.

하층, 예술음악과 대중음악 등의 구분은 아무런 의미가 없다는 것이다. 존과 동료 아방가르드 음악가들에게는 좋은 음악과 나쁜 음악, 두 가지만 존재했고, 그들의 유일한 관심사는 가능할 것 같지 않은 음악 조합을 통해 새롭고 신나는 음악을 만들어내는 것이었다.

존은 1953년에 태어나 뉴욕 플러싱에서 자랐다. 맨해튼에 있는 UN 국제학교를 다니면서 음악을 공부했고 신기한 음악 조합에 푹 빠져들었다. 10대 소년 존의 음악목록에는 바흐, 바르톡Béla Bartók, 베르크Alban Berg와 함께 비틀즈, 비치보이스The Beach Boys, 도어스The Doors도 같이 들어있었다. 존이 실험적 재즈를 접하게 된 것은 웹스터 대학(세인트루이스에 있는 작은 규모의 리버럴 아츠 컬리지) 시절, 시카고에서 온 재즈 밴드 공연에서였다. 기존에 작곡된 음악을 즉흥연주기법과 결합하기 시작한 것도 이때부터였다.

70년대 중반, 존은 맨해튼 다운타운에서 살았다. 그곳 클럽에서는 실험음악과 혼종음악이 성행하고 있었다. 펑크 밴드와 클래식-노이즈 퓨전 그룹이 섞여 있는 창의적인 음악환경 안에서 존은 색소폰 리프, 일렉기타의 디스토션, 산업현장의 노이즈를 여기저기 뿌려놓은 무질서한 불협화 소리 등을 사용하여 만든 콜라주로 주목받기 시작했고, 결국 아방가르드 리더로 우뚝 서게 된다. 존은 색소폰의 일부만 사용하는 연주자로도 잘 알려져 있었다. 마우스피스만 사용하여 끽끽거리는 소리나 오리 소리를 내기도 하고, 마우스피스를 물컵에 담근 채 연주를 하기도 했다. 80년대 중후반에 등장한 존의 '게임' 음악('코브라Cobra' 같은 작품)은 연주자들이 신호를 보면서 단체로 즉흥연주를 하는 음악이다. 80년대 말과 90년대 초에는 현대음악 연주로 세계적인 명성을 얻고 있던 현악사중주단 크로노스 사중주단Kronos Quartet의 위촉으로 작품을 쓰기도 했다. 존과 함께 작업한 밴드/음악가로는 네이키드 시티Naked City, 페인킬러Pain Killer, 스파이 대 스파이Spy vs. Spy, 뉴스포룰루News for Lulu, 조지 루이스George Lewis, 빌 프리셀Bill Frisell, 웨인 호르비츠Wayne Horvitz, 프레드 프리스Fred Frith 등이 있다.

존의 음악은 어떤 장르에도 어울리지만 어떤 장르에도 속하지 않는다. 존이 유감스러워 하는 부분이다. 재즈, 네오클래식, 미니멀리즘, 서프, 펑크, 메탈, 하드코어, 노이즈, 월드뮤직(특히 일본) 등이 여러 작품에서 연상되는가 하면, 이 모든 장르가 한 작품에서 연상되기도 한다. 존은 프리재즈 선구자 오넷 콜먼Ornette Coleman과 자주 비교되는데, 존과 콜먼 모두 레이먼드 스콧Raymond Scott의 카툰 음악이나 엔니오 모리코네Ennio Morricone의 스파게티 웨스턴 영화 사운드트랙을 연상시키기 때문이다.

존의 유대음악이 얼마나 중요한지 이해하려면, 90년대 중반 유대음악에 전념하겠다고 발표했을 때 존은 이미 아방가르드 정점에 있었다는 사실, 포스트모던 음악의 중심인물이었다는 사실을 알아야 한다. 그가 어떤 음악을 하건 사람들은 즉시 신뢰했고 그 음악은 첨단 유행의 지표가 되었다. 적어도 존을 아방가르드의 왕으로 인정하는 사람들에게는 그랬다. 그러다 보니 유대인 작곡가로서 자신을 재정립하기로 결정했을 때, 모두들 유대음악의 잠재적 창의력이 터져 나오리라 예견했다. 미국 팝문화 역사상 거의 처음으로 '유대'문화가 '쿨'하게 보이는 순간이었다. 존이 공식석상에 히브리어가 새겨진 티셔츠를 입고 치칫을 달고 나타나면서 생겨난 변화였다. 새로 형성된 유대 정체성에 자부심을 갖고 있음을 보여주려면 이 모든 것이 임무라고 존은 생각했다.

"유대인 정체성의 긍정적인 면을 찾지 못하면 젊은이들은 유대인 정체성을 원하지 않게 된다."고 존은 말한다. "안경을 쓰고 이리저리 비틀거리는 사람들, 춤도 추지 못하는 사람들에게 손가락질하며 이상한 사람들이라고 해도 어쩔 수 없는 일이다. 그러니까 우리는 스스로 멋진 유대인임을 보여줄 의무와 책임이 있다. 루 리드Lou Reed, 앨런 긴즈버그Allen Ginsberg, 마크 리봇처럼 말이다. 멋지게 보이려면 유대인의 스테레오타입을 깨뜨리고 현재 상황에 도전하며 권리와 평등을 위해 투쟁해야 한다." 70년대 말, 존은 원하던 것을 상당 부분 성취했다. 치칫만 달아도 유대인의 긍정적인 정체성을 표출하는 정치적, 문화적 행위로 인식될 정도였다.

존의 음악에 유대 정체성이 명백히 드러나기 시작한 것은 '수정水晶의 밤Kristallnacht' 부터였다. 1992년 뮌헨에서 열린 진보유대문화 페스티벌(루 리드, 게리 루카스Gary Lucas, 뉴 클레즈머 트리오도 참가)에서 초연된 이 곡은 읊조리는 시로 듣는 이의 가슴을 저미다가 정신 나간 듯 울부짖기도 하면서 '산산조각 난 유리파편의 밤'(독일에서 벌어진 학살 사건으로 수천 개의 유대인 회당과 유대인 상점이 파괴되고 거의 백 명의 유대인이 죽음을 당하였다. 산산조각이 난 유리파편 때문에 '수정의 밤'이 되어버린 이 사건은 홀로코스트의 서막이었다.)을 생생하게 표현했다. '수정의 밤'은 음악작품인 동시에 일종의 성명서였다. 공연 시작 전, 청중이 자리에 앉자 존은 문을 잠그고 아무도 자리를 뜨지 말라고 부탁했다. 곧 연주자들이 등장했다. 소매에는 노란색 유대인 별을 붙이고 있었다. 데이비드 크라카우어의 연주로 구세계 양식의 클레즈머 클라리넷 패시지로 공연이 시작되었고, 곧 이어 산산조각 나는 유리 소리가 계속되었다. 고막이 터질 것 같은 소리였다. 홀로코스트의 공포 분위기를 재현하기 위함이었다. (음반에는 이 부분을 연장, 반복해서 들을 경우 일시적으로 혹은 영구적으로 귀에 손상이 생길 수 있다고 경고한다.) 충격적인 순간이었고, 고통스런 출산의 순간이었다. 이 공연으로 대담해진 존은 앞으로 어떤 음악을 모색해야 할지 확고한 신념을 다질 수 있었다. 그리고 뉴욕으로 돌아왔다.

존의 음악 탐구는 자신이 조직한 밴드 마사다Masada에서 결실을 보게 된다. 마사다는 73년 유대 저항군이 로마군에 굴복하지 않고 맞서 싸우던 언덕 꼭대기의 요새 이름이다. 분명 존은 주요세력에 굴복하거나 동화되기를 거부했던 불굴의 저항군 이미지에 마음이 끌렸을 것이고, 이는 존의 음악경력 전체를 관통하는 주제이기도 했다. 존에게 마사다는 여러 가지로 중요한 존재였다. 재즈 사중주이면서도 다양하게 구성을 바꾸는 실내악 앙상블인 동시에, 존의 창작활동을 받쳐주는 기반이기도 했다. 존이 마사다를 위해 작곡한 전통 유대음악 양식의 창작곡은 2백 곡이 넘는다. 그러나 마사다는 상징이나 도구를 훨씬 넘어서는 존재였다. 마사다는 존이 유대음악 전통을 확장하게 만든 보루이자 시스템이었다.

재즈사중주 마사다 멤버는 데이브 더글라스Dave Douglas(트럼펫), 조이 베런Joey Baron(드럼), 그레그 코헨Greg Cohen(베이스), 존이었다. 존은 색소폰 연주자이자 팀의 리더였다. 그는 유대 전통음악의 음계와 선법을 사용하여 작곡하되, 연주자들이 정통 재즈와 즉흥연주 방식을 사용하여 블루스, 발라드, 전통적인 선율을 섞을 수 있게 했다. 마사다가 90년대 중후반 5년간 발매한 10장 이상의 라이브/스튜디오 음반은 위대한 유대음악으로, 나아가 당대 최고의 재즈 음반으로 찬사를 받았다.

1999년은 듀크 엘링턴 탄생 백주기를 맞은 해였다. 주류 재즈계는 엘링턴으로 뒤덮여 있었다. 그런데 바로 그 때 『보스턴 글로브Boston Globe』 신문의 재즈 평론가 밥 블루멘탈Bob Blumenthal이 "현재 재즈는 마사다의 시대"라고 공언하며, 마사다는 "20세기 말을 상징하는 앙상블," 존의 음악은 "동시대인들이 권하고 싶은 유려하고 매력적인 음악"이라 평했다. 마사다의 음악에는 에너지와 놀라움이 가득하다. 불협화음이 터져 나오는 그룹 즉흥연주와 주제 선율을 탐색하는 탁월한 솔로 연주가 번갈아 나오면서, 하시드 기도실에서 펼쳐지는 메기고 받는 형식의 기도음악 같은 추상음악을 만들어낸다. 당시 클레즈머는 여전히 '유대 재즈'라는 잘못된 명칭을 갖고 있었고, 색소폰 연주자 오넷 콜먼의 프리재즈 사중주의 영향을 받았다는 주장도 있었다. 만약 그렇다면, 진짜 '유대 재즈'는 마사다일 것이다.

존의 유대음악 프로젝트는 여기서 끝나지 않았다. 존은 마사다 실내 앙상블을 2중주, 3중주, 4중주, 6중주로, 혹은 스트링, 키보드, 클라리넷 등을 섞은 다양한 조합으로 구성하며 여러 앙상블을 위한 곡을 쓰고 지휘도 맡았다. 이 앙상블을 모두 통칭하여 바르코크바Bar Kokhba라 불렀다. 132~35년 로마에 대항한 최후의 유대인 반란을 이끌며 메시아로 추앙받던 영웅의 이름을 따온 것이다. 이들의 음악은 두 장의 더블 CD, 〈바르코크바Bar Kokhba〉와 〈서클 메이커The Circle Maker〉에 담겨 있다. 재즈 스타일과 클래식 스타일의 유대음악인데, 존의 음악 가운데 가장 듣기 쉬운 음악일 것이다. 이디쉬 극장음악 '당신이 원하는 것이 곧 내가 원하는 것'을 라틴재즈 버전으로 바꾼 '심판Gevurah'부터, 현악삼중주곡으로 만든 불협화적인 현대음악 '손해Nezikin'까지 음악 양식의 폭도 무척 넓다. '생각Mahshav'은 아릿하면서도 가벼운 선율의 피아노-클라리넷 이중주로 전통적인 클레즈머 음반과 함께 놓아도 어색하지 않을 음악이다. 이 음악을 존 존이 작곡했다는 사실이 놀라울 따름이다.

물론 존이 음악적·미학적 진공 안에서 음악을 만든 것은 아니었다. 유대인 정체성에 눈뜨기 시작하면서 존은 앞서 경험한 음악에 어떤 패턴이 있음을 감지했다. "왜인지는 몰라도 갑자기 묘한 계시처럼 깨달은 사실이 있었다. 내가 긴밀하게 작업해온 음악가들 대부분이 유대인이라는 사실이었다. 그러다 보니 의문이 생겼다. 잠깐, 어떻게 이 사람들이 모두 유대인인 거지? 흥미로운 사실이었다. 그게 무엇을 의미하는지는 아직 잘 모르겠다."

그들이 유대인이라는 것 외에도, 존은 뭔가 창의적이고 영적인 '깨우침'이 일어나고 있다는 사실도 감지했다. "이곳 뉴욕만이 아니었다. 사방에서 동시에 뭔가 일이 벌어지고 있었다. 여기저기에서 유대인의 영혼을 깨우는 음악가들이 있었다. 이것은 한 사람, 한 사건보다 훨씬 거대한, 하나의 현상이었다."

예를 들어, 게리 루카스는 80년대 초 캡틴 비프하트Captain Beefheart의 실험적 록 밴드에서 기타를 연주했고, 1988년 존 존과 함께 참석한 베를린 재즈 페스티벌에서는 수정의 밤 사건을 주제로 음악을 발표했다. 그 해는 수정의 밤 50주기가 되는 해였고, 루카스는 예정에 없던 '정화된 수정의 밤Verklärte Kristallnacht'를 발표하여 청중을 놀라게 했다. 전자음향의 소음 속에 아놀드 쇤베르크Arnold Schoenberg의 '정화된 밤Verklärte Nacht'과 이스라엘 국가 '하티크바Hatikvah(희망)'를 병치시키고, 독일 국가 가운데 "독일은 세계 으뜸Deutschland Über Alles"의 선율까지 넣은 음악이었다. 몇 년 후 루카스는 유대인의 전설을 바탕으로 한 독일 표현주의 영화 《골렘Der Golem》(1920, 무성영화) 음악을 작곡하여 1992년 뮌헨 페스티벌 무대에 올렸다.

진보유대문화의 징조는 서부에서도 감지되고 있었다. 먼저, 체코 오소블라하 지방에서 온 난민과 더 클레즈모림 밴드 멤버들이 캘리포니아에서 뉴 클레즈머 트리오를 창단했다. 클라리넷 연주자 벤 골드베르그는 새로운 음악을 모색하지 않고 과거의 음악만 계속 연주하는 것이 못마땅했다. "그래서 일종의 성명서를 냈다. '존 콜트레인과 시드니 베셰의 차이를 생각하라. 우리는 아직도 이들을 동일선상에 놓고 있다.' 대충 이런 내용이었다. 클레즈머 음악도 재즈처럼 1920년대부터 계속 발전했다면, 오늘날 우리가 나프툴레 브란트바인 같은 소리를 내려고 여기에 있지는 않을 것이다. 이건 중요한 문제였다."

그래서 골드베르그는 '전통'과 '아방가르드'의 경계에 대해 곰곰이 생각하기 시작했다. "클레즈머의 억눌린 에너지, 끙끙거리는 신경증적 에너지를 조금 긴 음악 형식 안에 펼쳐 보고 싶었다." 1988년 그는 이전 밴드 동료인 케니 월슨, 댄 시맨스와 잼연주를 시작했다. 그리고 클래식 클레즈머에 굳건히 뿌리를 내린 채, "어딘가 갇힌 듯하면서 빠르게 돌진하는, 그러면서도 신경이 예민한" 클레즈머 음악의 특성을 탐구하기 시작했다.

1991년 뉴 클레즈머 트리오는 첫 번째 음반 〈가면과 얼굴Masks and Faces〉을 발매했다. 찰스 밍거스, 텔로니어스 멍크Thelonious Monk, 스티브 레이시Steve Lacy, 리 코니츠 Lee Konitz, 앤드류 힐Andrew Hill 등의 재즈와 아방가르드에 클레즈머를 섞은 음악이었다. 일종의 '아방-클레즈avant-klez' 음악의 포문을 연 셈이다. 놀라운 것은 10년이 지난 후에도 이 음반은 여전히 새롭고 독창적인 면모가 두드러진다는 점이다. 지금도 프로그레시브 클레즈머-재즈 퓨전의 모범으로 간주될 만한 음반이다. 뉴 클레즈머 트리오의 두 번째 앨범 〈녹이고 취하고 새로 바꾸고Melt Zonk Rewire〉는 프리재즈에서 가져온 이론과 기법을 사용한 클레즈머, 이른바 '프리-클레즈free-klez'의 가능성을 모색한 음반으로, 1995년 존 존의 차딕 레이블에서 발매되었다.

존 존이 뉴욕·샌프란시스코·뮌헨에서 진보유대문화 페스티벌을 개최한 후, 실험음악으로 유대 정체성을 모색하던 음악인들이 난데없이 나타나 존에게 연락을 하거나 데모 테이프를 보내기 시작했다. "내가 시작한 레코드 레이블에 사람들이 뭔가 보내기 전에는 아무 것도, 예컨대 '나프툴레의 드림'이라는 밴드가 있는지조차 알지 못했다.” 미국과 유럽 전역에서 테이프를 보낸 그룹 중 몇몇은 차딕 레이블에서 음반을 내기도 했다. 나프툴레의 꿈, 아하바 라바Ahava Raba 등이 대표적이다. 아하바 라바는 동유럽 음악과 클래식, 아시아 민속음악, 몽고의 스로트 창법throat singing을 결합한 음악을 연주하던 독일 그룹이었다.

“이 모든 사람들이 이미 있었던 거다. 하루아침에 생겨난 일은 아니었다. 이들은 오랫동안, 나만큼 오래 되지는 않았어도, 이런 음악을 만들려고 고심하고 있었다. 르네상스란 말은 진부한 표현일 뿐이다. 하지만 분명 흥분되는 시간이었다. 뭔가 많은 일이 진행되고 있었고 수많은 사람들이 이런 일을 염두에 두고 있었다. 홀로코스트 이후의 세대, 행복하게 사는 세대가 있었기에 가능했다고 본다. 이들의 생각은 단순했다. 잠깐, 이게 쿨하네. 이게 유행이래. 이게 바로 나야. 계속 달려보자고! 뭐 이런 것 아닐까?”

존은 친구들을 계속 불러들였다. 차딕 레이블의 진보유대문화 시리즈 가운데 한 부분으로 유대음악을 모색하기 위함이었다. 이 시리즈와 함께 존은 이런 질문을 던지기 시작했다. “유대음악이란 무엇인가?” 그리고 이렇게 말한다. “이 질문에 대한 답은 각 사람이 가지고 있다. 그러나 말로 표현하기는 힘들다. 답은 음악 안에 있다. 가끔은 클래식과 섞이기도 하고 가끔은 재즈와, 가끔은 솔직한 민속음악과 섞이고, 또 어떨 때는 록 음악과도 섞인다.”

단 몇 년 만에 존의 시리즈는 30장 이상의 CD를 탄생시켰다(마사다가 녹음한 열 장 이상의 음반은 제외). 24명의 아티스트가 참여했고, 신新하시디즘 전통주의라 할 수 있는 〈니구님Nigunim〉(클레즈머틱스의 프랭크 런던과 로린 스클램베르그, 키보드 연주자 유리 케인의 공동작업)부터 존 숏John Schott의 조용한 인상주의 실내 오페라 〈이 위대한 시대에In These Great Times〉, 마크 리봇의 그룹 슈렉Shrek에 이르기까지 음악적 스펙트럼도 넓었다.

유대음악 전통을 분명하게 참고한 사례를 먼저 보자면, 하시디즘의 기도 선율을 직접 차용한 〈니구님〉 음반, 데이브 타라스와 나프툴레 브란트바인의 클래식 클레즈머에 굳게 뿌리내린 데이비드 크라카우어의 음악, 이디쉬와 세파르디 민요를 아프리카계 쿠바 스타일로 재탄생시킨 앤서니 콜먼Anthony Coleman의 음악을 꼽을 수 있다. 반면, 유대음악으로 받아들이기 힘든 음반도 있다. 작곡가와 연주자를 유대인으로 인정하도록 겉모습만 포장한 음반들, 예컨대 〈어이, 내가 당신의 신을 죽였어Yo! I Killed Your God〉 〈자기혐오자들Selfhaters〉 같은 도발적인 제목의 음반, 히브리 노래를 제목으로 사용한 음반, 카발라 이미지를 사용한 음반 표지 등이 대표적인 예이다. 그러나 많은 경우 유대와의 관계는 모호함과 명백함 사이 어딘가에 위치한다. 마사다의 음반 〈바르코크바〉의 '심판Gevurah'에서처럼 이디쉬 극장음악을 직접 차용하는 경우가 있는가 하면, 클렛카 레드Kletka Red처럼 열정적인 하드코어 기타 펑크 음악 안에 클레즈머 멜로디를 깊숙이 묻어놓는 방식까지, 유대음악을 사용하는 기법은 각양각색이다.

놓치지 말아야 할 음악이 하나 있다면 게리 루카스의 음반 〈바쁘게 태어난Busy Being Born〉에 실린 '에이비 더 피쉬맨Abie the Fishman'이다. 그저 신기한 음악으로 생각하고 넘어가기 쉬우나 진보유대문화의 사상적 기반을 가장 잘 요약한 음악이라 할 수 있다. 막스 브라더스Marx Brothers의 영화 《애니멀 크래커스Animal Crackers》에 나오는 노래를 가지고 만든 음악이다. 애들이 장난치듯 부르는 아주 단순한 노래인데, 영화에서는 불분명한 유럽 악센트로 영어를 구사하는 치코 막스가 상류층 행세를 하는 허세 가득한 미술품 수집가의 정체성을 폭로할 때 사용되었다. "잠깐, 내가 당신을 아는데, 에이비 더 피쉬맨이군."[1]

루카스의 '에이비 더 피쉬맨' 덕분에 막스 브라더스는 단숨에 중요한 인물로 떠올랐다. 즉, 진보유대문화의 선구자, 거만함과 위선이 폭로되는 전복顚覆의 순간을 만들어내는 문화 테러리스트, 정체성을 유쾌하게 모색하는 개척자가 된 것이다. 《애니멀 크래커스》에서 정체성 폭로의 희생자가 된 사람은 문화교양계층을 돈으로 사는 미술품 수집가라는 사실, 정확하게 말하자면 아방가르드 혹은 '아방-게토'(루카스가 더 좋아한 용어)와 반대되는 문화 동력이라는 사실은 의미심장하다. '에이비 더 피쉬맨'이라

---

1 '에이비 더 피쉬맨'은 체코슬로바키아에서 미국으로 이민 온 생선팔이 유대인, 미국에서 아웃사이더로 살아가는 유대인의 스테레오타입을 지칭한다(역주).

클라리넷 연주자 데이비드 크라카우어는 1990년대 중반 클레즈머틱스를 떠난 후 솔로 활동을 이어가며 현대 클레즈머 음악계에서 가장 진보적이고 모험적인 연주자가 되었다.

는 호칭에는 사회계층의 문제와 유대인 정체성 문제가 깊이 얽혀 있어, 영화에서는 훨씬 더 전복적인 의미를 갖게 된다.

게리 루카스가 20세기 미국 대중문화의 전복적 순간을 뽑아내어 진보유대문화으로 재구성하되, 겉으로는 어린이 음악처럼 보이도록 만든 것(그래서 미국 어린이에게 새롭고 진보적인 노래를 선사한 것)도 흥미로운 전복 행위라 할 수 있다. 루카스는 앨범 전체에서 전복 행위를 계속 이어간다. 예컨대, 히브리 성가, 지극히 감성적인 《지붕 위의 바이올린Fiddler on the Roof》 음악, 유대인의 상상력으로 빚어낸 창작곡이 같은 앨범 안에 모여 있는 것도 같은 맥락으로 해석할 수 있다.

예기치 않은 전복의 순간은 차딕 레이블의 진보유대문화 시리즈 곳곳에서 나타난다. 〈세파르디 빛깔Sephardic Tinge〉(1995)에서는 키보드 연주자 앤서니 콜먼이 이디쉬 극장음악 '벨즈Belz'를 아프리카-쿠바풍 피아노 재즈로 변모시킨다. 두 개의 유대인 문화, 즉 보다 지배적인 이디쉬/아쉬케나지/동유럽 유대인 문화와, 이디쉬만큼 풍부한 문화임에도 종종 간과되는 세파르디/라디노 유대인 문화(스페인에서 종교재판 이전에 성행한 황금기 유대문화에 뿌리를 둔 문화)의 분열에 대한 날카로운 비판이 담긴 음악이다. 콜먼은 70년대 말 뉴잉글랜드 콘서바토리를 다녔고(클레즈머 콘서바토리 밴드 창시자인 한쿠스 넷스키와 함께), 원래 코헨Cohen 집안 출신으로서 자신의 뿌리를 찾고자 했다. 뉴욕에서 히스패닉 사람들과 살을 맞대고 살아온 만큼, 그의 음악은 살사·맘보·몬투노 등 라틴 리듬에도 상당 부분 맞닿아 있다.

〈세파르디 빛깔〉에서 콜먼은 마사다 멤버인 그레그 코헨(베이스), 조이 베런(드럼)과 함께 전통적인 세파르디 음악의 재즈 버전을 연주하는가 하면, 텔로니어스 멍크, 젤리 롤 모턴Jelly Roll Morton 음악에 세파르디 빛깔을 입혀 연주하기도 했다. ('스페인 빛깔'은 재즈에 스며든 라틴음악의 영향을 일컬어 모턴이 사용했던 표현이다.) 〈모레니카Morenica〉(1998)에서도 콜먼은 자신의 음악 성향을 계속 이어가되, 피아노 중심으로 보다 창의적인 음악을 만들어냈다. 다소 도발적인 제목의 음악, '게토(나는 마라노)Ghetto(Ich Bin Ein Marrano)'가 수록되어 있는 음반이다.

콜먼의 피아노 재즈 음반들은 대부분 서정적이지만, 그의 밴드 셀프헤이터스Selfhaters의 음악은 밴드 이름에서 암시하듯 심술궂고 폭력적이다. '유대인 자기혐오: 반유대주의와 유대인의 숨겨진 언어'라는 제목의 라이너노트에서 콜먼은 테오도어 아도르노Theodore W. Adorno, 솔 벨로Saul Bellow, 리하르트 바그너Richard Wagner, 샌더 길만Sander L. Gilman을 인용하며, 〈자기혐오자들Selfhaters〉과 다음 음반인 〈같음에 끝없이 다가서는 심오한 풍요로움The Abysmal Richness of the Infinite Proximity of the Same〉에 담긴 음악에 대해 자신의 깊은 생각을 설명한다. 두 음반에 수록된 음악은 관습적인 음악 형식을 탈피하고 모턴 펠트만Morton Feldman 같은 추상음악 양식을 차용하였다. '사랑이 무엇인지 당신은 모릅니다You Don't Know What Love Is' '더 무취The Mooche' 같은 재즈넘버조차 원래 음악을 알아차릴 수 없을 정도로 과감하게 변화시켜 놓았다. 울부짖는 클라리넷, 끊임없이 이어지는 타악기 소리 등 에너지가 과도하게 분출하는 감도 있으나, 음악의 매력을 반감시키지는 않는다. 오히려 콜먼의 피아노 재즈보다 더 기억에 남는 음악이다.

이렇게 전통적인 클레즈머 음악을 진보적으로 재해석한 음악이 진보유대문화 시리즈를 관통하고 있다. 보스턴 기반의 그룹 나프툴레의 꿈은 전통적인 클레즈머를 연주하던 쉬림 밴드 멤버 중 실험적 성향이 두드러진 연주자들이 창단한 6중주 밴드이다. 각 멤버는 모두 폭넓은 음악 경험을 자랑한다. 데이비드 해리스(트롬본)는 클레즈머 콘서바토리 밴드·프랭크 런던의 레미제라블 브라스 밴드의 핵심 멤버였고, 글렌 딕슨Glenn Dickson(클라리넷)은 뉴잉글랜드 콘서바토리를 졸업하고 록 밴드에서 활동하며 그리스 음악과 19세기 미국음악을 연주했다. 그 외에 스카, 록, 뉴올리언스, 인도 남부의 고전음악, 군대 음악, 아방가르드 재즈를 연주하던 음악가들도 있었다. 연주자들의 다양한 음악 경험 덕분에 나프툴레의 꿈 밴드는 프리 클레즈, 스피드 클레즈(둘 다 노래 제목이기도 하다.), 아나키 펑크 클레즈를 만들어낼 수 있었다.

기타와 드럼으로 구성된 독일 트리오 밴드 클렛카 레드는 〈하이재킹Hijacking〉에서 고전적인 클레즈머 선율들을 뒤섞어 거친 하드코어 펑크록을 만들었다. 효과음과 레게 비트, 벨벳 언더그라운드의 영향을 받은 리드기타가 뒤섞이긴 했지만, 기존 선율들은 사라지지 않는다. 클렛카 레드에서 리드기타를 연주한 레오니드 소이벨만Leonid Soybelman은 보컬도 맡았는데, 그의 이디쉬 보컬이 놀랄 정도로 따뜻해서 격렬하게 들릴 법한 사운드가 오히려 인간적으로 느껴진다.

또 하나의 독일 유대인 그룹 사밈Psamim은 〈건강을 기원하며Abi Gezint!〉에서 민속음악과 클래식 음악의 구분을 버리고, 이디쉬·세파르디 노래를 현악앙상블과 아코디언을 위한 실내악 편곡으로 재구성했다. 한편, 샌프란시스코의 어쿠스틱 트리오 다브카 Davka는 〈유딧Judith〉에서 클레즈머 멜로디를 타악기 중심의 재즈풍 월드비트로 변모시켰고, 작곡가이자 첼리스트인 에릭 프리들란더Erik Friedlander의 실내악 그룹 키메라 Chimera(첼로, 베이스, 클라리넷)는 〈경비원The Watchman〉에서 구세계 멜로디를 암시하는 신新고전주의 음악작품을 선보인다. 지나 파킨스Zeena Parkins의 〈입=망치=배신자 Mouth= Maul=Betrayer〉는 목소리, 샘플링 사운드, 기악곡의 콜라주 음반인데, 유대인 마피아의 어두운 역사를 찾으며 중세 독일까지 거슬러 올라간다. 중세 독일에서는 유대인 부랑자들과 음악가들이 일반에게 알려져 있지 않던 은어를 함께 사용했다고 하는데, 이 또한 숨겨진 진보유대문화라 할 수 있다. 〈체류Sojourn〉에서는 클라리넷 연주자 마티 에를리히Marty Ehrlich가 니구님을 비롯한 이디쉬 멜로디의 풍성한 잠재력을 파헤쳐 재즈풍으로 재구성했다. 앤디 슈태트만을 상기시키는 음악이다.

존 존의 위대한 유대음악 시리즈는 작곡가이자 연주자인 버트 바카락Burt Bacharach, 마크 볼란Marc Bolan(티렉스T. Rex 창단자, 원래 이름은 마크 펠트Mark Feld), 세르쥬 갱스부르Serge Gainsbourg의 노래를 다운타운 아티스트들의 연주로 녹음함으로써 '유대음

보스턴 기반의 그룹 나프툴레의 꿈은 전통적인 양식으로 연주하는 그룹 쉬림의 아방가르드 버전 밴드이다. 프리재즈와 록 음악에 정통한 즉흥연주자들이 존 존의 진보유대문화 운동에 동참하는 과정에서 탄생했다.

악'이라는 범주를 더욱 확장시켰다. 존은 버트 바카락 헌정 음반 뒷면에 짧은 에세이를 붙여 자신의 의도를 설명했다. "버트 바카락은 미국 대중음악의 위대한 천재이며, 동시에 유대인이다." 이어서 존의 관점을 이해하는 데 중요한 열쇠가 되는 부분이 나온다. "유대인은 자신이 사랑하는 장소에서 헌신하고 기여하면 그 사회에서 포용되고 받아들여질 것이라 여전히 믿고 있다. 많은 경우 이 믿음은 치명적인 오류로 판명되곤 했다. 그러나 유대인은 계속 같은 길을 갈 것이다. 고집스럽게 자신의 능력과 비전을 믿으면서."

어떻게 보면 바카락, 볼란, 갱스부르는 상업적으로 성공을 거두었으면서도 주류에 진입하지 못한 음악가들이다. 특히 바카락은 '당신에게 가까이Close to You', '지나쳐 가세요Walk On By', '약속은 약속은Promises Promises' 등 수많은 히트곡을 남겼으나, 그의 음악은 변화도 많고 복잡해서 전복적인 음악으로 받아들여졌다. 션 레논Sean Lennon, 멜빈스Melvins, 리빙 컬러Living Colour 밴드의 버논 레이드Vernon Reid, 페이스 노모어Faith No More 밴드의 마이크 패튼Mike Patton 등은 새로운 해석을 덧붙여 단순해 보이는 팝송의 요소요소를 연구하고 다시금 재구성했다. 프레드 프리스는 바카락 음반 두 장 중 첫째 음반의 마지막 곡 '기차와 배와 비행기Trains and Boats and Planes'를 녹음하며 "당신은 다른 세상에서 온 사람"이라는 가사를 계속 읊조렸다. 이렇게 바카락의 노래는 완전히 새로운 의미를 지니게 되었다.

이토록 다양한 음악가들에게 존 존은 왜 관심을 갖게 되었을까? 세르쥬 갱스부르의 음악에 있는 유대음악 요소는 무엇일까? 존은 스스로에게 묻는다. "자세히 보면 찾을 수 있다. 너무 단순한 답일까? 하지만 그리 단순한 건 아니다. 분명히 그의 정체성과 관련된 요소들이 음악 안에 있다고 생각한다. 왜 없겠는가? 유대인만이 경험할 수 있는 빌어먹을 일들을 그도 경험했는데. 그 경험이 밖으로 표출된 것이다.

"모든 유대음악에는 감정이 스며있다. 글로 표현할 수 없는 감정, 느껴야만 알 수 있는 그런 감정 말이다. 레너드 번스타인의 음악에서도 난 그런 감정을 느낀다. 가끔은 직접 나서서 말로 표출하기도 한다. 교향곡 '카디쉬Kaddish'가 대표적인 예이다. 《웨스트 사이드 스토리》는? 난 여기에도 같은 감정이 들어있다고 생각한다. 어빙 벌린의 '화이트 크리스마스'도 마찬가지다. 그런 감정이 얼마나 깊이 들어갈 수 있는 걸까?"

일반적인 클레즈머 세계에서는 존을 받아들일 준비가 아직 되어있지 않다. (물론 존이 멤버십을 신청한 것은 아니지만.) 하지만 두 세계는 이미 많은 것을 주고받았다. 클레즈머틱스의 프랭크 런던과 데이비드 크라카우어가 '수정의 밤' 공연 무대에 함께 섰고, 크라카우어는 마사다 실내 앙상블과도 함께 했다. 앞으로도 두 사람은 차딕 레이블에서 솔로 앨범을 계속 낼 것이다. 뉴 클레즈머 트리오 멤버들은 클레즈머 리바이벌 시대를 견인한 음악가들이었고, 나프툴레의 꿈 밴드는 클레즈머 밴드 쉬림에서 비롯되었다. 또한, 브레이브 올드 월드의 마이클 앨퍼트와 스튜어트 브로트만, 클레즈머틱스의 로린 스클램베르그도 존의 시리즈 음반에 여러 번 참여하였다.

존과 진보유대문화 아티스트들의 영향력은 다운타운 음악가에 워낙 널리 퍼져 있어서 새천년을 앞둔 지금, 실험적인 아방가르드 음악이 곧 진보유대문화인 듯 느껴진다. 음악비평가 데이비드 야페David Yaffe는 아방-유대 밴드의 현존을 "70년대 아방가르드 음악이 등장한 사건에 견줄 만한 현상"이라고 말했다. 아이러니하게도 바로 그 70년대 현장에 가장 먼저 떠오른 인물이 존 존이었다.

존이 처음으로 진보유대문화 페스티벌을 개최한 곳은 1987년에 문을 연 다운타운 나이트클럽, 니팅팩토리였다. 니팅팩토리는 이후 유대음악 프로그램을 확장하여 유대팔루자Jewsapalooza 페스티벌을 해마다 개최했고, 전통적인 클레즈머 밴드와 실험적인 클레즈머 밴드를 모두 초청했다. 니팅팩토리는 매년 사이버 유월절Cyber-Seder도 개최한다. 루 리드, 요라텡고Yo La Tengo 밴드 멤버 등 록 뮤지션들이 존을 포함한 여러 사람들과 함께 나와 성서 주석을 선보인다. 한편 1993년 니팅팩토리는 하시딕 뉴 웨이브, 게리 루카스, 뉴 클레즈머 트리오를 프라하, 부다페스트, 동독으로 보냈다. 이른바 '유대 아방가르드 음악 투어'였다.

알 만한 사람들에게는 이미 유명했던 니팅팩토리는 존의 권유로 유대음악 녹음도 시작하여 자체 레코드 레이블 JAM(Jewish Alternative Movement)을 탄생시켰다. "유대인일 필요는 없습니다. 진보적이고 새로운 음악, 펑키한 음악을 연주해주세요." 카탈로그 광고 문구였다. JAM은 다운타운 유대 밴드의 컴필레이션 음반을 여러 장 발매했는데, 그 중 하나가 〈당혹스러워 하는 이들을 위한 가이드A Guide for the Perplexed〉였다. JAM은 프랭크 런던의 실험음악 밴드 하시딕 뉴 웨이브의 본거지가 되었다. 이 밴드의 CD 세 장에는 프리재즈, 퓨전, 실험적인 펑크 음악, 기존의 하시드 춤곡 선율을 바탕으로 만든 음악이 수록되었다.

존 존은 연주, 작곡, 레코드사 경영 외에 다운타운의 유대음악을 활성화시키는 기획도 맡아, 1998년에는 니팅팩토리를 넘어 또 하나의 다운타운 클럽, 토닉Tonic으로 라이브 유대음악 프로그램을 확장시켰다. 뉴욕 로어이스트사이드의 코셔 와이너리가 있던 자리에 들어선 토닉은 《클레즈머 일요일Klezmer Sundays》이라는 고정 프로그램을 만들었다. 유대인 게토가 사라진 후 그 주변에서 클레즈머가 정기적으로 연주되기는 처음이었다.

"물려받은 유산을 자랑스러워하는 젊은 세대가 생겨나고 있다고 생각한다. 그냥 백인으로 인정되기보다 유대인으로 알려지길 원하는 세대 말이다." 존의 말이다. "이들에게 유대 유산은 점점 확고하게 정체성의 일부가 되고 있다. 음악도 그 중 한 부분이다. 지금은 각 사람이 유대 역사에 대한 자신의 견해를 가질 수 있게 되었다. 유대인이라는 정체성에 천착하건, 혐오감을 느끼건 간에.

"이제 인정할 때가 되었다. 여러 나라의 대중음악과 진지한 음악이 탄생하는 데 유대인이 중요한 역할을 했다는 사실 말이다. 그렇다면, 찬사를 마다할 이유가 없다. 연구도 마다할 이유가 없다. 우리가 돈이나 긁어모으는 사람들이라고 생각하는 이들에게 이 사실을 알려줘야 하지 않겠는가?"

정말이지, 그러지 않을 이유가 없지 않을까?

제6장

디스코그래피
DISCOGRAPHY

클레즈머 명반
연주자/밴드와 대표 음반
컴필레이션 음반
어린이 음악
인터넷 사이트

06 .

디스코그래피*

-
-
-

클레즈머 음반을 상세하게 설명하기 위해 이 장을 마련하였다. 가능한 한 포괄적이고 정확한 설명이 될 수 있도록 각별한 노력을 기울였다.

1. ▌표시와 함께 굵은 글씨로 소개된 음반은 강력히 추천한다는 뜻이다.
2. (NR)은 음반 제목만 소개하고 설명은 하지 않았음을 뜻한다.
3. 괄호 안의 음반 발매 연도는 음반이 처음으로 발매된 연도를 뜻한다.
4. 레코드 레이블과 카탈로그 번호는 가장 최근에 발매된 음반을 기준으로 삼았다.

• • •

* 저자가 소개한 음반 중에는 현재 절판되어 자료조차 찾을 수 없는 음반도 여럿 있다. 이 책에서는 아마존amazon에서도, 올뮤직닷컴allmusic.com에서도 찾을 수 없는 음반은 소개하지 않았다. 본문에 소개된 클레즈머 연주자와 밴드들이 지금도 활발한 연주활동을 벌이고 있으므로, 이들이 (원서 출판년도인 2000년 이후) 새로 발매한 음반을 들어보면 클레즈머 음악의 최근 동향까지 파악할 수 있을 것이다(역주).

클레즈머 명반

음반 제목	연주자, 밴드
에덴동산에서 뛰노는 밤 A Jumpin' Night in the Garden of Eden	클레즈머 콘서바토리 밴드 Klezmer Conservatory Band
블러드 오렌지 Blood Oranges	브레이브 올드 월드 Brave Old World
피들 Fidl	알리샤 스비갈스 Alicia Svigals
기멜 (셋) Gimel (Three)	마사다/존 존 Masada/John Zorn
뿔 있는 유대인 Jews with Horns	클레즈머틱스 The Klezmatics
클레즈머 클라리넷의 왕 King of the Klezmer Clarinet	나프툴레 브란트바인 Naftule Brandwein
클레즈머 선구자들: 유럽과 미국 레코딩 1905-52 Klezmer Pioneers: European and American Recordings 1905-52	여러 음악가들 various artists
모국어 Mother Tongue	부도비츠 Budowitz
메트로폴리스 Metropolis	더 클레즈모림 The Klezmorim
미국 이디쉬 클레즈머 음악 1925-56 Yiddish-American Klezmer Music 1925-56	데이브 타라스 Dave Tarras
클레즈머 클라리넷의 예술 Art of the Klezmer Clarinet	마곳 레버렛 Margot Leverett
바르코크바 Bar Kokhba	마사다 실내 앙상블/존 존 Masada Chamber Ensembles/John Zorn
베사라비아 심포니 Bessarabian Symphony	루빈 & 호로비츠 Rubin and Horowitz
치킨 Chicken	'카펠레' Kapelye
가족 초상화 Family Portrait	클레지컬 트러디션 The Klezical Tradition
클레즈머 매드니스 Klezmer Madness	데이비드 크라카우어 트리오 David Krakauer Trio
클레즈머 음악 Klezmer Music	앤디 슈태트만 클레즈머 오케스트라 Andy Statman Klezmer Orchestra
클레즈머 음악: 초기 이디쉬 기악음악 1908-27 Klezmer Music: Early Yiddish Instrumental Music 1908-27	여러 음악가들 various artists
퍼제스트 Possessed	클레즈머틱스 The Klezmatics
여행자들을 위한 이디쉬 Yiddish for Travelers	메트로폴리탄 클레즈머 Metropolitan Klezmer

연주자/밴드와 대표 음반[1]

AHAVA RABA

Kete Kuf (1999) Tzadik TZ7133

밴드 창설자는 독일 출신의 시몬 야콥 드리스Simon Jakob Drees. 중국, 구소련, 인도 등을 순회하며 아시아 전통음악, 동유럽 민속음악, 서유럽 클래식 음악을 포함한 범문화적 음악 지형을 구축했다. 대표적인 예는 타이틀곡 '잭이 노래하네Jack Singt.' 칸토르의 오페라 스타일, 몽고의 민속창법, 현대음악의 미니멀리즘을 조합했다.

ALEXANDRIA KLEZTET

Y2Klezmer (1999) Kleztet CD1

워싱턴 D. C. 지역의 4중주단. (알렉산드리아는 이집트가 아닌, 버지니아를 가리킨다.) 1998년 카유가 클레즈머 리바이벌 밴드의 클라리넷 연주자 세스 키벨Seth Kibel이 창설한 프로그레시브 계열의 음악 그룹. 전통적인 음악과 키벨의 음악을 사용하되, 재즈풍으로 리듬을 변주한다. 자메이카 댄스홀 음악의 강렬한 리듬에 중동 멜로디를 씌운 '클레즈머로빅스 Klezmerobics', 카유가 스타일의 록 다이내믹을 담은 '결혼식에서Fon Der Choope'와 '건포도와 아몬드Rozhinkes mit Mandlen'는 밴드의 독창적인 면모를 한껏 뽐내지만, 음반 전체가 그런 건 아니다.

AMBARCHI/AVENAIM

The Alter Rebbe's Nigun (1999) Tzadik TZ7131

오렌 암바르치Oren Ambarchi와 로비 아베나임Robbie Avenaim은 루바비치 하시디즘('원로 레베'라 불리는 슈니어 잘만Schneur Zalman of Liadi에 뿌리를 둔 하시디즘의 한 분파)의 제자로 알려

• • •

1 본문에서 언급되었던 연주자와 밴드 이름은 영문 표기 없이 한국어로만 표기했으며, 음반명과 곡명은 독자들의 검색을 돕기 위해 (본문에 소개되었더라도) 영문 타이틀을 함께 기입하였다(역주).

져 있으며, 호주의 펑크 밴드 플렘Phlegm의 멤버로도 활동한 바 있다. 너무나 다른 이 두 영역이 〈원로 레베의 니군The Alter Rebbe's Nigun〉 음반에 결합되어 나타난다. 모두 네 곡이 실려 있는데, 카발라(유대 신비주의)의 네 가지 세계에 기초한 음악으로 연주 시간이 다소 길다. 극도의 하드코어 펑크, 인더스트리얼 록, 프리재즈, 끼익거리는 전자음향, 말하는 소리, 기타 노이즈 등이 상당 부분을 차지하지만(가끔은 이 모든 것이 한꺼번에 나타나기도 한다.), 확실한 것은 표면적인 소음 아래 이디쉬 어법이 풍부하게 넘쳐난다는 점이다. 다른 세상에나 있을 법한 우주적이고 영적인 사운드트랙 느낌을 주는 것도 이 때문이다.

ATZILUT

Souls on Fire: Music for the Kabbala (1998) Arc Music EUCD1444

여덟 곡의 어쿠스틱 앙상블 음악이 담긴 음반. 유대교 전례음악, 아랍음악, 클레즈머를 섞어 만든 '무아경에 빠진 히브리 신비주의 음악'이라 할 수 있다. 카발라 경전을 노래하는 칸토르 잭 케슬러Jack Kessler와 함께 어우러지는 월드비트 양식의 즉흥연주가 돋보인다. 인도 스타일의 타악기가 중심을 이루며, 바이올린이 가끔 클레즈머 멜로디를 연주하지만, 구세계 음악의 장식음은 없다. 여러 문화권의 음악을 아우르는 흥미로운 음반.

AUFWIND

Avek di Yunge Yorn (1996) Misrach MSR0144-2

1984년 동베를린에서 창단된 밴드. 공식적으로 검열 받은 연주자 외에 모든 공연을 금지하던 동독에서는 아우프빈트Aufwind 밴드의 창단 자체가 동독 정책에 대항하는 행위였다. 독일인 연주자들은 스스로 이디쉬어를 배웠고, 철의 장막 안에서 클레즈머와 이디쉬 노래를 습득했다. 미국으로 연주 여행을 했고, 최고의 뮤지션들과 교류했다. 구세계 멜로디와 이디쉬 민속음악을 결합하여 명성을 얻었고, 아카펠라 합창으로 편곡된 몇몇 곡에서는 맨해튼 트랜스퍼Manhattan Transfer 같은 재즈-카바레 밴드 느낌도 난다.

AUSTIN KLEZMORIM

East of Odessa (1995) Global Village 170

그룹 이름이 암시하듯, 오스틴 클레즈모림Austin Klezmorim의 연주는 오데사보다 텍사스에 가깝다. 〈오데사의 동쪽East of Odessa〉 음반에 수록된 '비로비잔Birogidjan'에서 하워드 칼리쉬

Howard Kalish가 흥겹게 연주하는 피들 솔로만 들어봐도 그렇다. 그러나 사실상 오스틴 클레즈모림은 웨스턴 스윙보다 뉴올리언스 재즈의 영향을 받았고, 아코디언과 보컬을 주로 사용하는 유대음악 성격이 강한 밴드이다. 음반에 실린 음악 편곡은 놀라울 정도로 정직하다. 1920년대 고전적인 이디쉬 밴드를 연상시킬 정도이다. 포크송('툼발랄라이카Tumbalalaika'), 극장음악('건포도와 아몬드Rozhinkes mit Mandlen'), 춤곡, 독창적인 창작곡이 실려 있으며, 타이틀 곡이라 할 수 있는 8분 길이의 곡 '커다란 스크롤Big Megillah'은 퓨림 이야기를 위트 있게 전해주는 힙스터 자이브-재즈라 할 수 있다.

STEVEN BERNSTEIN

▌ *Diaspora Soul* (1999) Tzadik TZ7137

트럼펫 연주자 스티븐 번스타인Steven Bernstein은 다운타운 재즈 밴드 섹스몹Sex Mob의 창설자/리더이자, 존 루리John Lurie의 밴드 라운지리저드Lounge Lizards 멤버로도 참여한 바 있다. 〈디아스포라 소울Diaspora Soul〉에는 전통적인 유대음악을 뉴올리언스, 아프로-쿠바, R&B 양식으로 펑키하게 편곡한 음악이 담겨 있다. 번스타인은 색소폰, 오르간, 퍼커션, 워킹 베이스, 자신의 유려한 트럼펫 연주를 편곡에 사용했고, '루마니아, 루마니아Roumania, Roumania' 같은 이디쉬 노래, '평화를 만드는 사람들Oseh Shalom' 같은 기도음악, 칸토르 솔로 음악 등을 펑키한 음악으로 변모시켰다. 그러나 음악의 본질은 결코 잃지 않는다.

BOJBRIKER KLEZMORIM

Bojbriker Klezmorim (1996) Syncoop 5756 CD191

네덜란드의 6중주단. 아코디언과 클라리넷 중심의 음색으로 극장음악, 춤곡, 구세계 결혼행진곡을 프랑스 샹송과 독일 가곡의 감성으로 연주했다. 기본적인 편곡만 했고, 이스라엘/히브리 포크송 메들리는 1950년대 미국 바르미츠바에 사용해도 어색하지 않을 것 같다.

NAFTULE BRANDWEIN

▌ *King of the Klezmer Clarinet* (1997) Rounder 1127

클레즈머 클라리넷 연주의 거장 나프툴레 브란트바인의 위상을 완벽하게 입증한 음반. 이민 시기의 가장 중요한 두 명의 음악가 중 한 명(또 한 명은 데이브 타라스)의 음악을 모두 모아 재발매했다는 데 큰 의미가 있다. 브란트바인이 남긴 녹음은 많지 않다. 그래서

1922~1926년에 녹음한 25개의 트랙이 담긴 이 음반과, 1941년 그의 마지막 시기에 녹음한 네 곡은 무척 귀중한 자료로 남아있다. 이들 음악 중 상당수가 현대 클레즈머의 기본 레퍼토리가 되었고, 실제로 오늘날 음악가들이 가장 많이 소장하고 있는 클레즈머 음반이 바로 이 음반일 것이다. 여기에 수록된 음악이 얼마나 중요한지는 설명할 필요도 없다. 헨리 사포즈닉과 딕 스포츠우드Dick Spottswood가 공동제작했다.

BRAVE OLD WORLD

Klezmer Music (1990) Flying Fish FLY560

▌ *Beyond the Pale* (1994) Rounder 3135

▌ *Blood Oranges* (1999) Red House RHR134

브레이브 올드 월드 밴드의 첫 번째 CD 〈클레즈머 음악Klezmer Music〉에는 밴드 자체의 색깔보다 구세계의 색깔이 더 진하게 드리워져 있다. 앞으로 브레이브 올드 월드가 어떤 밴드가 되어야 할까, 깊이 고민하는 모습이다. 마이클 앨퍼트가 노래하는 이디쉬어 보컬 음악의 반주 밴드가 될 것인가? 19세기 동유럽 스타일을 연주하는 현대적인 그룹이 될 것인가? 아니면, 다양한 클레즈머 음악과 이디쉬 양식을 역사적으로 재연하는 그룹이 될 것인가?

〈울타리를 넘어서Beyond the Pale〉는 브레이브 올드 월드가 야심찬 기획으로 획기적인 도약을 이룬 음반이자, 밴드의 정체성을 한데 응집한 음반이라 할 수 있다. 유럽-미국을 아우르는 주제와 음악, 정치적 색채, 클레즈머가 아닌 음악의 영향까지 섞여 있다. ('울타리를 넘어서'는 일종의 중의법으로 러시아 서부 지역 밖으로 나가지 못했던 유대인의 페일[울타리] 거주지를 암시하기도 한다.) '화려한 도이나Doina Extravaganza'는 현대 클래식 음악에서 아이디어를 가져왔으며, 노래와 노래가 경계 없이 서로 흘러 들어간다. 구세계 음악 양식과 멜로디를 많이 가져올수록 브레이브 올드 월드는 현대적인 앙상블로 빛을 발한다. 또한 조엘 루빈 대신 클라리넷을 연주한 쿠르트 비욜링은 밴드 연주를 더욱 열정적으로 만들어준다. 재즈의 영향을 강하게 받은 비욜링의 연주는 '집에서 아이들을 부르는 소리Rufn di Kinder Aheym'의 솔로 부분에서 더욱 두드러진다.

〈블러드 오렌지Blood Oranges〉에서 브레이브 올드 월드는 비로소 약속을 지켰다. 클레즈머를 새로운 유대 예술음악으로 격상시키면서 원래 춤곡의 흥겨움이나 구세계의 비탄 어린 감성도 잃지 않았다. 역동적인 현대판 모음곡이다. 단순히 구세계 음악을 재연하는 것이 아니라, 혁신적인 클레즈머 음악을 만드는 밴드라는 점에도 더 이상 의문의 여지가 없다. 마이클 앨퍼트는 바드혼 역할까지 완벽하게 소화하며 "샌프란시스코에서 브레스트리토프스크에 이르기까지 모든 이디쉬 세계에" 브레이브 올드 월드를 소개했다.

비틀즈가 〈페퍼스 론리 하츠 클럽 밴드Sgt. Pepper's Lonely Hearts Club Band〉에서 이전의 모든 음악을 완전히 새롭고 혁신적인 모습으로 재조합했듯이, 〈블러드 오렌지〉도 클레즈머 리바이벌 시기를 통틀어 가장 위대한 성과로 평가되며, 이후에 등장하는 모든 성과물을 판단하는 잣대가 되었다. 앨런 베른이 음반 해설에서 언급했듯이, 〈블러드 오렌지〉는 클레즈머에 굳건히 뿌리 내리면서 "그 밴드만의 자유를 만끽하는 음악"을 성공적으로 창조해낸 음반이다.

WALLY BRILL

The Covenant (1997) Six Degrees/Island 314-524 422-2

전자음악과 카발라의 만남. 음악 감독이자 프로듀서인 월리 브릴이 놀랍도록 혁신적인 음악을 선사한다. 20세기 초에 녹음된 칸토르의 보컬을 샘플링하고, 이를 중심으로 신시사이저와 라이브 연주가 그루브를 만들며 월드비트 텍스처를 형성한다. 인기 있는 월드뮤직 그룹인 딥 포리스트가 동유럽 민속음악을 재료로 만든 음악과 비슷한 방식으로, 다양한 음악을 각각 도드라지게 병치시켜 놓았다. 예컨대, 퍼커션 연주로 인더스트리얼/힙합 음악 루프가 흐르는 가운데, 죽음의 수용소에서의 생활을 반추하는 아우슈비츠 생존자의 목소리가 들려온다. 그리고 사이사이에 칸토르 사무엘 말라프스키가 "우주의 주님Riboin Haolomim"이라 외치며 통곡한다('일상적인 날A Typical Day'). 클레즈머라 칭하기는 어려울 수 있으나, 이렇게 여러 세대를 한데 아우르는 음악을 탄생시킨 원동력은 실험성 강한 클레즈머 퓨전을 탄생시킨 원동력과 다르지 않다.

EMIL BRUH

Klezmer Violinist and Instrumental Ensemble (1985) Global Village 102

1950년대 녹음을 재발매한 음반. 이디쉬 극장음악과 민속음악을 소편성 앙상블로 편곡했고 에밀 브루Emil Bruh가 바이올린을 연주했다. 브루의 연주는 집시음악의 영역을 넘나들고 있으며, 가끔은 감정에 치우치기도 하지만, 가끔 놀랄 정도로 생생한 클레즈머 사운드를 들려준다. 20세기 클레즈머 바이올린을 감상할 수 있는 상당히 이례적인 녹음이나, 카세트

로만 유통되며 잡음도 들린다.[2]

BUDOWITZ

▌*Mother Tongue* (1997) Koch/Schwann 3-1261-2

유럽의 대표적인 클레즈머 밴드. 클래식 음악계의 '고음악 연주'에 해당되는 클레즈머 음반이라 할 수 있다. 밴드 리더인 조슈아 호로비츠는 구세계 클레즈머를 연구한 학자이자, 침블·19세기 버튼 아코디언('부도비츠'라는 이름을 가진 사람이 제작) 연주자이기도 하다. 부도비츠 밴드는 1800년대 동유럽에서 연주되었을 법한 클레즈머 음악을 연주한다. 〈모국어Mother Tongue〉 음반은 '민속'음악, 댄스음악의 본질을 잃지 않으면서 우아한 실내음악으로 클레즈머를 선보인다. 그러면서도 90년대 후반 몇몇 클레즈모림이 시도했던 신新전통주의 흐름과도 맞닿아 있다. 호로비츠가 작성한 30페이지 분량의 해설 책자도 들어 있다. 자세한 정보가 빽빽하게 들어있다.

WARREN BYRD AND DAVID CHEVAN

Avadim Hayinu: Once We Were Slaves (1998) Reckless DC RMCD-1031

1998년 4월 라이브로 녹음된 피아노-베이스 2중주. 아프리카계 미국인과 유대계 미국인 간의 음악적, 영적 연관성을 탐구한다. 피아니스트 워렌 버드Warren Byrd와 베이스 연주자 데이비드 셰반David Chevan은 전통적인 유대교 기도음악과 흑인 가스펠 음악을 재즈풍으로 연주함으로써 문화간 대화를 유려하게 이어간다.

DON BYRON

▌*Plays the Music of Mickey Katz* (1993) Elektra/Nonesuch 79313-2

돈 바이런은 7년간 클레즈머 콘서바토리 밴드 멤버로 활동한 클라리넷 연주자. 음악으로 당대를 풍자하던 미키 카츠를 되찾은 음반이다. 거의 잊혀졌던, 혹은 농담을 일삼던 음악 패러디스트 정도로 남아 있던 카츠가 바이런 덕분에 다시 살아났다. 밴드 리더이자 코미디언인 카츠가 진보유대문화의 선구자가 된 것이다. 이디쉬의 깊은 우물을 끌어와 미국 문

* * *

2   2003년 CD로 재발매되었다(역주).

화, 특히 미국의 유대문화를 설명하고 때로는 신랄하게 비판을 가했다는 점을 바이런이 높이 평가한 것이다. 정교한 콘체르토 양식의 카츠 음악을 재창조하기 위해 바이런은 올스타 캐스팅을 단행했다. 마크 펠트만Mark Feldman(바이올린), 마사다 실내 앙상블의 데이브 더글라스(트럼펫), 유리 케인(피아노), 클레즈머틱스의 로린 스클램베르그(보컬)가 함께 했다.

SHLOMO AND NESHAMA CARLEBACH

Ha Neshama Shel Shlomo (1998) SISU NDN 183656

슐로모 칼레바흐Shlomo Carlebach의 후기 작품은 너무 많아 전체를 다룰 수가 없다. 다만 하시디즘 기도음악을 포크록으로 변모시킨 과감한 혁신은 그의 전작全作을 통틀어 가장 큰 성과로 평가될 법하다. 이 음반은 1994년 칼레바흐가 세상을 떠나기 2주 전에 완성된 유작遺作으로, 그의 딸 네샤마Neshama에게 바통을 넘기는 작업이었다. 네샤마 칼레바흐는 깊고 풍부한 목소리를 유감없이 뽐내며, 아버지가 세상을 떠난 후 아버지의 영적 음악과 이야기를 전세계에 전하는 데 온 힘을 쏟고 있다. 이 음반에서 네샤마는 따뜻하고 사랑스럽고 소울 가득한 전령사 역할을 한다. 그의 아버지가 현대 유대음악에 불어넣어준 활기찬 열정을 전해주기에 손색이 없다.

CAYUGA KLEZMER REVIVAL

▌ *Klezmology* (1998) Corncake CCD-663-27

지명도가 다소 낮은 뉴욕 기반의 클레즈머 밴드. 구세계 멜로디와 리듬을 변형시켜 현대 청중과 소통하는 데 주력한다. 〈클레즈몰로지Klezmology〉는 카유가 클레즈머 리바이벌 밴드의 유일한 음반. '홍가 댄스Honga Tanz'는 현대의 히피, 잼록 콘서트에도 어색하지 않을 음악이며, '오데사 불가Odessa Bulgar'는 밴조, 바이올린, 전자기타의 다이내믹한 대화를 들려준다. 메들리곡 '황금 날개Shamil/Golden Wings'는 하드록과 하시디즘 퓨전이라 할 수 있는데, 제쓰로 툴Jethro Tull이 록과 영국 포크를 섞은 프로그레시브 퓨전과 비슷하다. 안타깝게도 지금은 해체되어, 위트 섞인 정교함으로 클레즈머-팝 퓨전을 만들어내는 밴드로는 클레즈머틱스가 유일한 밴드가 되어버렸다.

CHICAGO KLEZMER ENSEMBLE

Sweet Home Bukovina (1998) Oriente/Rien CD13

클라리넷 연주자 쿠르트 비욜링이 1984년에 창단한 그룹. 구세계 클레즈머를 탁월하게 연주하는 어쿠스틱 밴드로 유명하다. 비욜링은 성실한 학생이자 편곡자로, 시카고 클레즈머 앙상블에 클래식 음악의 품위를 더해준다. 더할 나위 없을 정도로 우아한 숨결이 느껴지는 이유이다. 조쉬 후퍼트Josh Huppert(바이올린), 데보라 슈트라우스Deborah Strauss(바이올린), 이브 몬칭고Eve Monzingo(피아노), 알 에리히Al Ehrich(베이스) 등 당대의 유명 연주자들이 함께 했다. 이들 모두 중심 멜로디에 천착하면서도 자신만의 연주로 개개인의 개성을 한껏 드러낸다.

CINCINNATI KLEZMER PROJECT

Klezmer's Greatest Hits (1998) Mastersound/Intersound 3591

이 음반 발매 후 얼마간 같은 이름의 음반을 발매하는 밴드들이 여럿 생겨났고, 신시내티 클레즈머 프로젝트Cincinnati Klezmer Project에 미치지 못하는 음반들도 등장했다. 이 음반은 그리 나쁜 시작은 아니었다. 기본 춤곡과 유명한 멜로디가 수록되었고, 클라리넷 연주자 미셸 진그라스Michele Gingras도 다른 리드 악기 없이 소규모 앙상블 리더 역할을 충실히 해냈다. 이디쉬 극장음악과 민속음악, 히브리/이스라엘 음악, 《지붕 위의 바이올린》에 나온 노래까지 다양한 음악이 들어 있다. 이렇게 잡다한 노래들을 〈클레즈머 최고의 히트곡Klezmer's Greatest Hits〉이라 말할 수 있느냐고 트집 잡을 수도 있겠다. 그러나 전후戰後 시기에 미국 청중이 주로 들었을 법한 음악이 아마 이 음반에 수록된 곡들일 것이다.

ANTHONY COLEMAN

▌*Sephardic Tinge* (1995) Tzadik TZ7102

Selfhaters (1996) Tzadik TZ7110

I Could've Been a Drum (Roy Nathanson and Anthony Coleman) (1997) Tzadik TZ7113

The Abysmal Richness of the Proximity of the Same (Selfhaters) (1998) Tzadik TZ7123

Morenica (Sephardic Tinge) (1998) Tzadik TZ7128

〈세파르디 빛깔Sephardic Tinge〉 음반은 젤리 롤 모턴의 재즈·라틴·세파르디 음악에 감화된 키보드 연주자 앤서니 콜먼이 내놓은 아름다운 유대-라틴 퓨전음악. 마사다 멤버인 그레그 코헨(베이스), 조이 배런(드럼)과 함께 연주한 트리오 음반이다. 콜먼의 창작곡, 모턴과 텔로니어스 멍크의 노래, 이디쉬 노래의 고전 '벨즈Belz'의 멋진 아프리카-쿠바 버전이 수록되어 있다. 〈모레니카Morenica〉 음반에서도 콜먼은 여전히 원곡과 재즈 피아노 전통에 충실한 모습을 보여준다.

콜먼의 밴드 셀프헤이터스는 〈세파르디 빛깔〉과는 상당히 다른 음악을 선보인다. 〈자기혐오자들Selfhaters〉 〈같음에 끝없이 다가서는 심오한 풍요로움The Abysmal Richness of the Proximity of the Same〉 음반을 들어보면, 트럼펫, 클라리넷, 트롬본, 색소폰, 아코디언, 첼로, 밴조, 오르간, 보컬 등을 다양하게 조합하며 소규모 앙상블(4중주, 5중주)을 선보인다. 불협화음을 효과적으로 사용하고 그룹 즉흥연주를 시도하며 유대인의 정체성을 탐색해간다. 〈자기혐오자들〉에는 재즈 원곡을 자유로운 즉흥연주로 풀어놓은 곡들이 담겨 있는데, '사랑이 무엇인지 당신은 모릅니다You Don't Know What Love Is' '더 무취The Mooche' 같은 기본 재즈넘버는 사실상 원곡을 가늠하기 어려울 정도이다. 그런가 하면, 〈같음에 끝없이 다가서는 심오한 풍요로움〉에서 콜먼은 존 케이지, 모턴 펠트만 같은 현대음악 작곡가들의 형식과 기법을 차용한다. 두 음반 모두 놀라울 정도로 도발적이지만, 쉽게 들을 수 있는 음악은 아니다.

네이던슨Roy Nathanson과 콜먼의 듀엣 음반 〈난 드럼이었을 거야 Could've Been a Drum〉는 〈세파르디 빛깔〉보다 〈셀프헤이터스〉에 가깝다. 로이 네이던슨은 여러 종류의 색소폰과 리코더를 연주하고, 콜먼은 전자음악 샘플·피아노·오르간 등을 사용하여 실험적인 음악을 선보인다. 예컨대, '아모르L'Amore'를 들어보면, 이웃집 사람이 색소폰 스케일 연습을 하는 동안(연주를 잘 하는 것은 아니지만) 고질라가 코를 골고 있는 장면을 연상시킨다. 한편, '러믈Rumle'에서는 네이던슨과 콜먼의 꽤 서정적인 듀엣을 감상할 수 있다.

MIKE CURTIS KLEZMER QUARTET (Oomph 참조)

Street Song (1997) Louie 006

마이크 커티스 클레즈머 사중주단Mike Curtis Klezmer Quartet 연주자들의 재즈 연주 경험이 유용하게 작용한 음반. 셰르, 호라, 프레이레흐 등 전통 춤곡을 원곡에 충실하면서도 스윙 재즈처럼 자신 있게 연주한다. 클라리넷 연주자 커티스와 키보드 연주자 데이브 레슬리Dave Leslie(둘 다 움프Oomph 밴드의 멤버이기도 하다.)가 창작곡을 몇 곡 쓰기도 했다. 레슬리의 '카시미어즈Kasimierz'와 '알카자바Alcazaba' 등 몇몇 곡은 라틴음악과 재즈가 뒤섞인 일종의 칵테일 클레즈머 음악이라 할 수 있다. 흥미로운 퓨전음악이다.

DAVKA

Davka (1994) Interworld CD-809132

Lavy's Dream (1996) Interworld 922

Judith (1999) Tzadik TZ7135

1992년에 창단된 샌프란시스코 기반의 고전적인 어쿠스틱 트리오. 월드비트를 가미한 이 디쉬 기악음악 창작곡을 발표해왔다. 다니엘 호프만Daniel Hoffman의 유대 바이올린 연주가 지속저음 위에서 춤을 추고, 모세 세들러Moses Sedler의 첼로는 대위 선율을 연주한다. 거기에 다양한 타악기와 둠벡·자르브 같은 핸드 드럼이 어우러져 이국적이고 코스모폴리탄 색채가 강한 음악을 만들어낸다. 인도에서 출발하여 아프리카, 중동, 영국을 휘익 돌아 동유럽으로 돌아온 것만 같다. 〈유딧Judith〉에서는 브레이브 올드 월드 밴드의 스튜어트 브로트만이 베이스와 침발롬을 연주한다. 의도했든 아니든 간에 노래를 확장시킨 기악 모음곡 음반이라 할 수 있다. 눈을 감고 18세기 폴란드 귀족이 되었다 생각하고 이 음악을 들어보길 바란다. 탁월한 코스모폴리탄 클레즈머 트리오 연주를 즐기고 있는 귀족 말이다.

DI NAYE KAPELYE

▌*Di Naye Kapelye* (1998) Oriente RIEN CD 17

밴드 이름 '디 나예 카펠례Di Naye Kapelye'란 이디쉬어로 '새로운 밴드'라는 뜻이다. 하지만 1989년에 창단된 부다페스트 기반의 이 밴드는 구세계의 전통 클레즈머를 주로 연주한다. 집시음악이나 헝가리·루마니아 지방의 퍼커션 음향이 강조된 민속음악의 영향을 많이 받았다. 바이올린 연주자이자 보컬리스트인 밥 코헨Bob Cohen이 헝가리, 루마니아, 몰도바의 유대인과 집시 뮤지션들을 직접 찾아가 만난 덕분이다. 길거리 밴드의 역동적 즉흥성이 흠뻑 배어 있다.

MARTY EHRLICH

Sojourn (1999) Tzadik TZ7136

클라리넷과 색소폰을 연주하는 마티 에를리히의 아름다운 신작을 그의 트리오 밴드 다크우드 앙상블Dark Woods Ensemble이 연주한 음반. 트리오 멤버인 에릭 프리들랜더(첼로), 마크 헬리아스Mark Helias(베이스) 외에 마크 리봇(기타)도 합류했다. 에를리히는 이미 신新고전주의 성향의 음악을 발표하고, 앤서니 브락스턴Anthony Braxton, 줄리어스 헴필Julius Hemphill, 무할 리차드 아브람스Muhal Richard Abrams 등 아방가르드 재즈 뮤지션과 공동작업을 진행하며 유명세를 탄 뮤지션이었다. 그러나 이 음반은 어쿠스틱한 편곡으로 재즈나 친밀한 클래식, 차분한 멜로디와 민속음악 같은 분위기를 자아낸다. 가끔은 격분한 듯 불협화음을 사용하기도 하지만 에를리히의 음악은 풍부한 텍스처와 색채를 항상 유지한다. 히브리 노래도 차용한다. ('엘리야: 두 번째 변주곡Eliahu: Second Variation'에 '엘리야 예언자Eliyahu HaNavi'가 사용되었다.) 창작곡 외에 밥 딜런의 '블라인드 윌리 맥텔Blind Willie McTell'을 인상적으로 바꿔 연주하고, '모지츠 니군The Modzitzer Nigun'도 들려준다.[3]

ENSEMBLE KLESMER

Live in Prag (1997) Extraplatte EX317-2

1994년 프라하 콘서트에서 창단된 빈 기반의 바이올린-베이스-아코디언 트리오. 밴드 리더 레온 폴락Leon Pollak은 클레즈머 주요 레퍼토리는 물론, 하시디즘 음악, 이디쉬 극장음악에 정통한 음악가로 이 음반 안에서 노래 솜씨도 선보인다. 가끔 폴락의 연주와 편곡이 클래식 음악 전공자의 면모를 보여주긴 하지만, 그의 연주와 레퍼토리에 걸맞은 포맷은 트리오임이 분명하다.

EPSTEIN BROTHERS ORCHESTRA

Kings of Freylekh Land: A Century of Yiddish-American Music (1995)

Spectrum/Wergo SM1611-2

데이브 타라스, 나프툴레 브란트바인과 함께 연주한 바 있는 엡스타인 브라더스가 황혼기에 남긴 음반. (클라리넷 연주자인 맥스 엡스타인이 프로 음악가로 데뷔한 지 70년 되는 해였다.) 앨범에 담긴 레퍼토리(구세계 댄스와 감상용 음악, 이디쉬 극장음악, 하시디즘 음악, 오리엔탈 폭스트로트, 카바레 노래)로 보나, 음악 양식으로 보나, 2차 세계대전 이후부터 1970년대 리바이벌까지 '잃어버린 시기'의 유대음악의 면면을 보여주는 소중한 음반자료이다. 조엘 루빈과 리타 오텐스Rita Ottens의 세세한 설명도 간과할 수 없는 중요한 자료이다.

• • •

3 '모지츠'는 하시디즘 그룹 중 하나이다(역주).

GIORA FEIDMAN

Jewish Soul Music (1973) Hed Arzi 15297

The Incredible Clarinet (1981) Pläne 88725

The Singing Clarinet of Giora Feidman (1987) Pläne 88582

The Magic of the Klezmer (1990) Pläne 88708

Gershwin and the Klezmer (1991) Pläne 88717

Viva El Klezmer (1991) Pläne 88712

이렇게 많은 음반을 내놓았다는 것만으로도 지오라 페이드만은 전세계에 클레즈머라는 복음을 전파하는 데 중요한 역할을 했다고 분명하게 말할 수 있다. 의심할 여지 없이 그는 많은 사람들이 클레즈머를 만날 수 있도록, 특히 유럽에서 클레즈머의 문을 활짝 열어준 인물이다. 실제로 페이드만과 클레즈머는 거의 동일어로 여겨지지만(음반 이름에 '클레즈머'라는 용어를 많이 사용했기 때문은 아니다.), 그럼에도 불구하고 그의 음반은 대표적인 클레즈머 음반으로 인정받지 못한다. 클레즈머에서 도출된 멜로디, 클레즈머가 아닌 다른 이디쉬 음악, 이스라엘·비유대인 음악을 자유롭게 섞고 조합하지만, 페이드만은 클레즈머의 기원이랄 수 있는 민속음악과는 완전히 다른 감성으로 연주하기 때문이다. 그 결과 페이드만의 독창적이고 소울 가득한, 게다가 때때로 재즈 감각까지 지닌 클라리넷 연주는 정교한 클래식 음악으로 분류되는 경우가 많다. 그래서 '팝스 오케스트라' 음악을 좋아하는 팬들에게는 쉽게 다가가지만, 진정한 클레즈머 팬들의 마음을 충분히 사로잡지는 못하는 것 같다.

페이드만의 음반이 대부분 그러하듯이, 〈유대 소울 음악Jewish Soul Music〉도 히브리 기도음악, 이스라엘 민속음악, 브로드웨이 음악, 창작곡, 이디쉬 춤곡 등 광범위한 클레즈머 레퍼토리를 선보인다. 그러나 어쿠스틱 기타와 베이스가 받쳐주는 페이드만의 연주는 과장된 감정 표현 없이 소박하고 간결하다. 이후 녹음된 페이드만 음악은 냉정하면서 장식이 과도한 데 비해, 이 음반에서 페이드만은 따뜻하고 친근한 클라리넷 연주를 들려준다. 페이드만 음반 가운데 단 하나만 소장하고 싶다면, 단연 이 음반을 권하고 싶다.

FINJAN KLEZMER ENSEMBLE

Crossing Selkirk Avenue (1993) Red House RHR57

Dancing on Water (2000) Rounder 3160 (NR)

음반 해설에도 나와 있지만, 셀커크 에비뉴는 동유럽 이민자들(폴란드, 우크라이나 이민자와 유대인 이민자)이 정착해 살던 도시 위니펙(캐나다)의 중심가였다. 〈셀커크 에비뉴를 가로질러Crossing Selkirk Avenue〉는 바로 이 지역에 헌정된 음반이다. 스윙, 블루그래스, 재즈를 어쿠스틱 사운드로, 위니펙 기반의 6중주단이 연주하는 이민 시기의 클레즈머 사운드로 엮어 놓았다. 핀잔Finjan 클레즈머 앙상블은 다양한 악기 연주를 특징으로 한다. 클라리넷, 바이올린, 베이스, 아코디언을 기본으로 연주하는 앙상블 멤버들은 추가로 한두 가지 악기를 더 연주하며 피아노, 색소폰, 기타, 하모니카, 기타, 밴조, 만돌린, 부주키, 드럼, 보컬 등을 모두 소화해낸다. 스스로 창조적인 연주를 하려고 애쓸 때 이 밴드는 최상의 모습을 보여준다. 반면, 있는 그대로 소박하게 연주할 때는 뭔가 개성이 없어지는 밴드이다.

KAILA FLEXER

Listen (Kaila Flexer and Third Ear) (1995) Compass 7 4226 2

Next Village (1999) Compass 7 4259 2

바이올린 연주자 카일라 플렉서는 클레즈머 가족 출신으로(조부와 큰 삼촌이 폴란드에서 클레즈머 연주자로 활동했다.) 단순히 클레즈머를 연주하기보다 넓은 시각에서 전통을 연주했다고 볼 수 있다. 클레즈머 리바이벌 그룹인 호첸플로츠의 창단 멤버였던 플렉서는 스스로 '컨트리와 동유럽'이라 지칭하는 음악을 계속해서 선보였다. 미국과 동유럽의 민속음악을 재즈풍으로 접근한 일종의 혁신적인 퓨전음악인데, 아코디언·마림바·퍼커션이 포함된 비르투오소 앙상블과 함께 연주한다. 위에 소개한 두 음반은 클레즈머라고 말하기 어려울 수 있지만, 여러 개의 클레즈머 선율이 사용되어 민속음악 팬이나 데이비드 그리스만의 팬을 만족시키기에 부족함이 없는 음반이다.

FLYING BULGAR KLEZMER BAND

The Flying Bulgar Klezmer Band (1990) Traditional Crossroads TCRO4293

Agada: Tales from Our Ancestors (1993) Traditional Crossroads TCRO4294

Fire (1996) Traditional Crossroads TCRO4295

▌ *Tsirkus* (1999) Traditional Crossroads TCRO4292

1987년에 창단된 토론토 기반의 밴드. 1990년에 녹음한 데뷔 음반에서 플라잉 불가 클레즈머 밴드는 클레즈머 리바이벌 밴드로서의 면모를 꾸밈없이 솔직하게 드러내 보인다. 〈아가다Agada〉는 상당한 도약을 이룬 음반으로, 데이비드 부흐빈더(트럼펫 연주자이며 밴드 창설자이자 리더. 밴드의 방향을 결정짓는 데 중요한 역할을 했다.)는 클레즈머와 재즈를 결합하는 다소 급진적인 시도에 몰두했다. 첫 번째 트랙인 '쿠킹 불가Cooking Bulgar(s)'는 관습적인 방식으로 연주되다가 티토 푸엔테Tito Puente 풍의 살사로 변모한다. 〈불Fire〉은 보컬 아드리엔느 쿠퍼가 게스트로 참여한 라이브 앨범으로, 플라잉 불가의 음악적 성과를 요약한 음반이다.

〈치르쿠스Tsirkus〉의 타이틀 트랙 '치르쿠스Tsirkus'는 데이브 월Dave Wall의 이디쉬어 노래를 재즈 록 밴드인 스틸리 댄 스타일로 바꾸고, 그 안에 사이키델릭한 서커스 뮤직을 사이사이 넣은 음악이다. 두 번째 곡인 '플로라Flora'는 요셉 모스코비츠의 멜로디를 트럼펫과 일렉기타로 연주한 멋진 듀엣곡이다. 시詩와 민속 발라드를 사용한 이디쉬 노래(전통적인 노래와 새로운 노래 모두)를 재즈풍으로 바꾸면서 급진적인 밴드의 면모를 보여주는 음반이다. 이 음반으로 플라잉 불가는 클레즈머틱스, 브레이브 올드 월드와 어깨를 나란히 겨누게 되었다.

FREILACHMAKERS KLEZMER STRING BAND

The Flower of Berezin (1990) EDDAL98

캘리포니아 사크라멘토 기반의 5중주 밴드가 연주하는 흥미로운 퓨전음악. 옛날 클레즈머 멜로디와 미국의 옛날 스트링 밴드 음악에 아일랜드·발칸 음악을 가미했다. 밴드 이름에서도 알 수 있듯, 호른이 빠져 있고, 만돌린·밴조·기타·발랄라이카·베이스·피들로 경쾌하고 기교적인 연주를 선보인다. 밴드 멤버들은 먼저 원곡을 공부한 후 전통적인 스트링 밴드 음악 팬들이 만족할 만한 사운드로 멋지게 변모시켰다.

ERIK FRIEDLANDER

▌ *The Watchman* (1996) Tzadik TZ7107

첼리스트 에릭 프리들란더의 4중주단(첼로, 베이스, 클라리넷, 베이스 클라리넷) 키메라가 프리들란더의 창작곡 여덟 곡을 연주한 음반. 1분 30초 길이의 곡부터 12분 길이의 곡까지 다양하다. 미국 유대인 작가 마크 헬프린Mark Helprin의 단편소설에 감화되어 만든 음악인데, 헬프린의 이야기처럼 드라마와 영웅주의로 점철되어 있다. 신新고전 재즈 양식이라 할 수 있으며, 중동 색채가 강한 '나지메Najime'도 포함되어 있다.

BOB GLUCK

▮ *Stories Heard and Retold* (1998) Electronic Music Foundation EMF008

어디선가 발견한 소리, 주변에 부유하는 소리, 컴퓨터로 만든 음악 등을 전자음향으로 모아 만든 콜라주 음반. 과거로 회귀하는 시간 여행을 하는 듯하다. 현대의 유대인 예배부터 (유대인 구루 잘만 샤흐터-샬로미Zalman Schachter-Shalomi의 기도소리도 들린다.) 세계대전 이전 시기까지, 이디쉬어를 구사하는 유럽을 거쳐 성서 시대까지 거슬러 올라가, 음악을 들으며 '바닷속 요나'가 겪는 어려움까지 직접 경험하게 된다. 이러한 과정에서 밥 글룩은 '유대음악'이 단순히 관습적인 악기로 연주하는 선율 이상의 것임을 깨닫게 만든다. 말하자면, 유대음악은 예배 전에 대기실에서 서성거릴 때부터 기도서를 넘기는 순간까지, 모든 삶의 의례 안에 두루 스며있다는 것이다.

GOJIM

Tscholent (1994) Extraplatte EX207-2

호주의 비유대인 앙상블(그래서 밴드 이름도 고임Gojim, 즉 이방인이다.)이 이방인의 감성을 섞어 이디쉬 춤곡과 민속음악을 연주한 음반. 플루트, 어쿠스틱 기타, 소프라노 색소폰, 아코디언이 주로 사용되었다. 〈촐렌트Tscholent〉에 담긴 중부유럽의 감성은 구세계 슈테틀보다 19세기 말의 빈을 느끼게 한다. '오데사 불가Odessa Bulgar'에는 말馬을 흉내 내는 소리가 나오는데, 앞선 클레즈머 역사에 전례가 있었다는 얘기도 있다. 이를테면, 유명한 클레즈머 학자 마틴 슈바르츠에 의하면, 나프툴레 브란트바인의 초기 음반 뒷면에도 동물농장 소리를 코믹하게 모방한 부분이 있다고 하나, 고임 밴드가 의도적으로 브란트바인을 의식한 것인지는 알 수 없는 일이다.

BEN GOLDBERG (New Klezmer Trio 참조)

Junk Genius (Goldberg/Schott/Dunn/Wollesen) (1995) Knitting Factory Works KFW160
Here by Now (1997) Music & Arts CD-1004

Eight Phrases for Jefferson Rubin (1998) Victo CD057

▌ ***What Comes Before*** (Goldberg/Schott/Sarin) (1998) Tzadik TZ7120

1980년대 중후반에는 더 클레즈모림 멤버로, 1990년대에는 뉴 클레즈머 트리오 리더로 활동한 벤 골드베르그. 그는 분명 클레즈머 역사에 각인될 걸출하고 진취적인 클라리넷 연주자였다. 위에 언급한 네 음반 가운데 '유대음악'이라 일컬을 수 있는 것은 차딕의 진보유대문화 시리즈로 발매된 〈앞서 오는 것What Comes Before〉이 유일하다. 그 중 골드베르그/숏/둔/월러슨의 '저녁기도노래Night Prayer Song'는 조용하면서도 인상적인 앰비언트 음악으로, 골드베르그가 뉴 클레즈머 트리오가 아닌 다른 연주자들과 만든 대부분의 음악과 상당히 비슷하다.

유대음악으로 보이건 아니건 간에, 골드베르그의 연주와 작품에는 항상 클레즈머 음악 경험이 녹아들어 있다. 뉴 클레즈머 트리오와 작업한 골드베르그의 음악을 좋아한다면, 이 음반에서 부분적으로 보여준 그의 실험적 면모에 깊이 빠져들 수도 있다.

골드베르그의 진가가 드러난 음반 〈정크 지니어스Junk Genius〉에는 존 숏(기타), 트레보 둔Trevor Dunn(베이스), 케니 월러슨Kenny Wollesen(드럼)이 동참했다. 버드 파월Bud Powell, 찰리 파커Charlie Parker, 디지 길레스피Dizzy Gillespie, 마일스 데이비스의 비밥 음악이 담긴 음반인데, '코코Koko' '핫 하우스Hot House' '도나 리Donna Lee' 등 클래식한 재즈넘버가 완전히 새로운 색채를 띠고 나타난다. 진보적인 음악가들 덕분이다.

〈지금쯤 여기에Here by Now〉에서 골드베르그는 연주자로서, 작곡가로서 재능을 한껏 뽐낸다. 벤 골드베르그 트리오와 둔(베이스), 엘리엇 홈베르토 카베Elliot Humberto Kavee(드럼)가 함께 연주했다. 뉴 클레즈머 트리오 음반과 마찬가지로 골드베르그의 노력이 엿보이는 음반이다. 숏(기타), 마이클 사린Michael Sarin(드럼)을 포함한 6중주 연주의 〈제퍼슨 루빈을 위한 여덟 구절Eight Phrases for Jefferson Rubin〉은 35세의 나이로 숨진 골드베르그의 어릴 적 친구를 위한 헌정 음반이다.

GOLDEN GATE GYPSY ORCHESTRA

The Travelling Jewish Wedding (1981) Rykodisc 10105

1976년 10여 명의 아마추어 및 준프로 음악가들이 캘리포니아 마린 카운티에서 결성한 자유분방한 어쿠스틱 민속음악 앙상블. 이 밴드의 최초이자 유일한 음반이다. 하시딕 니구님, 이스라엘 러브송, 우크라이나·러시아 춤곡, 세파르디 민속음악, 브람스, 탱고까지 담겨있다. 모든 음악을 집시풍으로 연주하고 있어 좋든 싫든 클레즈머와 집시음악의 경계가 불분명하게 느껴진다.

GREAT JEWISH MUSIC (여러 음악가들)

Great Jewish Music: Burt Bacharach (1997) Tzadik TZ7114-2
Great Jewish Music: Serge Gainsbourg (1997) Tzadik TZ7116
Great Jewish Music: Marc Bolan (1998) Tzadik TZ7126

작곡가이자 연주자인 버트 바카락, 마크 볼란, 세르쥬 갱스부르에게 바치는 헌정 음반. 다양한 다운타운 음악가들이 연주에 참여했고, 차딕의 '위대한 유대음악' 시리즈로 발매되었다. 가장 큰 성공을 거둔 것은 바카락 음반이었다. 그의 노래는 많은 사람들이 익히 알고 있었기 때문에 숨겨진 음악과 그 의미를 찾아내 새롭게 조명만 하면 되었다. 이를테면, 프레드 프리스가 "당신은 다른 세상에서 온 사람"이라는 가사를 계속 읊조리고 있으면 '기차와 배와 비행기Trains and Boats and Planes'라는 노래는 완전히 새로운 의미를 갖게 된다. 별다를 것이 없다 하더라도, 션 레논, 엘리엇 샤프Elliot Sharp, 액시드 재즈 트리오 메데스키 마틴 앤 우드Medeski Martin & Wood가 색다른 버전으로 만들어 놓은 노래들, 예컨대, '사랑의 모습The Look of Love' '안녕, 푸시캣What's New Pussycat' '지금 세상에 필요한 건 사랑What the World Needs Now Is Love' 등을 듣는 것만으로도 기억에 남을 음반이다.

세르쥬 갱스부르는 모든 방송이 금지했음에도 영국에서 인기차트 1위를 차지한 최초의 음악가임을 자랑한다(좀 미심쩍은 기록이지만). '사랑해... 더할 나위 없이Je t'aime...moi non plus'가 바로 그 곡인데, 불어 발음의 선정적인 사운드와 깊은 숨소리가 섹스를 암시하고 있어 검열관들을 당혹케 했다. (미국에서는 인기차트에 거의 들지 못했다.) 러시아계 유대인 부모님에게서 태어나 프랑스 대중음악의 슈퍼스타 반열에 오른 갱스부르의 원래 이름은 루시엥 긴즈버그Lucien Ginsburg. '치명적 권태Ce Mortel Ennui' '지독한 독약, 이건 사랑Un Poison Violent, C'est ca L'amour' '잃어버린 사랑Les Amours Perdues' '69세 에로틱한 나이69 Annee erotique' 등의 노래를 들어보면, 그의 어둡고 음울하고 격정적인 면면이 그대로 드러나 있어 노래 제목을 해석할 필요조차 없어 보인다. 그의 노래 21곡이 차딕의 손을 거쳤다. 사이키델릭 팝 그룹인 치보 마토Cibo Matto, 메데스키 마틴 앤 우드, 프레드 프리스, 웨인 호르비츠 등이 참여했고, 존 존이 직접 보컬을 맡기도 했다(이건 존 존에게 드문 일이다.). 갱스부르의 어둡고 음울한 톤을 살리기 위해 원곡을 많이 바꾸지 않았다.

마크 볼란의 원래 이름은 마크 펠트. 영국 글램록 밴드인 티렉스 리더로, 그의 풍부한 상상력, 연극적 장치, 판타지 가득한 노래들은 이후 데이빗 보위David Bowie, 엘튼 존Elton John, 라몬즈The Ramones, 조니 로튼Johnny Rotten으로 이어졌다. 마크 볼란의 음악 역시 아르토 린드세이Arto Lindsay, 멜빈즈Melvins, 메데스키 마틴 앤 우드, 게리 루카스, 션 레논, 케이크 라이크 Cake Like 등 다운타운의 트렌디한 연주자들의 손을 거쳤다. 음악 저변에 깔려 있는 어두운 갈망은 크라머Kramer가 연주한 유명한 글램록 '겟 잇 온Get It On'에서 가장 뚜렷하게 나타난다.

HARRY'S FREILACH

Klezmer Tov! (1998) Nightingale NGH-CD-457

해리 팀머만Harry Timmermann은 특유의 사운드를 강렬하게 표출하는 독일 출신의 클라리넷 연주자이다. 자신이 이끄는 소규모 밴드를 위해 편곡도 했는데, 상당한 재능을 감지할 수 있다. 다만, 선술집 연주를 연상시키는 아코디언 연주가 아쉬움으로 남는다.

HASIDIC NEW WAVE

▌ *Jews and the Abstract Truth* (1997) Knitting Factory KFW192

Psycho-Semitic (1998) Knitting Factory KFR203

▌ *Kabalogy* (1999) Knitting Factory KRF239

유대음악에 단단히 뿌리내린 채 진보적이고 즉흥적인 재즈를 구사한 그룹으로는 하시딕 뉴 웨이브를 따라갈 그룹이 없을 것이다. 특히 하시딕 뉴 웨이브의 첫 번째 앨범 〈유대인과 추상적인 진실Jews and the Abstract Truth〉은 진보적이면서 진정한 유대인 재즈, '히브 밥Hebe Bop'(하시딕 뉴 웨이브의 다른 앨범에 실린 노래 제목이기도 하다.)의 전형을 보여준다. 거의 전체가 포스트밥postbop, 프랭크 자파 풍의 퓨전 과정을 거쳐 탄생한 하시드 멜로디로 이루어져 있다. 하시딕 뉴 웨이브에 입문하는 사람이라면 반드시 출발점으로 삼아야 할 앨범이다. 공동 리더인 그레그 월Greg Wall과 프랭크 런던이 솔로 즉흥연주와 그룹 즉흥연주를 위해 현대판 하시드 레퍼토리를 깊이 연구한 결과물이기도 하다.

〈사이코-세미틱Psycho-Semitic〉은 데뷔 음반을 기반으로 하여 보다 독창적인 작품을 레퍼토리에 넣었고, 멤버들이 아방가르드 성향을 마음껏 발휘하도록 만들었다. 하시딕 뉴 웨이브 음악에 익숙하지 않은 청중에게는 좀 듣기 어려울 수 있다.

〈카발로지Kabalogy〉는 창작 활동에 밴드 멤버들이 모두 참여한 음반이다. 데이비드 피우

친스키David Fiuczynski(일렉기타), 아론 알렉산더Aaron Alexander(드럼), 피마 에프런Fima Ephron (베이스) 등이 윌, 런딘과 함께 작업했다. 〈사이코-세미틱〉보다 한결 듣기 편하다. 음반명과 동일한 타이틀곡은 그레그 윌의 스윙퓨전이며, 에프런의 사랑스럽고 서정적인 발라드 '베니니Benigni'는 중동과 마일스 데이비스가 만난 듯하다. 프랭크 런딘의 'H.W.N.'은 2분 동안 보컬 니군을 들려준 후, 동일한 선율을 악기로 다시 연주한다. 윌은 '프랭크 자파 기념 할례식The Frank Zappa Memorial Bris'을 밴드에 큰 영향을 미친 음악가에게 헌정했다. 딱 1분 길이이다. 그룹이 함께 편곡한 '사트머 하카포스 니군 3번Satmer Hakafos Ngn #3'은 완전히 엘링턴 스타일로, 과거의 〈유대인과 추상적인 진실〉 음반까지 연상시킨다.

SHELLEY HIRSCH

O Little Town of East New York (1995) Tzadik TZ7104

셸리 히르쉬Shelley Hirsch가 1950~1960년대 브루클린의 삶을 드라마틱한 자서전 형태로 낭송하고 그 아래 전자음악이 사운드트랙처럼 깔린다. 짧은 이야기 모음집을 읽어주는 음반이라고나 할까. 히르쉬라는 인물과 히르쉬의 일화가 생명력 있게 다가온다. 그녀의 목소리는 완전하게 살아 움직이며, 유대인 지역을 갈라놓은 갈등도 제대로 잡아낸다.

I. J. HOCHMAN

Fun Der Khupe (1993) Global Village 114

1918년까지 거슬러 올라가는 초창기 빈티지 음반. 실제 사운드가 당대를 연상케 할 정도로 스크래치가 난무하지만, 그 안에 귀한 보물이 숨어 있다. 호호만의 앙상블은 퍼레이드 음악을 위한 최상의 편곡이라 할 만하다. 믿을 수 없을 정도로 창의적이고 위트 넘치는 편곡이 몇 곡 담겨 있다. 예컨대 만화음악 같은 '시온 행진곡Zion March'에는 장차 이스라엘 국가로 채택될 '하티크바Hatikvah' 선율이 녹아들어 있다. 초창기에 녹음된 이디쉬 노래도 담겨 있는데, 호호만 그룹의 백킹 보컬 조 펠트만Joe Feldman과 샘 골딘Sam Goldin이 노래했다. 또한 이디쉬 코미디언 구스 골드스타인Gus Goldstein을 피처링한 코믹한 트랙도 포함되어 있다.

KABALAS

Martinis and Bagels (1995) Dionysus ID123343
The Eye of the Zohar (1998) Dionysus ID123349

▌ *Time Tunnel* (1999) Dionysus ID123379

미키 카츠의 정신을 이어받은 카발라스는 천연덕스럽게 현대 팝문화를 위트로 분해한다. '월마트 폴카아Wall Martt Polkaa''조카 이라의 바르미츠바에서 차차 춤을 추는 아줌마 레이첼의 사진(1963년경)Photograph of Aunt Rachel Doing the Cha-Cha at Cousin Ira's Bar Mitzvah(circa 1963)'이 대표적이다. 카발라스는 유대인의 주제나 음악만 다루지 않는다. 폴카, 왈츠가 프레이레흐와 동시에 나타나기도 한다. 그러나 이 밴드의 음반을 들어보면, 엉뚱한 창작곡 안에도 전통적인 셰르나 불가가 아코디언 사운드로 간간이 나타난다. 또한 유대인의 옛날 이야기에서 가져온 인물들, 예컨대 골렘이나 디벅, 유대계 미국인 엔터테이너 치코 막스, 여배우 트레이시 로즈Traci Lords(본명 노라 쿠즈마Nora Kuzma)를 주제로 한 노래들도 있다. 데이 마잇 비 자이언츠(얼터너티브 팝 듀오)의 신新클레즈머 버전 밴드라 할 만하다.

HARRY KANDEL

Master of Klezmer Music: Russian Sher (1991) Global Village 128

Master of Klezmer Music, Vol. 2: Der Gassen Nigun (1997) Global Village 138

해리 칸델은 초창기 이민 시기의 음악가로, 1917년에서 1927년까지 10년간 왕성한 활동을 펼치며 90곡 이상의 녹음을 남겼다. 그 결과, 해리 칸델은 풍성하고 중요한 유산을 남긴 음악가로 기록되었고, 위의 두 음반은 초창기 클레즈머의 소중한 자산으로 남았다. 대부분 10명 남짓한 음악가들이 연주를 담당했다. 칸델이 펜실베니아 군악대에서 존 필립 수자와 함께 공연한 바 있기 때문에 미국음악의 영향을 피할 수 없었으나, 그럼에도 불구하고 멋진 앙상블 연주로 구세계 음악의 미묘한 맛을 살려내고 있다. 무엇보다 이 음반들은 주요 레퍼토리의 입문서 역할을 톡톡히 한다.

소리가 아주 깨끗하지는 않지만, 〈러시아 셰르Russian Sher〉의 음질은 (몇몇 곡을 제외하고) 글로벌 빌리지Global Village의 〈클레즈머 음악의 대가Master of Klezmer Music〉 시리즈로 발매된 다른 음반에 비해 나은 편이다. 〈길거리 노래Der Gassen Nigun〉의 전반부는 사실상 듣기 어려울 정도지만, 후반부는 흠 잡을 것이 거의 없다. 다행히 중요한 곡은 후반부에 들어 있다. 예컨대, 침블과 스트로피들의 전통을 이어간 실로폰 비르투오소 재키 호프만의 연주와, 딕시랜드풍 음악, '코헨이 150주년 축제를 방문하다Cohen Visits the Sesquicentennial''재키, 재즈엠업Jakie Jazz'Em Up' 등이다. 후반부 명곡만으로도 값어치를 하는 음반이다. ('길거리 노래'와 '재키, 재즈엠업'은 동명의 음반에도 수록되어 있다.)

KAPELYE

Future and Past (198) Flying Fish FLY249 (NR)

▍ *Levine and His Flying Machine* (1984) Shanachie 21006

▍ *Chicken* (1986) Shanachie 21007

▍ *On the Air: Jewish-American Radio* (1995) Shanachie 67005

독창적인 리바이벌 밴드 중 하나. 클래식 클레즈머에 이디쉬 극장음악, 창작곡, 이디쉬 향수를 일으키는 음악을 섞어 연주했다. '카펠례'의 음반은 모두 권할 만하며, 기악 연주의 능숙함을 비롯하여 세세한 면까지 꼼꼼하게 주의를 기울여 들을 필요가 있다. 특별히 뛰어난 음반은 헨리 사포즈닉의 '밴조 도이나Banjo Doina'와 '바드혼Der Badkhin'이 수록된 음반 〈치킨Chicken〉이다. '바드혼'은 바드혼의 실제 민속음악에 마이클 앨퍼트·헨리 사포즈닉의 코믹한 바드혼 음악 해석이 가미된 본격 모음곡이다.

〈레바인과 그의 플라잉 머신Levine and His Flying Machine〉은 타이틀 트랙의 참신한 보컬 믹스, 켄 말츠의 나프톨레 브란트바인 리메이크, 마이클 앨퍼트의 드라마틱한 보컬로 재해석한 극장음악만 보아도, 초기 '카펠례'를 대표하는 음반이라 해도 좋을 것 같다. 〈방송 중: 미국 유대인 라디오On the Air: Jewish-American Radio〉는 빈티지 라디오 사운드와, '카펠례'가 업데이트한 이디쉬 라디오 사운드를 함께 들을 수 있다는 점에서 주목할 만한 음반이다. 광고 방송하는 목소리도 여기저기 들리고, '16톤Sixteen Tons'의 코믹한 이디쉬 버전도 들어 있다.

MICKEY KATZ

▍ *Simcha Time: Mickey Katz Plays Music for Weddings, Bar Mitzvahs, and Brisses*
    (1994) World Pacific/Capitol CDP 7243 8 3045327

많은 사람들이 미키 카츠를 패러디 음악으로 기억하지만(캣스킬의 "위어드 알" 얀코빅 "Weird Al" Yankovic이라고나 할까!), 특이한 음악가 이상으로 미키 카츠를 생각하게 만든 것이 바로 이 음반이라 할 수 있다. 50대 중반의 카츠가 녹음한 음반 〈심차 타임: 결혼, 바르미츠바, 할례를 위한 미키 카츠 음악Simcha Time: Mickey Katz Plays Music for Weddings, Bar Mitzvahs, and Brisses〉 전곡이 그대로 수록되었으며, 여기에 '헬로 솔리Hello, Solly'(미국 이디쉬 레뷰)의 사운드트랙도 몇 곡 추가되었다. 코미디언 카츠보다는, 밴드 리더·작곡가·음악가 카츠에 무게중심이 놓여있는 음반이다. 넷 파버Nat Farber의 편곡 또한 진보유대문화를 예견하는 전복적 비전을 보여준다. 미키 카츠의 전작全作 세트가 발매되기 전까지는 이 음반이 카츠의 뛰어난 음악적 재능과 위트를 입증하는 앨범이 될 것이다.

KING DJANGO

▌ *King Django's Roots and Culture* (1998) Triple Crown 3006-2

뉴욕 출신의 스카 연주자 킹 장고(본명은 제프 베이커)의 레게-이디쉬 퓨전 음반. 라스타 파리 음악에 대거 사용된 성서 이미지를 그대로 차용한 걸출한 퓨전 음반이다. 밥 말리가 이디쉬어로 노래했다면 이런 사운드가 나오지 않았을까 싶다. 게스트 연주자는 앤디 슈태트만과 알리샤 스비갈스.

KLETKA RED

Hijacking (1996) Tzadik TZ7111

클렛카 레드Kletka Red는 클레즈머를 펑크 혹은 메탈로 변모시킨 최고의 밴드이다. 베를린의 기타리스트이자 보컬리스트 레오니드 소이벨만Leonid Soybelman은 앤디 엑스Andy Ex(기타/비올), 토니 벅Tony Buck(드럼)과 함께 나프툴레 브란트바인의 음악을 일렉기타 음향의 격렬한 파편으로 변모시켰다. 시끄럽고 도발적인 음악이라 심장이 약한 사람에게는 권하고 싶지 않지만, 어찌된 일인지 원곡의 멜로디가 살아 있어 원곡에 대한 헌정 음반이라 해도 무방할 것 같다. 유대인 생존에 대한 강렬한 은유가 담긴 음반이라고나 할까?

KLEZAMIR

Klezamir Cooks for Tante Barbara (1995) KL101C

Back in the Shtetl Again (1998) KL102

〈클레즈아미르, 바바라 아줌마를 위해 요리하다Klezamir Cooks for Tante Barbara〉의 첫 번째 트랙에서 에이미 로즈Amy Rose는 플루트로 한껏 치솟는 소리를 들려준다. 과연 플루트가 클레즈머의 리드악기 클라리넷을 대신할 수 있을까, 하는 의구심을 떨쳐버리고도 남는다. 그렇다고 해서 로즈의 플루트가 클레즈아미르Klezamir 밴드의 전부는 아니다. 클래식 클레즈머 기악음악, 이디쉬 극장음악, 참신한 보컬, 클레즈머 스윙을 모두 아우르는 다재다능한 밴드임에 틀림없다. 로즈는 '나한테 당신은 아름다워Bay Mir Bistu Sheyn'의 스윙 버전에서 재즈 피아노를 연주하는데, 여러 악기를 다루는 짐 아르멘티Jim Armenti가 보컬 주위를 맴돌며 클라리넷 선율을 연주한다. 아르멘티는 '하시딤 댄스Khsidim Tants'/ '전쟁에서 집으로 돌아와Tsurik fun der Milkhome' 메들리에서 기타, 보컬, 만돌린도 맡았다.

〈클레즈아미르, 바바라 아줌마를 위해 요리하다〉가 '카펠례' 타입의 앨범을 만들려는 시도였다면, 〈다시 슈테틀에서Back in the Shtetl Again〉는 매사추세츠 5중주 클레즈아미르가 클레즈머 르네상스 밴드의 혁신을 모델로 삼아 새로운 방식을 도입한 음반이다. 예컨대, 하시드 노래 '어떻게 될까Vos Vet Zayn'는 평키한 힙합 음악인 반면, '노슈빌 불가Noshville Bulgar'는 컨트리풍의 웨스턴 클레즈머이다. 그런가 하면, '양켈 프레이레흐Yankels Freylekh'에서는 재즈 피아노 연주를 들을 수 있고, 그리스 민요 '이집트 사람들Miserlou'에서는 초현실적 아우라를 느낄 수 있다.

KLEZGOYIM

Out of the Eyebrow (1996) Globe Records LC5153

1993년 브레멘에서 창단된 비유대인 독일인의 다재다능한 6중주 밴드. 그래서 밴드 이름도 고임(비유대인)이다. 이디쉬 노래, 하시드 멜로디, 1920~1950년대의 클래식 클레즈머를 기악편성으로 연주한다. 악기 구성은 클라리넷(2), 아코디언, 기타, 드럼, 밴조. 도이나/타란텔라의 조합이라든지, 조금은 격렬한 중동음악 키치(클레즈머 콘서바토리 밴드의 메릴 골드베르그Merryl Goldberg가 연주한 '즐거운 맛조볼 수프 파티Freylekhe Kneydlekh'), 이디쉬 탱고 등 어쿠스틱 밴드의 재치 있고 독창적인 음악으로 현대 클레즈머 레퍼토리를 풍부하게 만들었다. 클레즈고임의 비밀 병기는 베이스와 튜바를 연주하는 랄프 슈탄Ralf Stahn이다. 앙상블 편곡에 힘을 실어주기도 하고, '부츠Sapozhkelekh'에서는 아름다운 주선율을 연주하기도 한다.

KLEZICAL TRADITION

▌ *Family Portrait* (1999) TKT

뉴잉글랜드의 어쿠스틱 4중주단. 데뷔 음반인데도 자연스레 정통성이 풍겨져 나온다. 전통음악, 이민 시대의 기악음악, 이디쉬 극장음악 등 구세계에서 신세계로 이어지는 활기찬 여정이 담겨있다. 영어와 이디쉬어로 이민 시대의 삶을 이야기하는 목소리, 댄스음악, 발라드가 어우러져 일종의 오디오 다큐멘터리로, 생동감 넘치는 여흥거리로 만들어 놓았다. 연주는 모두 높은 수준을 과시하며, 이디쉬 전통에 굳게 뿌리를 내리고 있다. 보컬을 맡은 프레이디 카츠Fraidy Katz는 생존하는 이디쉬 싱어 중 몇 손가락 안에 꼽힐 정도이다. 세컨드

애비뉴 무대에서 방금 걸어 나온 듯한 목소리이다.

KLEZMATICS (Alicia Svigals, Frank London, Paradox Trio, David Krakauer 참조)

▌ *Shvaygn=Toyt* (1989) Piranha PIR20-2

▌ *Rhythm+Jews* (1992) Flying Fish FLY591

▌ *Jews with Horns* (1996) Xenophile 4032

▌ *Possessed* (1997) Xenophile 4050

▌ *The Well* (with Chava Alberstein) (1998) Xenophile 4052

클레즈머틱스는 클레즈머 전통에 깊이 뿌리를 내리면서도 음악만 좋으면 어떤 제약도 개의치 않는 현대적 접근법을 구사한다. 클레즈머틱스의 음반은 모두 찾아 들을 만하지만, 지금까지 이 밴드의 노력이 최대치로 구현된 앨범을 꼽으라면 〈리듬+유대인Rhythm+Jews〉과 〈퍼제스트Possessed〉라 할 수 있다.

클레즈머틱스의 데뷔 앨범 〈침묵=죽음Shvaygn=Toyt〉은 베를린에서 녹음되었다. 프랭크 런던이 사이드 그룹으로 만든 레미제라블 브라스 밴드의 연주도 포함되어 있는데, 얼마 뒤 클레즈머틱스 멤버가 된 맷 다리아우와 클레즈머 콘서바토리 밴드 멤버들도 몇몇 참여했다. 클레즈머틱스 음반 가운데 가장 '전통적인' 사운드를 선보이고 있으며, '모든 형제들Ale Brider'을 비롯한 몇 곡의 노래는 클레즈머틱스의 고정 레퍼토리로 남았다. 술취한 듯 부르는 바이에른 민요 '재단사-커플댄스Schneider-Zwiefacher'에서는 바이올리니스트 알리샤 스비갈스가 목소리로 로린 스클램베르그와 화음을 맞추며 보컬리스트의 면모까지 뽐낸다.

〈리듬+유대인〉에는 클레즈머틱스를 대표하는 음악이 몇 곡 담겼다. 음반의 포문을 여는 첫 곡은 나프툴레 브란트바인의 '타슐리흐에서Fun Tashlikh' 리메이크. 르네상스를 특징짓는 음악이자 프로그레시브 클레즈머의 본보기라 할 수 있다. 원곡에 충실하면서도 사이키델릭한 분위기, 중동 타악기, 수피를 연상시키는 로린 스클램베르그의 부르짖는 보컬 등으로 완전히 현대적인 음악으로 뒤바꾸어 놓았다. 비슷한 방식을 사용한 또 다른 기악음악으로는 '뉴욕 사이코 프레이레흐NY Psycho Freylekhs' '클레즈머틱스 풍의 불가Bulgar à la The Klezmatics'가 있다. 솔로 연주자들의 연주 기량을 충분히 엿볼 수 있는 곡도 포함되어 있다. 예컨대, 데이비드 크라카우어의 '클라리넷 휴가Clarinet Yontev', 알리샤 스비갈스의 '바이올린 도이나Violin Doyna' 등이다. 클레즈머틱스의 또 다른 핵심 레퍼토리, '작은 끈, 작은 진주Shnirele Perele'는 원곡 버전으로 수록되어 있다. 메시아에 관한 하시디즘의 신비주의 노래이자, 클레즈머 르네상스의 공식 찬가이다.

〈뿔 있는 유대인Jews with Horns〉에서 클레즈머틱스는 첫 곡 '모자 쓴 남자Man in a Hat'부터 전복적인 음악을 당당하게 내보이며 뉴욕 다운타운을 밴드의 정체성으로 선언한다. 팝 보컬 그룹인 목시 프뤼버스의 화음을 차용한 이 곡에 로린 스클램베르그는 즐겁고 익살스러운 가사를 붙였다. "어떤 남자man가 모자hat를 썼는데 선탠tan을 했어. 그 남자를 만났지. 맨해튼man-hat-tan, 난 맨해튼 남자를 만났어." 두 번째 곡 '어부의 노래Fisherlid'는 다운타운 기타리스트 마크 리봇의 연주로 시작된다. 이 음악이 폐부를 찌르는 이유는 같은 음악 양식을 사용하면서도 태도에 변화를 주었기 때문이다. 말하자면, 이 음악은 할아버지의 클레즈머가 아니다. 만일 그렇다 하더라도, 할아버지의 전통적인 선율을 완전히 새롭게 편곡하여 클레즈머틱스의 레퍼토리로 변모시킨 음악이다.

클레즈머틱스는 이후에도 이디쉬 양식에 단단히 뿌리내린 밴드로 자리매김 하지만, 〈퍼제스트〉 음반에서는 작품 밸런스의 변화가 감지된다. 이 음반에 실린 곡은 대부분 프랭크 런던과 알리샤 스비갈스, 그리고 다른 멤버들이 직접 작곡했다. (이 음반부터는 데이비드 크라카우어를 대신하여 맷 다리아우가 클라리넷을 연주한다.) 기도음악 같이 신비스런 대마초 찬가 '마리화나 노래(리퍼 송)Mizmor Shir Lehanef(Reefer Song)'의 가사는 현대의 이디쉬 시인 마이클 웩스Michael Wex의 작품이다. (합창은 "피워라, 마리화나를, 대마초를"이라고 노래한다.) 퓰리처상 수상자인 극작가 토니 쿠쉬너의 영어 가사에 붙인 노래도 몇 곡 있는데, 그 중에는 안스키의 유명한 이디쉬 연극 《디벅(악령)The Dybbuk》을 각색하여 만든 가사도 있다.

〈우물The Well〉은 이스라엘의 포크-팝 싱어 하바 알버스타인이 참여한 음반으로, 케이디랭 음반 프로듀서로 유명한 벤 민크가 제작을 맡았다. 클레즈머틱스에게는 살짝 외도한 음반일 수 있지만, 이디쉬 노래를 구세계 취향의 현대 월드-팝으로 재탄생시킨 중요한 음반이다. 이디쉬어 현대시에 알버스타인이 곡을 붙였다는 사실만으로도 솔깃한 작품이나(알버스타인과 로린 스클램베르그의 듀엣도 포함되어 있다.), 클레즈머틱스로서는 클레즈머를 향해 돌진하는 길목에서 잠시 우회한 음반이라 할 수 있다.

KLEZMER CONSERVATORY BAND

Yiddishe Renaissance (1981) Vanguard VCD 79450

Klez! (1984) Vanguard VCD 79449

▌*A Touch of Klez!* (1985) Vanguard VCD 79455

Oy Chanukah! (1987) Rounder 3102

▌*A Jumpin' Night in the Garden of Eden* (1988) Rounder 3105

▌*Old World Beat* (1991) Rounder 3115

▌*Live! The Thirteenth Anniversary Album* (1993) Rounder 3125

▌*Dancing in the Aisles* (1997) Rounder 3155

클레즈머 콘서바토리 밴드(KCB)는 1920~1930년대 빅밴드를 모델로 하며 유성기 음반의 레퍼토리를 주로 연주하지만, 레퍼토리 밴드 이상의 의미를 갖는 그룹이다. KCB의 음반들을 살펴보면, 이디쉬 민요, 이디쉬 극장음악, 이민 시대의 발라드, 니구님, 댄스음악, 창작곡, 이디쉬 스윙 등을 두루 아우르며 절충적인 접근법을 취한다. 현대의 탑 클레즈머 음악가들 중에는 KCB를 거쳐간 경우가 많은데, 초창기 멤버인 돈 바이런, 프랭크 런던, 앨런 베른, 데이비드 해리스 등의 연주를 들을 수 있는 것도, 오랜 기간 KCB에 몸담았던 주디 브레슬러Judy Bressler, 미리엄 랩슨Miriam Rabson 등 탑 연주자들을 만날 수 있는 것도, KCB 음반의 매력이다. KCB 음반의 또 다른 매력은 리더 한쿠스 넷스키의 뛰어난 편곡 솜씨와 지휘 능력을 맛볼 수 있다는 점이다. 한쿠스 넷스키야말로 클레즈머 리바이벌과 르네상스를 가능케 한 원동력이라 할 수 있다.

대부분의 KCB 앨범은 기악곡과 성악곡, 잘 알려진 클래식과 그렇지 않은 곡을 망라하여 다양한 선곡을 특징으로 하는데, 유독 〈클레즈Klez!〉는 성악곡에 치우쳐 있다. 세 번째 앨범 〈클레즈 터치A Touch of Klez!〉에 수록된 미키 카츠의 '마젤토프 댄스Mazeltov Dances'에서는 프랭크 런던과 돈 바이런의 듀오 연주가 돋보이며, 미키 카츠의 '장난감 카차츠키 댄스Tsatske Kazatske'를 떠들썩한 재즈 버전으로 탈바꿈시킨 음악에는 주디 브레슬러가 KCB에 걸맞는 새로운 가사를 붙여놓았다. 주디 브레슬러 특유의 활달한 코믹 보컬 사운드가 특징적이다. 일찍이 20세기 초에 이디쉬 음악과 비유대인 음악을 결합시켜 르네상스 시대를 예견했던 음악, '이디쉬 찰스턴Yiddisher Charleston'과 '마이애미 비치 룸바Miami Beach Rumba'를 새롭게 리메이크한 곡도 주목할 만하다.

〈오 하누카Oy Chanukah!〉는 1985년 아메리칸 퍼블릭 라디오 네트워크 프로그램에서 비롯된 음반으로, 밴드 멤버는 아니지만 당시 프로그램에 참여했던 다양한 사람들의 이야기가 부분부분 담겨 있다. 처음으로 창작곡이 수록된 〈에덴동산에서 뛰노는 밤A Jumpin' Night in the Garden of Eden〉은 프랭크 런던과 돈 바이런이 함께 녹음한 마지막 음반이기도 하다. 편곡은 지극히 정교하고, 앙상블 연주는 더없이 탄탄하며, 구세계 향기가 진하게 배어 있다. 이 음반의 하이라이트는 미리엄 랩슨의 열정적인 바이올린 솔로가 등장하는 '바르샤바의 진주Pearl from Warsaw', 메릴 골드베르그의 창작곡 '즐거운 맛조볼 수프 파티Freylekhe Kneydlekh'(KCB가 방향을 선회했음을 보여주는 곡), 미키 카츠의 '와일드 덕의 부르짖음Dos Geshrey fun der Vilder Katshke'에 도널드 덕의 소리를 조합한 주디 브레슬러의 코믹한 보컬 등이다.

〈구세계 비트Old World Beat〉에는 클래식, 보컬, 창작곡, 비르투오소 연주 등이 〈에덴동산에서 뛰노는 밤〉과 비슷한 비율로 담겨 있다. 〈통로에서 춤을Dancing in the Aisles〉에서는 활달한 연주가 돋보이는 하시드 행진곡 '기쁨의 목소리Kol Rin', 유명한 이디쉬 노래 '이집트 사람들Miserlou', 베토벤·모차르트·차이코프스키·그리그·로시니·멘델스존 음악의 주제를 모아 클레즈머풍으로 만든 '환상적인 프레이레흐Freylekh Fantastique' 등을 감상할 수 있다. 〈라이브! 13주년 앨범Live! The Thirteenth Anniversary Album〉은 짐작하다시피 KCB 라이브 공연(진정한 이디쉬 레뷔!)의 열기를 확인할 수 있다.

KCB의 가장 중요한 음반 하나를 추천하라면, 주사위를 던지는 편이 나을 것 같다.

KLEZMER PLUS!

Old-Time Yiddish Dance Music [1991] Flying Fish FLY488

호른에 무게중심을 두고 있는 밴드. 세계대전 이후, 리바이벌 이전 밴드의 활기찬 연주 스타일을 그대로 따랐다. 클라리넷 연주자 시드 베커만은 1세대, 2세대 리바이벌 밴드에게 멘토나 다름없는 존재이자 클레즈머 왕국의 자손이다. 삼촌과 사촌형제도 클레즈머 연주자이며, 아버지 슐로임케 베커만은 현대판 나프툴레 브란트바인, 데이브 타라스라 할 수 있다. 이 음반은 시드 베커만의 유일무이한 녹음이다. 시드의 아버지와 함께 공부했던 색소폰 연주자 하위 레스는 1960~70년대의 유명한 하시드 음악가였다. 중요한 리바이벌리스트인 피터 소콜로프와 헨리 사포즈닉이 레퍼토리 선별에 도움을 주었으며, 미국화된 클래식 클레즈머 댄스음악 위에 켄 그로스Ken Gross가 풍성한 트럼펫 소리를 더했다. 켄 그로스역시 이민 시대의 클레즈머 집안 출신이다.

KLEZMOKUM

Jew-azzic Park (1995) BVHAAST 9506 (NR)

▐ *ReJew-Venation* (1998) BVHAAST 9809

암스테르담 기반의 어쿠스틱 앙상블 클레즈모쿰Klezmokum은 클레즈머와 재즈의 난해한 퓨전을 시도하는 그룹이다. 밴드 리더 버튼 그린Burton Greene은 유럽으로 이주한 미국계 유대인으로 편곡·작곡·피아노 연주에 두루 능하며, 클레즈머와 재즈에 모두 통달해 있는 음악가이다. 그린의 음악적 사고가 잘 나타난 곡으로는 전통 양식과 재즈의 즉흥연주를 능숙하게 넘나드는 도이나/댄스 메들리, 데이브 브루벡과 세파르디가 만난 듯한 '왕이 아침 일찍 일어나El Rey Por Muncha Madruga'를 꼽을 수 있다. 두 곡 모두 〈재再유대 배합ReJew-Venation〉에 수록되어 있다. 클레즈모쿰은 클레즈머 전통을 벗어나 세파르디·이스라엘 레퍼토리, 루마니아·아르메니아 멜로디를 음악 재료로 사용한다. 그런가 하면, 존 존이 작곡한 '네발라Nevalah'를 연주함으로써, 존의 두꺼운 마사다 노래책에 내재해 있는 도전적 시도까지 일찌감치 섭렵했다고 볼 수 있다. 그린의 연주자 구성은 클라리넷(2), 튜바, 드럼, 보컬 등인데, 이들이 클레즈머의 특징적인 프레이즈와 장식을 항상 잡아내는 건 아니다. 그래서 결과적으로 상당히 포괄적인 사운드가 만들어지는데, 마치 폴 윈터Paul Winter의 월드 퓨전 재즈 프로젝트를 듣는 듯하다.

THE KLEZMORIM

▐ *First Recordings 1976-78* (1989) Arhoolie CD309

▐ *Metropolis* (1981) Flying Fish FLY 258

▐ *Notes from Underground* (1984) Flying Fish FLY322

▐ *Jazz-Babies of the Ukraine* (1987) Flying Fish FLY465

공연과 음반 활동으로 클레즈머 리바이벌을 이루어낸 최초의 그룹이자 가장 유명한 리바이벌 그룹. 그래서 더 클레즈모림의 음반들은 최소한 역사적 의미를 갖는다. 클레즈머에 대한 관심을 처음으로 불붙인 곡들이기 때문이다. 놀라운 일은 아니지만, 음악이 활기차고 재미있다. 하지만 이 때문에 클레즈머에 대한 근본적인 오해가 생겨난 것도 사실이다. 예컨대, 클레즈머는 엉뚱하고 익살스런 만화음악이다, 유대인의 보드빌이다, 그리스·터키·아랍 음악과 비슷한 음악이다, 등과 같은 오해이다. 실제로 더 클레즈모림의 음반에는 겉으로 보기에 클레즈머가 아닌 양식이 뒤섞여 있어, 이런 오해를 살 만한 여지가 충분하다.

한마디로 여러 가지 요소를 끌어들인 음반이다.

더 클레즈모림의 첫 두 음반 〈이스트사이드 웨딩East Side Wedding〉〈황금의 거리Streets of Gold〉는 한 장의 CD 〈초창기 레코딩 1976-78First Recordings 1976-78〉로 재발매되었다. (순서는 원래 음반과 달리 뒤섞여 있다.) 사실 두 음반의 성격이 매우 다르기 때문에, 재발매 음반으로 감상할 때에는 귀찮더라도 원래 음반의 순서대로 들어야 더 클레즈모림 음악의 흐름을 파악할 수 있다. 〈이스트사이드 웨딩〉은 악기연주나 노래 양식 모두 발칸 민속음악 성향이 강하게 나타난 반면, 〈황금의 거리〉는 주로 이디쉬 레퍼토리를 취하되 소규모 현악 앙상블이 아닌 호른이 포함된 대규모 밴드로 라인업을 확대했다.

스튜어트 브로트만이 제작한 〈메트로폴리스Metropolis〉는 그래미상에 노미네이트된 음반이다. 현악기 없이 호른, 클라리넷, 타악기로 구성된 더 클레즈모림의 전형적인 악기 편성이 바로 이 음반에서 시작되었다. 브라스 밴드 편곡이 놀랄 정도로 정교해서 레스터 보위Lester Bowie의 브라스 판타지Brass Fantasy, 프랭크 런던의 레미제라블 브라스 밴드의 등장을 예견하는 듯하다. 뉴올리언스 마칭밴드marching band 같은 성격을 부각시키긴 하지만, 도널드 손턴Donald Thornton의 '튜바 도이나Tuba Doina'는 바이올린이나 클라리넷 솔로 못지않게 강렬하다.

〈언더그라운드에서 온 소식Notes from Underground〉은 〈메트로폴리스〉의 묵직한 호른 사운드를 이어가지만, 뉴올리언스 재즈-클레즈머의 크로스오버 레퍼토리를 더욱 강조한 음반이다. 예컨대, '이집트 소녀 엘라Egyptian Ella', '이디쉬 찰스턴Yiddisher Charleston' 같은 오리엔탈 폭스트로트가 담겨 있는가 하면, '베티붑Betty Boop/토이랜드의 갱스터Gansters in Toyland' 메들리, 듀크 엘링턴의 '더 무취The Mooche'까지 수록되어 있다. 그러나, 다시금 말하지만, 호른 중심의 편곡은 그야말로 짜릿하다.

〈재즈 베이비Jazz-Babies〉는 1986년 여름 여러 날 동안 암스테르담에서 열린 공연을 실황 녹음한 음반이다. 익살스런 보컬과 벤 골드베르그(이후 뉴 클레즈머 트리오 창단)의 탁월한 클라리넷 연주를 들을 수 있는데, 클라리넷·튜바·타악기 트리오로 연주한 '오, 아버지Oy Tate'가 특히 뛰어나다. 프로그램의 핵심은 코믹한 극장식 모음곡이다. 밴드 음악을 따라 민스크('추적/민스크 메트로폴리탄 오페라Chase/Minsk Metropolitan Opera')에서 오페라('오페라 한 토막The Opera Bit')로, 이어서 오리엔트 익스프레스('추적2/기차주제Chase2/Train Theme')에 뛰어올라 불가리아('불가리아 부기Bulgarian Boogie')로, 그리고는 할렘으로 간다('기차주제2/할렘행 오리엔트 익스프레스Train Theme 2/Orient Express to Harlem'). 마지막은 캡 캘로웨이의

'미니 더 무처Minnie the Moocher'가 장식한다. 코스모폴리탄 밴드, 더 클레즈모림의 방랑을 시사하는 흥겨운 음반이다.

KOL SIMCHA

Voice of Joy (1994) World Class HSWC11301-2
Symphonic Klezmer (1996) Claves CD50-9627
Crazy Freilach (1997) Claves CD50-9628
Klezmer Soul (1997) World Class HSWC11303-2

1986년 스위스에서 창단된 밴드. '기쁨의 목소리'라는 뜻을 가진 밴드 콜 심차Kol Simcha는 하드-스윙부터 '현대판' 쿨 재즈, 나른하면서도 클레즈머 향취가 느껴지는 뉴에이지 음악 등 세련되고도 듣기 쉬운 클레즈머 음악을 지향한다. 밴드 멤버 중에는 보스턴의 버클리 음악대학 졸업생이 더러 있으며, 클래식·재즈·광고 음악 등 연주의 폭이 상당히 넓다. 고동치는 재즈 리듬 위에 클라리넷과 플루트가 따뜻한 클레즈머 멜로디를 연주한다. 데이브 브루벡 사중주가 클레즈머에 스윙을 넣어 연주했다면, 이런 음악이 되지 않았을까 싶다. 확실히 댄스홀보다는 콘서트홀을 겨냥한 음악이다.

〈기쁨의 소리Voice of Joy〉 음반에는 클레즈머 부류의 멜로디와 리듬을 탐구하고 확장한 창작곡이 대부분이다. 비슷한 시도를 한 음반이 〈크레이지 프레이레흐Crazy Freilach〉인데, 효과는 후자가 더 낫다. 음악어법에 보다 능숙해졌고, 위트도 많아졌으며, 창의성도 돋보인다. 특히 빠른 템포의 즉흥연주가 일품인 '플랫부쉬 민얀 불가Flatbush Minyan Bulgar'는 팻 메스니Pat Metheny나 폴 윈터가 쉽게 리메이크할 법한 음악이다. ('플랫부쉬'는 브루클린의 한 지역, '민얀'은 유대인의 소규모 기도 모임을 뜻한다.)

〈심포닉 클레즈머Symphonic Klezmer〉에서는 클레즈머 멜로디와 리듬을 야심차게 교향곡으로 확장시킨 음악을 선보인다. 스위스의 로잔 신포니에타Sinfonietta de Lausanne와 함께 연주했다. 하지만 안타깝게도 시도만큼 음악을 장악하지는 못한 듯하다. 과장된 편곡 또한 음악의 핵심을 놓친 원인이 되었다. 〈클레즈머 소울Klezmer Soul〉은 콜 심차의 음악 가운데 조용하고 명상적인 음악을 모아 발매한 컴필레이션 음반이다.

LEOPOLD KOZLOWSKI

The Last Klezmer (1994) Global Village 168

같은 제목의 다큐멘터리 영화와 똑같은 장단점을 지닌 음반. 레오폴드 코즐로프스키Leopold Kozlowski는 홀로코스트 생존자이자 브란트바인 클레즈머 왕국의 자손. 하지만 '마지막 클레즈머'라는 음반 제목이 무색하게도 이디쉬 극장과 민속음악 전통에 기초한 피아노 창작곡을 음반에 담았다. 클레즈머와는 거리가 있다. 게다가 많은 곡들이 1분 30초 내외 길이로, 정식으로 녹음된 연주라기보다 라디오에서 녹음한 발췌곡 같다. 20세기 동유럽 유대 역사가 녹아있는 코즐로프스키의 음악적 감성을 엿볼 수 있다는 장점은 있으나, 손가락 연습하듯 이어지는 연주가 무척이나 지루하게 느껴진다. 한번 듣고 나면, 다시 듣고 싶은 마음은 들지 않는다.

DAVID KRAKAUER (Klezmatics 참조)

▮ *Klezmer Madness!* (David Krakauer and The Krakauer Trio) (1995) Tzadik TZ7101
The Dreams and Prayers of Isaac the Blind (with the Kronos Quartet) (1997)
　　Nonesuch 79444-2
▮ *Klezmer, N. Y.* (David Krakauer's Klezmer Madness!) (1997) Tzadik TZ7127

클래식과 아방가르드 음악계에서 유명한 클라리넷 연주자, 데이비드 크라카우어. 클레즈머틱스의 초창기 멤버로 클레즈머틱스 음반 녹음에 여러 차례 참여했고, 이작 펄만의 첫 번째 클레즈머 콘서트 투어와 음반 녹음에도 함께 했다. 1996년 클레즈머틱스를 떠나 솔로 프로젝트를 시작했고, 클레즈머틱스 활동에 이어 성공적인 퓨전음악을 이어가고 있다. 존 존의 선구적인 차딕 레이블 음악가 중 프랭크 런던을 제외하면 크라카우어가 전통적인 클레즈머에 가장 가깝다고 할 수 있다. '펑키 데이브Funky Dave'에서 제임스 브라운James Brown의 스타일을 따르거나, '도이나/죽음의 행진 모음곡Doina/Death March Suite'에서 보다 야심찬 작곡방식을 시도하지만(두 곡 모두 출처는 〈클레즈머 매드니스Klezmer Madness〉), 어떤 경우에도 나프툴레 브란트바인의 정신을 포기하지 않는다.

　〈클레즈머 매드니스〉에서 크라카우어는 이민 시대 클레즈머 클라리넷 연주자 브란트바인과 데이브 타라스의 레퍼토리를 연주한다. 물론 원곡을 동시대 뉴욕의 활기찬 다문화 사운드로 업데이트시켰다. 예컨대, 브란트바인의 '경쾌한 불가Heyser Bulgar'를 리메이크한 '보고타 불가Bogota Bulgar'에는 콜롬비아 민속음악 발레나토vallenato를 연주하는 미국의 타악 앙상블 로스 마콘도스Los Macondos의 남미 리듬이 더해져 있다. 그런가 하면, '체르노빌 발라드 The Ballad of Chernobyl'에서는 마이클 앨퍼트가 만든 이디쉬어 가사에 섬뜩한 샘플링 효과를 섞어 넣었다. 'H 멜로디와 함께 살며Living with the H Tune'는 모든 유대인 음악가의 심기를 불편하게 만드는 '하바 나길라Hava Nagila'를 사용하여 만든 흥겨운 놀이음악이다. 그러나 이 음반의 중심은 '도이나/죽음의 행진 모음곡'이다. 크라카우어와 데이비드 리히트(드럼)의 격렬한 이중주로 시작하여 마이클 앨퍼트의 울부짖는 니군으로 끝맺는다.

크라카우어의 상상력과 창의력, 재즈 연주 솜씨까지 제대로 보여준 것은 두 번째 앨범 〈클레즈머 뉴욕Klezmer, N.Y.〉이다. 두 명의 클라리넷 아이돌, 나프툴레 브란트바인과 시드니 베셰의 음악계 '정상회담'을 상상하며 만든 본격적인 콘셉트 음반이다. 두 거장이 만났었다는 기록은 없지만, 이들은 1920년대부터 1940년대까지 약 15년간 뉴욕에서 동시대를 살아간 사람들이었다. '만남The Meeting'과 '베셰, 루마니아 와인 셀러에서Bechet in the Roumanian Wine Cellar'에는 평소 클레즈머와 섞이지 않던 일렉기타의 울부짖음과 또 다른 전자악기 음향이 들어가 있다. 그러나 이 음반에서 가장 주목할 것은 클라리넷 연주자의 표현력이다. 크라카우어를 따라갈 연주자가 과연 있을까 싶다.

〈앞 못 보는 이삭의 꿈과 기도The Dreams and Prayers of Isaac the Blind〉는 중세 프로방스의 카발라 랍비였던 앞 못 보는 이삭Isaac the Blind의 생각을 바탕으로 현대 작곡가 오스발도 골리호브Osvaldo Golijov가 작곡한 음악을 크라카우어와 크로노스 사중주단이 함께 연주한 음반이다. 음악 자체를 클레즈머라고 단정짓기는 어렵지만, 클레즈머와 이디쉬 음악을 모티브로 가져왔음에는 틀림없다. 골리호브는 음반해설에서 이렇게 말한다. "전주곡에서는 크로노스가 아코디언 역할을, 2악장에서는 클레즈머 밴드 역할을 한다." 그리고 크라카우어와 크로노스의 이중주는 구세계 느낌을 강하게 풍긴다. 작곡가에게, 즉흥연주를 하는 음악가에게, 클레즈머가 얼마나 풍성한 음악재료를 제공하는지 입증하는 단적인 사례라 할 수 있다.

WOLF KRAKOWSKI

Transmigrations (1994) Kame'a Media 7001

클레즈머 음악이라기보다(있다 해도 아주 작은 부분이다.), 이디쉬 노래와 미국 루트음악의 퓨전음악. 볼프 크라코프스키의 독특한 시도가 돋보인다. '일렉트릭 슈테틀 록'이라 명명할 만하다. 많은 클레즈머 르네상스 그룹들과 마찬가지로 록 음악에 무게중심을 두었다. 유럽에서 태어났으나 이디쉬어로 말하고, 이후 토론토에서 성장한 크라코프스키는 원재료가 되는 음악(이디쉬 전통의 민속음악, 극장음악, 대중음악)과 그 음악을 담아내기 위해 사용한 아메리카 대륙의 음악(특히, 루트-록 음악을 대표하는 론섬 브라더스Lonesome Brothers의 블루스, 컨트리, R&B, 레게)을 똑같이 섭렵했다.

KRAMER

Let Me Explain Something to You about Art (1998) Tzadik TZ7119

다운타운 록 아티스트이자 공연기획자인 크라머는 봉워터, 쇼커빌리Shockabilly, 버트홀 서퍼스Butthole Surfers, 갤럭시 500Galaxie 500 등 밴드도 여럿 거쳤다. 이 음반에는 미국에서 성장한 유대인들이 언어로 표현한 회고담이 들어있다. 미니멀리즘 양식의 전자음악에 현악기와 데니 보넷Deni Bonet의 아코디언을 더하여, 스티브 라이히Steve Reich의 '서로 다른 기차들Different Trains'과 비슷한 양상을 보인다. 유대인들의 이야기는 각기 뚜렷하게 나타나며, 일상적이면서도 영웅적인 삶의 투쟁에 주목한다. 심장 고동소리 같은 사운드 루프가 계속 변화하면서 구세계에서 월드비트로, 현대의 산업적인 사운드 질감으로 가뿐하게 넘어가는가 하면, 가끔은 모든 것이 한데 결합되기도 한다.

KROKE

Trio (1996) Oriente RIEN CD04

Eden (1997) Oriente RIEN CD09

1992년, 크라코우 음악 아카데미 졸업생 세 명이 창단한 그룹. 섬세한 클래식 실내악단이지만, 전통음악 편곡에는 격한 감정을 쏟아 붓는다. 크로케의 편곡은 장엄하고 진지한 음악을 견지하며 무아경의 상태를 지향한다. 바이올린-아코디언-더블베이스 조합 때문에 생겨난 결과일 수도 있다. 〈에덴Eden〉에서도 상당히 감동적인 연주가 나타난다. 하지만 안타깝게도 보컬리제(뜻 없는 가사를 붙여 노래하는 방식. 맨해튼 트랜스퍼가 선호했다.)가 이 감동을 막아버린다. 이런 부분이라든가, 극장용 샤우팅을 걸러낼 수 있다면, 크로케의 이 음반은 엄청난 존재감으로 다가올 것이다.

SY KUSHNER JEWISH MUSIC ENSEMBLE

▌ *KlezSqueeze!* (1997) Bon Air

아코디언 연주자 사이 쿠쉬너가 고대와 현대를 아우르며 만든 무시간적 믹스 음반. 우크라이나 출신의 알렉산더 페도리우크Alexander Fedoriouk가 침블을, 앤디 슈태트만의 사이드맨이었던 마틴 콘퓨리어스가 베이스를 맡았다. 쿠쉬너는 클래식 클레즈머와 하시드 음악을 구세계의 트리오 포맷 안에 넣었으나, 앙상블을 주도하는 악기는 바이올린이나 클라리넷이아니라 아코디언(때로는 침블)이다. 마크 3 오케스트라Mark 3 Orchestra를 이끌던 1960년대부터 쿠쉬너는 유대음악의 중요한 동력이었다. 물론 이 사실을 아는 사람은 드물다. 이 음반의 또 다른 매력은 피터 소콜로프의 탁월한 음반 해설이다.

STEVE LACY

Sands (1998) Tzadik TZ7124

아방가르드 뮤지션 스티브 레이시가 자기 자신과 다른 이들의 음악적 초상화를 소프라노색소폰 독주로 그려낸 음반. 30년 가까이 살았던 파리의 집에서 녹음했다. 친근하고 흥미로운 음악 11곡이 실려 있는데, 레이시 특유의 즉흥연주 기법을 볼 수 있다. 그 중 몇 작품은 앨런 긴즈버그, 윌리엄 버로스William Burroughs의 글을 기반으로 작곡되었고, 새뮤얼 베케트Samuel Beckett의 글을 인용한 음악에서는 레이시의 오랜 파트너 아이린 에비Irene Aebi가 보컬을 맡았다. 예외적인 곡은 '유대인 도망자Jewgitive' 단 한 곡이다. 맥아더 재단과 레이시의유대 혈통 관계를 뚜렷하게 드러낸 곡인데, 표현 방식은 아름답고 능숙하다. 프로듀싱을맡은 존 존은 레이시의 새로운 작품을 진보유대문화 범주 안에 포함시켰다. 유대인 감성으로 만들어낸 작품으로 여겨지길 원했던 모양이다. 음반 재킷 그림을 맡은 마크 로스코Mark Rothko처럼 말이다.

LA'OM

Spielt! (1997) Raumer RR11197

▌*Riffkele* (1998) Raumer RR13299

베를린에서 창단된 5중주 밴드 라옴La'om. 데이브 타라스, 나프툴레 브란트바인, 요셉 모스코비츠(침블)의 레퍼토리를 밴드 특성에 맞게 편곡하여 연주한다. 어쿠스틱 악기 편성(만돌린, 베이스, 아코디언, 바이올린, 클라리넷)과 다이내믹한 앙상블로 동유럽의 '길거리민중'을 연상시키는 밴드로 유명하나, 라이브 음반 〈리프켈레Riffkele〉에서 라옴은 '예술적인' 밴드, '콘서트' 밴드에 더 가깝다. 브레이브 올드 월드와 동일선상에 있는 밴드라고나할까.

라음은 지금도 데뷔 앨범 〈연주하다Spielt〉를 녹음할 때처럼 연주한다. 그래서인지 이들 음악을 듣다보면 연주자들이 음악과 사랑에 빠졌음을 느낄 수 있다. 물론 사랑에 불이 확실하게 붙은 건 〈리프켈레〉에서이다. 데이브 타라스의 '트리스크 랍비의 제자들Dem Trisker Rebn's Chussid'을 편곡한 음악은 음반 전체를 대표할 만한 곡이다. 타라스가 연주했던 친근한 클라리넷 선율은 아코디언, 바이올린, 만돌린, 베이스가 연주하고(클라리넷을 제외한 모든 악기가 이 선율을 연주한다.), 연주자 개개인은 타라스의 원곡을 기반으로 자신만의 음악을 만들어낸다. '타슐리흐에서Fun Tashlikh' 등 다른 곡에서도 연주자들은 클래식 클레즈머 레퍼토리의 주요 선율에서 새로운 뉘앙스를 찾아내는 솜씨를 맘껏 발휘한다. 라음은 '유대인이 아니면서 클레즈머를 연주하는 독일 연주자들'이라는 이슈에 대해 민감한 반응을 보이는데, 두 음반의 해설에서도 이 문제를 언급한다.

MARGOT LEVERETT

▌ *The Art of Klezmer Clarinet* (2000) Traditional Crossroads TCRO 4296

마곳 레버렛은 클레즈머틱스의 창립 멤버이자, 알리샤 스비갈스와 마찬가지로 여성 클레즈머 그룹인 미크베 멤버이기도 하다. 이 음반에서 레버렛은 데이브 타라스, 나프툴레 브란트바인, 슐로임케 베커만의 클래식 클레즈머 레퍼토리를 택하여 거의 불가능해 보이는 연주를 선보인다. 정통성을 충실히 따르면서도 클레즈머 클라리넷의 예술세계(악기와 악기의 역사)를 레버렛만의 표현으로 연주해낸다. 이중주, 삼중주, 사중주 등 소규모 앙상블을 위한 레버렛의 편곡은 전후戰後 데이브 타라스를 연상케 한다. 하지만 레버렛은 원래 춤곡이라는 기능음악을 예술음악으로 바꾸어놓는다. 이 음반으로 레버렛은 같은 세대의 비르투오소로 등극하게 되었고, 타라스, 브란트바인, 베커만, 앤디 슈태트만으로 이어지는 클레즈머 클라리넷 계보에 이름을 올릴 수 있게 되었다.

FRANK LONDON (Hasidic New Wave, Klezmatics 참고)

▌ *The Shvitz* (1993) Knitting Factory Works KFW144

▌ *Nigunim* (Frank London/Lorin Sklamberg/Uri Caine) (1998) Tzadik TZ7129

▌ *The Debt* (1999) Tzadik TZ7507

▌ *Shekhina* (2000) Nujumusic

Di Shikere Kapelye (Frank London's Klezmer Brass Allstars) (2000) Piranha CD-PIR
1467(NR)

작곡가, 연주자, 밴드 리더, 음반 아티스트, 밴드 창설자(클레즈머 콘서바토리 밴드, 클레즈머틱스, 하시딕 뉴 웨이브)로서 클레즈머 리바이벌과 클레즈머 르네상스에 모두 관여한 대표적인 뮤지션이자, 구세계와 신세계에 각각 한 발씩 담그고 있는 뮤지션. 바로 트럼펫 연주자 프랭크 런던이 그 주인공이다.

런던은 전통적인 클레즈머 음악, 하시드 기도음악, 이디쉬 음악에 대한 깊은 이해를 가지고 자신의 실험적인 음악에 접근했다. 영화 사운드트랙 〈한증탕The Shvitz〉은 음반 자체의 일관성이 다소 떨어지지만, 런던의 음악적 접근 방식, 예컨대, 클레즈머틱스의 진보적인 클레즈머(런던의 밴드 동료들이 몇몇 곡에서 함께 연주했다.)에서부터 다운타운 아방가르드(기타리스트 마크 리봇과 엘리엇 샤프가 몇몇 곡에서 슈테틀-메탈 음악을 선보였다.)까지 모두 엿볼 수 있는 음반이다. 이 음반의 하이라이트는 DJ 내스티Nastee의 '(어떻게) 땀을 (How to) Sweat'. 오래된 이디쉬 노동요 '모든 형제들Ale Brider'의 댄스클럽 리믹스 곡으로, 클레즈머틱스의 로린 스클램베르그가 보컬을 맡아, 구약성서 아가서에 나오는 사랑의 시를 랩으로 엮었다.

런던과 스클램베르그가 다시금 의기투합한 것은, 놀랍도록 새로운 전통이라 할 만한 음반 〈니구님Nigunim〉에서였다. 다운타운의 키보드 연주자 유리 케인이 합류하여 트리오를 만들었고, 이들은 하시드 기도음악과 댄스음악의 아름다움을 강조했다. 런던이 연주하는 구세계 스타일의 트럼펫에 맞추어 스클램베르그는 칸토르 스타일의 이디쉬 보컬과 아코디언 연주를 더했다. 당신이 유대인이라면, 마지막 곡(해먼드 B-3 오르간을 사용한 니군)을 제외한 모든 곡을 할머니에게 들려주어도 좋다. 구세계의 민감한 기억을 건드릴 염려가 전혀 없기 때문이다.

〈빚The Debt〉은 런던이 작곡한 영화음악, 극장음악을 모은 음반이다(〈한증탕〉 음악은 제외). 유대음악, 혹은 클레즈머 음악이라 내세울 만한 음반은 아니지만(차딕 레이블의 영화음악 시리즈로 발매) 〈한증탕〉과 마찬가지로 여러 문화와 사운드에 대한 작곡가 런던의 다양한 관심사, 예컨대, 라운지-재즈부터 전자음악 사운드, 코랄 음악, 라틴 댄스음악까지 아우르는 앨범이다. 그러나 런던이 워낙 유대음악에 깊이 빠져 있어, 음악 자체가 유대음악에서 멀리 떨어져 나가지는 않는다. 그의 실험음악을 대표하는 바로 이 음반에 대해 런던의 팬들이 실망하지 않는 이유가 여기에 있다. 다운타운의 올스타 재즈 팀이 이 음반에 가세했다. 존 메데스키John Medeski, 벤 페로프스키Ben Perowsky, 앤서니 콜먼, 마크 펠트만, 데이비드 크라카우어, 요론 이스라엘Yoron Israel, 밥 무소Bob Musso, 펑크-록 그룹 소울 코핑Soul Coughing의 세바스티안 슈타인베르그Sebastian Steinberg 등이다.

LOX AND VODKA

Heavy Shtetl (1997) S11A4J8C

록스 앤 보드카Lox and Vodka의 음반에 대해 오해하지 말길. 록스 앤 보드카는 클래식 스타일의 소규모 콤보 클레즈머와 이디쉬 극장음악을 섞어 연주하는 밴드로, 연주 실력은 평균 이상이다. 시드 베커만의 '빠른 프레이레흐Fast Freilach'에서 보여주는 톰 푸왈스키Tom Puwalski(클라리넷)와 졸탄 라츠Zoltan Racz(아코디언)의 경쾌한 대화가 특히 그렇다. 칩 클리프Chip Cliff(만돌린)는 확실히 앤디 슈태트만 음악을 많이 들었고 그의 가르침도 제대로 받았다. 재즈와 클레즈머를 영리하게 섞은 몇 안 되는 음악, '엘리스 아일랜드 프레이레흐Ellis Island Freilach'는 위트 가득한 완벽한 음악 파티셰로, 미국에서 클레즈머와 재즈가 어떻게 만나게 되었는지를 알려준다. 하지만 안타깝게도 보컬 편곡에 대해 같은 평가를 내릴 수는 없을 것 같다. 보컬 편곡은 너무나 유대인다운, 바르미츠바 밴드 음악의 진수를 보여주기 때문이다.

GARY LUCAS

▌*Busy Being Born* (1998) Tzadik TZ7121

캡틴 비프하트의 기타 사이드맨이었던 게리 루카스의 음반. 언뜻 보면 어린이 음악으로 보일 법하다. 그러나 〈바쁘게 태어난Busy Being Born〉은 다양한 음악을 한데 모은 중요한 음반이라 할 수 있다. 창작곡('달의 인간The Mensch in the Moon' '샌드맨Sandman'), 기타 음악, 간결한 버전의 히브리 민요, 《지붕 위의 바이올린》 애창곡, 하위문화의 아이콘이라 할 수 있는 막스 브라더스, 만화, 영화(《탈출기Exodus》), TV 주제곡(《마사다Masada》)을 재치 있게 재작업한 음악이 모두 실려 있다. 아이들만을 위한 음반은 아니지만, 아이들이 이 음반을 갖게 되면 가장 소중한 음반으로 간직하게 될 것이다. 막스 브라더스의 영화 《애니멀 크래커스 Animal Crackers》의 '에이비 더 피쉬맨Abie the Fishman'도 이 음반에 포함되어 있다. 영화사史에서 최고의 순간 중 하나로 손꼽히는 장면에 등장하는 노래이다.

MACHAYA KLEZMER BAND

Machaya Klezmer Band (1991)

What a Machaya! (1995)

메릴랜드의 앙상블. 클래식 클레즈머와 이디쉬 극장음악을 연주한다. 〈마차야 클레즈머 밴드Machaya Klezmer Band〉 음반에서는 이미 잘 알려진 레퍼토리를 주로 선택했다. '내가 쉴 곳Mayn Rue Platz' '담배Papirossen' '나한테 당신은 아름다워Bay Mir Bistu Sheyn' 등의 보컬과, '러시아 세르Russian Sher' '오, 아버지Oy, Tate' '사돈을 집으로 모시며Firn di Mekhutonim Aheym' '즐거운 불가Der Heyser Bulgar' 등의 기악곡이 수록되어 있다. 〈오, 마차야!What a Machaya!〉에는 잘 알려지지 않은 명곡, '피들 연주자 이들Yidl Mit'n Fidl' '작은 끈, 작은 진주Shnirele Perele' 등을 추가하며 레퍼토리 확장을 시도했다. 일렉키보드와 둠벡(드럼)이 두 음반에 모두 사용되었다. 두 악기의 사용 때문에 첫 번째 앨범에서는 의도치 않은 월드비트 분위기가 만들어져 귀에 거슬렸으나, 두 번째 앨범에서는 그다지 거슬리지 않는다.

MASADA (John Zorn 참조)

MAXWELL STREET KLEZMER BAND

Maxwell Street Days (1987) Global Village 116

Maxwell Street Wedding (1991) Global Village 136

You Should Be So Lucky! (1996) Shanachie 67006

시카고의 클레즈머 밴드. 시카고의 유명한 유대인 구역 이름을 가져왔다. 맥스웰 스트리트 클레즈머 밴드Maxwell Street Klezmer Band! 1983년에 창단되었고, 전반적인 이디쉬-리바이벌 그룹이라 할 수 있다. 이디쉬 보드빌, 극장음악, 민속음악 등을 레퍼토리로 삼아, 유명한 클레즈머 콘서바토리 밴드 팬들에게 큰 호응을 얻었다. 악기 편성은 이민 세대 스타일의 클레즈머, 미키 카츠의 보르시 벨트 스타일에서 영향을 받았다. 〈넌 정말 운이 좋구나!You Should Be So Lucky!〉 음반에는 '이디쉬 마마A Yiddishe Mama' '툼발랄라이카Tumbalalaika' 등 이디쉬 클래식이 담겨 있다. 밴드 리더는 칸토르 로리 리피츠Lori Lippitz이며, 밴드 멤버 몇몇은 구소련 이민자이다.

SHERRY MAYRENT (Wholesale Klezmer Band 참조)

Zogn a Nign (1991) Oyfgekumener OYF001 (NR)

▌*Hineni* (1995) Oyfgekumener OYF003

음반 〈히네니Hineni(제가 여기 있습니다)〉는 작곡가이자 클라리넷 연주자 셰리 메이렌트Sherry Mayrent의 창작곡이 대부분을 차지한다. 음악과 영성의 관계를 우아하고 설득력 있게 피력한 메이렌트 개인의 고백이자, 매우 창의적인 작품이다. 메이렌트의 음악은 구세계 향취가 물씬 풍기는 트리오로 구성되어 있으며, 그녀의 홀세일 클레즈머 밴드Wholesale Klezmer Band 동료인 오웬 데이비슨Owen Davidson(아코디언)과 린 로벨Lynn Lovell(베이스)이 메이렌트와 무난한 대화를 펼친다. 현대판 도이나, 코시드, 프레이레흐, 테르키셔, 호라 등은 메이렌트의 편곡 안에서 새로운 생명을 얻어 다시 태어난다. 오래된 음악 장르가 여전히 강력한 힘을 지니고 있음을 입증하는 음반이다.

MAZELTONES

Meshugge for You (1989) Global Village 137

Zei Gezunt (1991) Global Village 151

Latkes and Lattes (1993) Global Village 159

1983년 시애틀에서 창단된 마첼톤스Mazeltones 밴드. 바이올리니스트이자 보컬리스트였던 웬디 마르쿠스Wendy Marcus가 밴드 리더였다. 지금은 해체되었으나, 클레즈머 리바이벌 시기에 등장한 뛰어난 초창기 밴드였다. 마첼톤스의 음반은 기본적인 클레즈머 댄스음악과 함께 키치 음악이 가득하다. 예컨대, 극장음악, 세파르디 음악과 이스라엘 음악, 이디쉬 스윙(특히 베리 시스터스 스타일), 포크송(이디쉬어와 영어), 어린이 노래와 명절 노래, 기타 신기한 음악을 일관성 없이 마구 섞어 놓았다. 죄책감과 즐거움이 공존하는, 이른바 길티 플레저guilty pleasure 같은 음악이다.

　단순히 신기한 음악을 넘어 밴드의 뛰어난 창작력을 보여주는 음반도 가끔 있다. 특히 마곳 레버렛이 라인업(마첼톤스의 라인업은 끊임없이 바뀌었다.)에 들어와 클라리넷을 연주한 음반 〈네게 미쳤어Meshugge for You〉가 그렇다. 마첼톤스를 거쳐간 또 다른 유명 음악가로는 하시딕 뉴 웨이브의 아론 알렉산더Aaron Alexander(드럼), 숀스 쿠겔Shawn's Kugel 밴드의 숀 위버Shawn Weaver를 꼽을 수 있다. 두 연주자의 파워가 한데 모인 음악이 바로 〈여러분의 건강을 위해Zei Gezunt〉 음반에 실린 '즐거운 불가Der Heyser Bulgar'이다.

METROPOLITAN KLEZMER

▌ *Yiddish for Travelers* (1998) Rhythm Media RMR001

뉴욕의 6중주 그룹 메트로폴리탄 클레즈머의 주목할 만한 음반(게스트 연주자들도 참여). 다재다능한, 한마디로 대단한 앙상블이 2차 세계대전 이전의 클레즈머와 이디쉬 음악 24곡을 연주한다. 목관악기, 호른, 아코디언, 바이올린, 베이스, 튜바, 드럼, 보컬을 포함한 광대한 악기편성으로 기존의 주요 레퍼토리('러시아 셰르Russian Sher' '길거리 노래Der Gasn Nigun' '오 아버지Oy Tate')와 이디쉬 영화음악과 이민 시대의 클레즈머 밴드 음악 가운데 주목 받지 못한 레퍼토리를 한데 엮었다. 대부분 활기 넘치는 클래식 스타일의 편곡을 사용하고 있으나, 살짝 변형을 꾀한 연주도 가끔 있다. 예컨대, '달처럼 아름다워Sheyn vi di Levone'에서는 서양음악의 경계에서 재즈의 셔플 리듬을 사용하고, 전형적인 퍼레이드 음악인 '오 아버지'에서는 중동음악 분위기를 자아낸다. 한편, '건포도와 아몬드Rozhinkes Mit Mandlen'에서는 원래 버전에 이어 라운지 재즈로 편곡한 버전을 연주한다. 놓치지 말아야 할 부분은 이브 시큘라Eve Sicular의 드럼 연주. 메트로폴리탄 클레즈머의 활기찬 생동감과 위트의 원천이다.

MINNESOTA KLEZMER BAND

Bulka's Song (1998) Frozen Chosen FCP198

일관성이 결여된 음반. 절반 이상이 피아니스트이자 작곡가인 요셉 바스Joseph Vass의 곡이다. 클래식, 재즈, 라틴, 집시 음악의 영향을 받은 감상적인 짝퉁 이디쉬 스타일의 음악이다. 물론 괜찮은 연주도 몇 있다. 특히 러시아 태생의 바이올리니스트 유리 메르체프스키 Yuri Merzhevsky의 연주가 도드라진다. 바스의 '미네소타 탱고Minnesota Tango' '심차 토라Simchat Torah' '재와 먼지Ashes and Dust'는 어둡고 몽환적이며 재즈에 가깝다. 진보유대문화 시리즈에 들어가도 어울릴 정도이다. 그러나 밴드가 보여주려고 노력한 유머러스한 부분은 기대만큼 재미를 주지 못한다. 데이브 타라스의 'B♭단조 불가B♭ Minor Bulgar'는 리듬을 정신없이 만들어 놓았고, 과도한 보컬과 감상적인 가사로 원곡이 수렁에 빠진 듯한 느낌이 들기도 한다.

REA MOCHIACH AND ALON COHEN

Slichot (Forgiveness) (1997) Rawkus Primitive PTV1125-2

찾기 힘든 음반. 두 명의 일렉뮤직 아티스트, 레아 모키아흐Rea Mochiach(둠비트Dumbeat라고도 알려져 있음)와 알론 코헨(외로운 믿음의 사람들Lonely Men of Faith이라고도 알려져 있음)이 '경외의 날들Days of Awe/Yamim Noraim' 전례에서 세파르디 유대인들이 사용하는 칸토르 음악을 최첨단 샘플링 테크닉으로 다시 빚어냈다. 제우스를 향한 기도소리 같기도 하고, 사이언스 픽션의 사운드트랙 같기도 하다. 그런가 하면, 잡음과 전자음향을 뚫고 나오는 고대 이슬람의 아잔이 떠오르기도 한다. 월리 브릴의 음반 〈계약The Covenant〉이 비슷하면서도 훨씬 성공적인 음반이다.

MODERN KLEZMER QUARTET

Hora & Blue (1993) Global Village 156

시카고의 맥스웰 스트리트 클레즈머 밴드 멤버 네 명이 만든 사이드 프로젝트 음반. 주로 민속음악과 극장음악을 사용했으나, 이디쉬 음악을 재즈 양식으로 접근한 성공적인 시도라 하겠다. 타이틀 트랙은 폴 데스몬드Paul Desmond/데이브 브루벡의 클래식 '테이크 파이브Take Five'를 재치 있게 루마니아 호라로 바꾼 곡이다. 이 곡에서 콜트레인 풍의 소프라노 색소폰 즉흥연주를 맡은 셸리 요엘린Shelley Yoelin은 '달처럼 아름다워Shein Vi Di Levology'와 다른 몇 곡에서 테너 색소폰을 연주한다. 한편, 피아니스트 밥 애플바움Bob Applebaum은 '벨즈Belz' 인트로에서 빌 에반스Bill Evans 같은 연주를 뽐내고, '체나 참바Tzena Tsamba'에서는 네 명의 연주자들이 칼립소 리듬을 타고 연주한다. 상큼한 재미를 선사하는 음반이다.

JOSEPH MOSKOWITZ

▌ *The Art of the Cymbalom: The Music of Joseph Moskowitz, 1916-53* (1996)
　　Rounder 1126

요셉 모스코비츠가 1916년에 녹음한 '루마니아의 하시드Buhusher Chusid'를 들으면 그의 흥겨운 기교에 매료될 것이다. 모스코비츠는 다른 이들이 할 수 없는 방식으로 헝가리의 침발롬(전통 악기 침블의 변형)을 노래하고 춤추게 만들었다. 이민자로 뛰어난 침발롬 연주자였던 모스코비츠는 헝가리, 집시, 우크라이나, 터키, 그리스, 이디쉬 음악은 물론, 클래식 레퍼토리와 미국 래그타임까지 연주했다. 이 음반의 24곡에서 이 모든 레퍼토리를 선보인다. 리드믹한 피아노 반주도 함께 한다.

MUZSIKAS

Máramaros: The Lost Jewish Music of Transylvania (1993) Hannibal HNCD1373

홀로코스트 이전의 헝가리는 유대인 문명의 독보적 보고였다. 전쟁이 일어나기 전 유대인 음악가들과 자주 공연을 펼쳤던 두 명의 집시 음악가들의 도움으로 헝가리 포크 사중주단 무지카스Muzsikas는 트랜실바니아 지역의 헝가리 유대인 마을의 음악을 일부 복원하는 데 성공했다. 집시들과 집시 앙상블의 도움으로 이 지역 레퍼토리의 기록 작업도 마쳤다. 유명한 헝가리 보컬리스트 마르타 세베스티엔Marta Sebestyen도 일조했다. 음악은 주로 바이올린, 침발롬, 베이스로 연주되며 러시아·루마니아 클레즈머에 가깝다. 좋은 주해註解와 함께 발매된 이 음반은 헝가리 집시음악과는 다른, '거친' 매력을 선사한다.

MYSTIC FUGU ORCHESTRA

Zohar (1995) Tzadik TZ7106

'랍비 치칫'이라는 별명이 붙은 존 존(늘 치칫을 달고 다녀서 붙은 별명)과 야만타카 아이 Yamantaka Eye가 만들어낸 전복적인 음악. 아주 독창적인 포스트모던 파티셰이거나, 지겨운 농담으로 (어쩌면 둘 다로) 볼 만한 음반이다. "카발라의 신비 전통에서 새로이 발견한 레코딩"이라 주장하는데, 이는 카발라 경전 조하르Zohar의 저자 모세스 데 레온Moses de Leon이 조하르의 원저자가 수세기 이전의 랍비 시메온 벤 요하이Rabbi Simeon ben Yohai라 주장한 것과 비슷한 맥락이라 할 수 있다.

24분짜리 음반에 담겨 있는 것은 인간 목소리로 빚어낸 혼미한 사운드이다. 이디쉬 스타일의 멜로디를 허밍으로 노래하는 소리, 기도하는 소리, 이상한 동물 소리 같은 음향이 하모니움의 음습한 드론 위로 흘러간다. "쉬익" "펑" "치칙" 하는 오래된 음반의 소음도 지나가지만 거의 들리지 않는다. 전체 음악의 구조는 조하르의 구조를 따르고 있고, 개념예술conceptual art로서 성공한 작품이라 할 수 있으나, 일반적인 청자가 가까운 미래, 혹은 먼 미래에라도, 이렇게 현대적인 조하르 음악에서 신비적인 통찰을 얻을 수 있을지는 의심스럽다.

NAFTULE'S DREAM (Shirim 참조)

▎ *Search for the Golden Dreydl* (1997) Tzadik TZ7118

▎ *Smash, Clap!* (1998) Tzadik TZ7125

클라리넷 연주자 글렌 딕슨이 이끄는 보스턴의 클레즈머 밴드. 나프툴레의 꿈과 쉬림은 성격이 거의 비슷한 밴드인데, 전자가 덜 전통적이고 더 창조적인, 실험성 강한 밴드라 할 수 있다. 밴드 멤버들의 음악적 배경은 매우 다양하며, 재즈 양식으로 클레즈머를 연주하는 방식 또한 무척 광범위하다. 펑키하게, 혹은 어둡게, 혹은 유머러스하게 연주하기도 하고, 전자음악으로 연주하기도 한다. 클라리넷, 드럼, 피아노, 아코디언, 게다가 튜바, 트롬본까지 들어간 라인업을 보면, 뉴올리언스 클레즈머 올스타스 만큼이나 뉴올리언스 재즈의 영향을 많이 받았음을 알 수 있다.

　나프툴레의 꿈 밴드가 주로 사용한 음악 접근법은 〈황금 드레이들을 찾아서Search for the Golden Dreydl〉('드레이들'은 일종의 팽이로 유대인의 전통 장난감)에 수록된 '오 아버지Oy Tate'에 여실히 드러난다. 우선, 펑키한 드럼비트 위에 전통적인 선율을 그대로 담아낸 후, 딕슨의 주도 하에 모든 멤버가 소음 가득한 공간을 만들어낸다. 그리고 마지막에는 처음 사용한 멜로디를 반복하며 끝난다. 피아니스트 마이클 맥로플린Michael McLaughlin이 작곡한 '냄새 나는 호보 Farshtunkene Hobo(The Stinky Hobo)'('호보'는 떠돌이 노동자)는 비틀거리며 넘어졌다 일어서기를 반복하는 지저분한 고주망태의 행진곡 같다. 제목이 무척이나 적절하다. 슬리보비츠를 너무 많이 마신 호보, 음악도 딱 그렇게 들린다. 한편, 딕슨이 작곡한 '보이지 않는 것들The Unseen'에는 펑키하면서도 뉴올리언스를 닮은 피아노 리프가 숨어 있으며, 강렬한 코드에서 하드록 분위기도 느껴진다.

　〈부수어라, 박수를 쳐라!Smash, Clap!〉에서 나프툴레의 꿈은 구세계 리듬과 세실 테일러 Cecil Taylor를 연상케 하는 클러스터 화음, 하드록 음악 텍스처, 사이키델릭한 그루브 음악을 12곡의 원곡에 제대로 녹여냈다. '시애틀의 유대인Yid in Seattle'에서는 아코디언이 니르바나 같은 느낌의 코드 진행을 연주하는데, 클레즈머와 그런지록을 조합한 이런 시도는 이미 구식으로 여겨질지도 모르겠다. 글렌 딕슨의 '술, 굴뚝을 청소하다Yash the Chimney Sweep'는 귀여우면서 무시간적인 음악을 그려낸다. '프리 클레즈Free Klez'와 '스피드 클레즈Speed Klez'는 일렉기타를 제외하고 모두 어쿠스틱으로 연주되지만, 꼭 그렇게 들리지는 않는다. 마음이 심약한 사람에게는 이 음반이 클레즈머가 아닐 수도 있고, 클레즈머의 범주를 너무 확장시켜 '나프툴레'라는 이름을 갖기에 적절하지 않다고 생각하는 이도 있을 수 있다. 하지만 우리가 아는 한, 위대한 음악가 브란트바인은 나프툴레의 꿈을 기쁘게 인정했을 것 같다. 어쩌면 함께 연주했을지도 모를 일이다.

NEW KLEZMER TRIO (Ben Goldberg 참조)

▐ *Masks and Faces* [1991] Tzadik TZ7112
▐ *Melt Zonk Rewire* [1995] Tzadik TZ7103

리바이벌 밴드인 호첸플로츠와 더 클레즈모림 멤버들이 창단한 밴드. 찰스 밍거스, 텔로니어스 멍크, 스티브 레이시, 리 코니츠, 앤드류 힐 등 아방가르드 재즈 양식으로 유대 전통 음악을 탈바꿈시켰다. 〈가면과 얼굴Masks and Faces〉에 수록된 친근한 레퍼토리, '랍비의 음식Rebbe's Meal'(클레즈머 클래식 '랍비의 축제에서Baym Rebn's Sude'를 업데이트한 곡)과 '세탁기 노래Washing Machine Song'에서 벤 골드베르그(클라리넷), 댄 시맨스(베이스), 케니 윌슨(드럼)의 교감은 거의 텔레파시가 통하는 수준이다. 초보자들에게는 골드베르그의 들쑥날쑥한 연주가 어렵게, 혹은 폭력적으로까지 느껴질 수 있으나, 일단 그의 음악에 익숙해지고 나면, 현대의 청자들에게 그의 편곡은 2백 년 전 플루트-침블 듀엣 소리처럼 설득력 있게 다가올 것이다.

〈녹이고 취하고 새로 바꾸고Melt Zonk Rewire〉의 첫 곡은 '길거리 노래gasn nign'(이디쉬 포크송 '부츠Di Sapozhkelekh/Boots'의 선율이기도 하다.)의 전자음악 버전이다. 골드베르그의 클라리넷은 일렉기타를 듣는 듯하다. 나머지 곡들은 대부분 창작곡이며 열정적인 즉흥연주로 이루어져 있다. 뉴 클레즈머 트리오는 이 음반 발매 후 해산했다가 1999년에 재결합했다.

NEW ORLEANS KLEZMER ALLSTARS

Manichalfwitz [1996] Gert Town GT1117
▐ *The Big Kibosh* [1997] Shanachie SHA6026
▐ *Fresh out the Past* [1999] Shanachie SHA9015

클레즈머 르네상스 시기에 로큰롤 청중을 가장 성공적으로 사로잡은 밴드라면, 뉴올리언스 클레즈머 올스타스(이하 올스타스)를 꼽아야 할 것이다. 이유는 일단 음반을 들어보면 알 수 있다. 올스타스는 다른 르네상스 시기의 밴드들에 비해 전통적인 레퍼토리에 관심을 적게 가졌다. 대신, 거칠고 열정적이며 재치 있는 연주를 과시한다. 여러 가지 음악 양식을 섞고 이어붙이는 뉴올리언스 전통의 영향을 강하게 받은 모습이다. (구세계 클레즈모림의 연주가 이렇지 않았을까 싶다. 특히, 여러 문화가 교차하던 도시, 예컨대 페일 거주지의 뉴올리언스라 할 수 있는 오데사에 살던 클레즈모림 말이다.)

올스타스가 파티음악의 면면을 강조하지만, 클레즈머 음악의 양식이나 텍스처를 간과하는 법은 없다. 이들의 창작곡은 대단히 암시적이라 할 수 있다. 〈마니찰프비츠Manichalfwitz〉 음반에 수록된 음악 중 반은 네빌 브라더스Neville Brothers의 "민" 윌리 그린"Mean" Willie Green이, 나머지 반은 갈락틱스Galactic의 스탠턴 무어Stanton Moore가 드럼을 연주하는데, 몇몇 클레즈머 기본 레퍼토리에서 그룹 리프가 살아난다. 하지만, 올스타스의 진가가 드러나는 건, 이후 음반에서도 마찬가지지만, 밴드 특유의 음악적 상상력에 몰입되는 경우이다. (예컨대, '레이먼드 스콧의 바르미츠바The Bar Mitzvah of Raymond Scott') 초창기 음반이라 편곡이 좀 어수선하고, 규모가 큰 라인업(관악기 둘, 바이올린, 아코디언, 일렉기타, 드럼, 베이스)에 적응하지 못한 모양새다.

초창기 음반의 문제점은 〈대파국The Big Kibosh〉에서 대부분 해결된다. 이번엔 제대로 된 편곡으로 클레즈머 양식이 뚜렷하게 드러나기 때문이다. 예컨대, '클립 클롭Klip Klop'에서는 일렉기타의 "워워" 하는 효과음이 배경에 깔리면서, 한껏 흥분된 힙합 드럼 비트 위에 클라리넷이 반복적으로 클레즈머 양식의 선율을 연주한다. 두 번째 B 섹션에서는 색소폰이 클라리넷에 화답하고, 완전히 다른 앙상블이 '하바 나길라'를 엉성하게 연주하며 펑크 분위기를 차단한다. 어느 순간, 전화벨소리가 울리기 시작하고, 누군가 전화기를 들면 고전적인 칸토르 음악이 들려온다. 마치 엉망진창 검보(뉴올리언스의 수프) 레시피 같은 음악이라고나 할까. 하지만 양념만큼은 예술적이다. 아주 만족스럽고 재미난 음식을 맛본 기분이다.

〈대파국〉은 재기 넘치는 트리오 창작곡으로 이루어진 결혼 모음곡 음반이다. '은혼식Di Zilberne Chasene'은 올스타스가 전통 멜로디를 기반으로 만든 몇 안 되는 곡 중 하나인데, 현대의 잼록 밴드가 좋아할 정도로 에너지 가득한 그루브를 선보인다. 이 곡을 들으면, 데드헤드Deadheads, 피쉬헤드Phishheads라 불리는 록음악 팬들이 왜 올스타스의 팬이 되었는지 충분히 이해된다. 마지막은 16분 30초 동안 지속되는 액시드 재즈 잼. 벤 엘만Ben Ellman이 펑키한 테너 색소폰을 연주하고, 글렌 하트만Glenn Hartman의 해먼드 B-3 오르간이 묵직하게 잡아준다.

〈과거에서 새롭게Fresh out the Past〉에서 올스타스는 바이올린과 전통적인 멜로디를 버리고, 최신 유행의 그루브를 섞는 일에 몰두한다. 윌리 그린이 다시 나타나 모로코 향취의 '닥터 리저드Dr. Lizard' 연주에 합류하고, '도너 케밥을 들고 폼나게 걸으며Struttin' with Some

Doner Kabob'에서는 루이 암스트롱의 '바베큐를 들고 폼나게 걸으며Struttin' with Some Barbecue'에서 가져온 리프로 강렬함을 더한다. '모로코 롤러The Moroccan Roller'에서는 로큰롤 기타 리프가 나타나고, '늙은 난봉꾼의 고통Aging Raver's Personal Hell'에서는 어쿠스틱 피아노로 패러디한 일렉트릭 댄스 비트 위에 색소폰의 아랍풍 멜로디가 지나간다. 올스타스의 세 앨범 가운데 가장 혁신적이고 세련된 음반이다. 하지만, 올스타스를 처음 듣는다면 〈대파국〉부터 시작하길 권하고 싶다.

NEW SHTETL BAND

▌ *Jewish and Balkan Dance Music* (1987) Global Village 121

클라리넷 연주자 스튜어트 메닌이 창단하고 주도한 앨버커키의 클레즈머 밴드. 음반 제목에서 알 수 있듯, 그리스·터키, 집시, 루마니아 멜로디와 클레즈머 사이의 관계를 탐색한 음반이다. 단순히 옛날 음악의 새 버전을 만든 것이 아니라, 아주 현대적인 양식으로 탈바꿈시켰으며, 재즈와 미국 팝음악이 현대 발칸음악에 끼친 영향을 그대로 보여준다. '사미 말릭의 선율Sami Malik's Tune' '아사쥐 페네 라키제Açaj Pene Rakije' 같은 합주곡은 원래 멜로디를 견지하면서도 이후 나타날 클레즈머-재즈 퓨전을 예견한다. 마치 패러독스 트리오의 음악 같다고나 할까.

메닌은 색소폰도 연주하는 뛰어난 연주자이자 편곡자이다. '크람프바이스Krampweiss' '터키 예일-베-요브 댄스Terkisher Yale-Ve-Yove Tants'에서 그의 연주는 나프툴레 브란트바인을 연상시킨다. 브란트바인도 발칸음악을 무척 좋아했었다. '가르소나Garsona'에서 매닌과 함께 주선율을 연주한 트럼펫 주자는 닐 알렉산더Neil Alexander. 몇 군데에서 보컬도 소화한다. 하시딕 뉴 웨이브, 마사다 같은 밴드의 노력을 미리 맛볼 수 있는, 이 음반의 숨은 명곡이다.

NUNU!

JezzKlezMer (1994) Transformer TFR94001

Klezmo-Copter (1997) Tiptoe/Enja TIP-888 828 2

독일, 오스트리아, 헝가리 출신의 연주자들로 구성된 뮌헨 기반의 6중주. 재즈, 포크, 록, 플라멩코, 블루스, 아프리카 타악기 등을 전통적인 클레즈머 음악과 융합시켜 연주한다. 리드 악기는 알토 색소폰. 클라리넷은 없으며, 바이올린은 클레즈머보다 집시음악에 가깝다. 일렉기타리스트가 반 할렌Van Hallen 음악을 너무 많이 들은 듯하다(클레즈머 연주에 일상적인 일은 아니다.). 〈클레즈모-콥터Klezmo-Copter〉에서는 나프툴레 브란트바인과 숄렘 세쿤다의 음악을 연주한다. 연주자들이 클레즈머틱스 음악을 많이 들었으리라 예측케 만드는 음반이다.

OLD WORLD FOLK BAND

Crossing New Borders (1998) Old World Productions OWFB2314

12명의 연주자로 구성된 펜실베이니아 해리스버그의 밴드. 1910~1920년대의 대규모 앙상블을 연상시키지만, 옛날 유성기 음반을 복원한 음반은 아니다. '칼린카Kalinka' '모스크바의 밤Moscow Nights'에서는 구소련에서 이민 온 연주자들, 두 명의 보컬리스트와 함께 러시아/유대 포크송 전통을 극장음악 양식으로 들려준다. 브레이브 올드 월드의 '체르노빌Chernobyl'도 그들 버전으로 연주한다.

OOMPH (Mike Curtis Klezmer Quartet 참조)

Between Two Worlds (1993) Global Village 135

포틀랜드의 5중주 밴드 움프가 클레즈머와 모던한 음악 양식(컨템퍼러리 재즈, 록, 팝, 월드비트 등)의 퓨전을 다각도로 시도한 음반. 움프는 이런 음악을 '인터콘티넨탈 클레즈머Intercontinental Klezmer'라 부른다. 클레즈머 클래식 가악곡, 기도음악, 극장음악, 창작곡 등이 뒤섞여 있으며, 잭 폴크Jack Falk의 보컬과 스캣 창법(재즈 니구님이라고 해도 될까?)도 맛볼 수 있다.

움프는 흔치 않은 혼종음악을 만들어낸다. 시편 23장을 사용한 하시드 음악 '다윗의 시편Mizmor L'David'은 테너 색소폰과 피아노가 빚어내는 재즈 가스펠 같고, '시부모님께 축하를Mazltov Shver un Shviger'의 일렉기타는 이 노래를 레게와 탱고 중간쯤으로 만들어 놓는다. 그런가 하면, '나의 이디쉬 소녀Mayn Yidishe Medele'에서는 라틴-록 기타리스트 카를로스 산타나Carlos Santana가 마치 바르미츠바 밴드의 리더인 양 들리기도 하고, 나프툴레 브란트바인의 '호라와 지벨레스Hora Mit Zibeles'는 블루지한 뉴올리언스 음악의 향취를 풍긴다.

훨씬 실험적인 트랙도 몇 있다. 예컨대 '양클 댄스Yankl's Tants'는 흔치 않은 키보드 화성을 사용하여 클레즈머 음계와 가끔 충돌을 일으키기도 한다. 그러나 예기치 않은 변화나 기이한 오케스트레이션, 그리고 때때로 잘못 사용된 신시사이저에 익숙해지면, 점점 더 좋아질 음악이다.

PARADOX TRIO/MATT DARRIAU

Paradox Trio (1996) Knitting Factory Works KFW171 (NR)

Flying at a Slant (1997) Knitting Factory Works KFW206 (NR)

❚ *Source* (1999) Knitting Factory Works KFW237

유대 디아스포라 안에서는 늘 유대음악과 현지 음악이 서로 영향을 주고받았다. 맷 다리아우가 산 증인이다. 유대인은 아니나 클레즈머틱스 멤버였고, 켈트음악, 클레즈머, 발칸음악에 모두 능했다. 다리아우의 4중주인 패러독스 트리오는 클레즈머틱스가 클레즈머를 연주한 것과 같은 진보적인 방식으로 발칸음악에 접근한다. 즉, 전통적인 멜로디와 리듬 위에서 재즈와 월드뮤직의 전략을 조합한다. 다리아우가 연주하는 색소폰, 클라리넷, 카발(발칸 플루트) 외에 첼로, 퍼커션, 일렉/어쿠스틱 기타가 더해진다.

〈근원Source〉에서 다리아우와 그의 밴드는 발칸-유대 크로스오버 레퍼토리를 연주한다. 나프툴레 브란트바인에 특별히 중점을 두었다. 브란트바인도 터키음악을 몇 차례 녹음한 바 있다. 클레즈머틱스의 보컬리스트 로린 스클램베르그도 연주에 참여했다. 다리아우가 클레즈머틱스와 함께 녹음했던 곡도 포함되어 있는데, 여기에서는 터키음악 색채가 더 짙다. 새로이 빚어낸 발칸-유대 퓨전음악이라 할 만하다.

ZEENA PARKINS

Mouth=Maul=Betrayer (1996) Tzadik TZ7109

지나 파킨스와 그녀의 갱스터 밴드Gangster Band가 보이스 샘플, 전자하프, 피아노, 바이올린, 첼로, 드럼, 바이브, 전자기타, 만돌린을 사용하여 만든 '망치Maul'와 '푸른 거울Blue Mirror'은 유대인이 유럽과 뉴욕에서 겪은 지하세계의 역사를 담아낸 음악이라 한다. '로트벨쉬Rotwelsch'에서는 불협화음이 많은 무조성의 실내악곡, 듣기 힘든 블루스, 산업현장의 소음이 번갈아 나타나며 그 위로 내레이션이 흐른다. ('로트벨쉬'는 중세부터 독일의 유대인 부랑자들이 사용하던 이디쉬 은어를 뜻한다.) '이탈이드Italyd'에서는 조직적인 범죄에서 가끔씩 모호하게 드러나던 이탈리아인과 유대인의 관계를 묘사했고, '추격Chase'은 필름 누아르 같은 느낌인데, 갱스터 필름에서 불길한 예감을 표현하는 사운드트랙에 어울릴 음악이다. 뉴욕 시장 피오렐로 라과디아Fiorello LaGuardia와 유명한 유대인 갱 벅시 시겔Bugsy Siegel의 애인 버지니아 힐Virgina Hill도 이 음반을 언급한 바 있다. 이렇게 통렬하고 폭력적인 전자-어쿠스틱 사운드가 담긴 콜라주 음반은 구세계 클레즈모림의 사촌격인 '거친 유대인'에게 헌정되었다.

ITZHAK PERLMAN

Tradition (1987) Angel CDC-7 47904 2

In the Fiddler's House (1995) Angel 7243 5 55555 2 6

Live in the Fiddler's House (1995) Angel 7243 5 56200 2 7

이작 펄만이 탄생시킨 두 장의 〈피들러의 집에서In the Fiddler's House〉 음반은 클레즈머의 전무후무한 베스트셀러 CD로, 세계적인 클래식 바이올리니스트 펄만과 네 팀의 클레즈머 밴드가 함께 연주했다. 펄만이 현대 최고의 클레즈머 바이올린 연주자는 아니다. 하지만, 클레즈머틱스, 브레이브 올드 월드, 앤디 슈태트만 클레즈머 오케스트라, 클레즈머 콘서바토리 밴드와 멋지게 호흡을 맞춤으로써, 최고의 클레즈머 음악학도라는 사실을 입증했다.

〈피들러의 집에서〉는 스튜디오 녹음이며, 이후 발매된 〈라이브 피들러의 집에서Live in the Fiddler's House〉는 뉴욕의 라디오 시티 뮤직홀에서 연주한 라이브 실황 음반이다. 이작 펄만의 뛰어난 점은 밴드 '앞에서' 연주하지 않는다는 점이다. 오히려 밴드 멤버로 녹아들어 그들과 '함께' 연주한다. 결코 앞으로 나서는 법이 없다. 그러면서도 열정 넘치는 멤버로서 음악을 최고의 위치에 올려놓는다. 〈피들러의 집에서〉 중에 앤디 슈태트만과 함께 연주한 '플랫부쉬 왈츠Flatbush Waltz', 클레즈머틱스의 알리샤 스비갈스와 연주한 '디벅 셰르Dybbuk Shers'가 대표적인 예이다.

펄만의 공로를 인정하더라도, 이 두 음반은 현대 클레즈머 음악 입문, 말하자면 맛보기 메뉴 정도의 가치밖에 없다고 주장할 수도 있다. 펄만과 함께 연주한 네 팀의 밴드도 그렇게 생각할지 모른다. 하지만 정식 메뉴에 관심이 있다면 곧장 펄만과 함께 연주한 밴드의 음반을 찾아 들어보면 될 일이다.

〈피들러의 집에서〉에 앞서 녹음한 〈전통Tradition〉은 이디쉬 민속음악과 극장음악을 오케스트라 음악으로 편곡하여 이스라엘 필하모닉 오케스트라와 함께 연주한 음반이다.

POZA

Odessa: Jewish Music from Russia (1996) Playasound PS65181

오데사는 다양한 문화권의 사람들이 서로 영향을 주고받으며 어울려 살던 곳이라는 점에서, 구세계 페일 거주지의 뉴올리언스였다. 〈오데사Odessa〉는 오데사의 거리 음악(커피하우스, 선술집, 행사 음악)을 삼중주로 편곡하여 소박하게 연주한 음반이다. 오데사는 아시아·지중해·중동이 교차하는 항구도시인 만큼, 터키·그리스·루마니아 음악의 영향이 강하게 느껴진다.

포자Poza 밴드의 리더 알릭 코핏Alik Kopyt은 아코디언 연주와 보컬을 겸한다. 15곡의 포크송을 함께 연주하는 클라리넷 주자는 레이몬드 반 호텐Raymond Van Houten. 클레즈머 어법으로 연주하기보다 그리스 음악에 가까운 연주법을 선보인다. 오데사에 살았던 유대인들이 결혼식에서 들었을 법한 음악이다.

PSAMIM

Abi Gezint! (1999) Tzadik TZ132

독일 유대인 음악가들의 밴드. 현악사중주에 아코디언을 더하여 클래식 음악 양식의 화려한 음악을 들려준다. 레퍼토리는 동유럽/이디쉬 민속음악과 극장음악, 하시드 니구님, 세파르디 노래로 이루어져 있다. 크로노스 사중주단 같은 클레즈머 앙상블이라 생각하면 된다.

REBBE SOUL

Fringe of Blue (1995) Global Pacific GPD371

RebbeSoul-O: A One-Man Musical Journey (1997) RebbeSoul 11132

〈프린지 오브 블루Fringe of Blue〉에는 키보드 음향으로 가득한 뉴에이지 음악, 월드비트 감성으로 연주한 전통 히브리 기도 선율과 이디쉬 포크송, 게다가 간간이 재즈 퓨전까지 포함되어 있다. 유대 역사를 음악으로 훑는 듯한 느낌이다. 반면, 〈레베소울-오RebbeSoul-O〉에는 브루스 버거Bruce Burger('레베 소울'의 본명) 자신의 문화적·음악적 뿌리를 찾아가는, 일종의 개인적 영성 여행을 음악으로 풀어냈다.

MARC RIBOT

Yo! Killed Your God (1999) Tzadik TZ7134

대부분 라이브 녹음이며, 1990년대 초 펑크로 유명했던 뉴욕 클럽 GBGB에서 만들어졌다. 기타 노이즈와 기악곡들은 진보유대문화의 극단적인 모습을 보여준다. 마크 리봇의 밴드들(통칭 슈렉)에는 뉴욕의 빼어난 다운타운 연주자들도 더러 있었다. 대표적으로 소울 코핑Soul Coughing의 베이스 연주자 세바스티안 슈타인베르그, 액시드 재즈 밴드인 메데스키 마틴 앤 우드의 크리스 우드Chris Wood를 꼽을 수 있다.

YEHOSHUA ROCHMAN

The Klezmer Violin of Yehoshua Rochman (1998) Tara Music TM702-2

이스라엘 바이올리니스트 여호수아 로흐만Yehoshua Rochman의 하시드 니구님과 기도음악을 모은 음반. 단순하고 엉성한 전자키보드 사운드에 푹 젖어 이국적이고 뉴에이지 같은 월드비트 분위기를 자아낸다. 아니, 키보드는 원래 달콤하고 센티멘탈한 로흐만의 사운드에 꿀을 좀 더 바른 것뿐인지도 모르겠다.

JOEL RUBIN

Hungry Hearts: Classic Yiddish Clarinet Solos of the 1920s (1988) Wergo SM1615-2

▮ ***Bessarabian Symphony: Early Jewish Instrumental Music*** (with Joshua Horowitz) (1994) Spectrum/Wergo SM1606-2

Zeydes un Eyniklekh (with the Epstein Brothers Orchestra) (1995) Spectrum/Wergo SM16102

▮ ***Beregovski's Khasene*** (Joel Rubin Jewish Music Ensemble) (1997) Weltmusik SM1614-2

클라리넷 연주자 조엘 루빈의 음반은 대부분 '새로운 전통'이라 명명할 수 있다. 초창기 클레즈머 음반을 구석구석 세심하게 연구하여 재구성했기 때문이다. 녹음기술, 공연, 학술적인 면에서 모두 최상급 음반들이다.

〈헝그리 하트Hungry Hearts〉는 원래 1988년 '브레이브 올드 월드'(조엘 루빈 클레즈머 앙상블 연주)라는 제목으로 발매한 카세트였다. 레퍼토리와 편곡 모두 루빈이 맡았는데, 이후 루빈이 대성공을 이룬 여러 음반들, 예컨대 클라리넷-침블 듀엣이 등장하는 〈베사라비아 심포니Bessarabian Symphony〉, 구세계 웨딩 레퍼토리를 연주한 〈베레고프스키의 결혼Beregovski's Khasene〉, 엡스타인 브라더스와 함께 클래식 클레즈머를 연주한 〈할아버지와 손자Zeydes un Eyniklekh〉를 이미 예견한 녹음이라 하겠다. 연주자 가운데 마이클 앨퍼트와 스튜어트 브로트만도 눈에 띈다. (이후, 루빈·앨런 베른·한쿠스 넷스키와 함께 브레이브 올드 월드를 창단한 주인공들이다.) 그야말로 클레즈머 리바이벌의 올스타 음반이다.

〈베사라비아 심포니〉는 놀라운 기교와 아름다움이 돋보이는 음반이다. 여기에서 루빈은 '새로운 전통'에 몰두하던 또 다른 음악가 조슈아 호로비츠와 호흡을 맞추었다. 부도비츠 밴드의 리더로 잘 알려진 호로비츠는 버튼 아코디언과 침블 연주의 대가이기도 하다. 두 연주자는 구세계 양식으로 아름다운 클레즈머 듀엣을 연주했다. 레퍼토리는 대부분 전통적인 결혼음악에서 가져와 일종의 모음곡 형식으로 음반을 만들었다. 클래식 음악의 '고음악' 연주와 비슷하다.

〈할아버지와 손자〉에서 루빈은 엡스타인 브라더스(맥스, 줄리, 윌리)와 함께 연주했다. 엡스타인 브라더스는 미국에서 태어난 클레즈모림으로 모두 데이브 타라스와 연주한 바 있고, 2차 세계대전 이후 하시드 음악 연주자로 유명했다. 피터 소콜로프, 대니 루빈스타인 Danny Rubinstein, 팻 메롤라Pat Merola도 합류했다. 이들은 타라스의 유명 레퍼토리 중 그리스·집시 음악 향취가 짙은 불가 선율을 골라 이틀간 잼세션을 벌였다. 미국화된 타라스 연주 방식을 그대로 따른 것이다.

〈베레고프스키의 결혼〉의 레퍼토리는 대부분 소련의 음악인류학자 모셰 베레고프스키의 현지조사 녹음에서 가져왔다. 평소 접하기 힘든 우크라이나의 유대인 결혼음악을 들을 수 있는 음반으로, 사랑스럽고 섬세한 어쿠스틱 연주가 돋보인다. 몇몇 헝가리 음악가를 포함하여 6중주로 연주된다.

SABBATH HELA VECKAN

Klez (1995) Prophone PCD024

스칸디나비아의 어쿠스틱 6중주단으로 레퍼토리는 주로 전통음악이다. 클레즈머의 주요 레퍼토리 중 하나인 '길거리 노래Der Gasn Nign'를 아코디언-베이스 듀엣으로 연주하는데, 어두운 느낌을 주는 음들이 구슬픈 분위기를 자아낸다. 클라리넷 연주자 피터 보텐Peter Bothen 이 아코디언·트롬본과 함께 연주하는 '사돈을 집으로 모시며Firen Di Mekhutonim Aheym' 또한 애절하게 들린다. 이 음반에 담긴 느린 템포의 명상음악이 모두 비슷한 느낌이다. 업비트 댄스음악과 보컬은 성공적이라 하기 힘들다. 단, 창작곡 '클레즈모포비아Klezmophobia'는 주목할 만하다. 트롬본의 폭발적인 디스토션 사운드가 등장하는 음악인데, 곧 이어지는 음악은 몽롱한 분위기의 '니군Nigun'이다. 실험적 음악의 비전을 갖고 있음을, 그리고 그 비전은 앞으로 계속 탐색해나갈 필요가 있음을 보여준 사례라 하겠다.

SALOMON KLEZMORIM

First Klez (1991) Syncoop 5752 CD136

1989년, 마르셀 살로몬Marcel Salomon(클라리넷)과 테오 반 톨Theo van Tol(아코디언)이 창단한 네덜란드 앙상블. 이 음반에는 닌케 루츠마Nienke Lootsma(바이올린), 미히엘 바이드너Michiel Weidner(침발롬), 클레즈머틱스의 데이비드 리히트(드럼)도 합류하고 있으나, 대부분은 클라리넷-아코디언 듀엣으로 연주된다. 살로몬은 잘 알려지지 않은 레퍼토리를 전통적 방식으로 연주하는 모험을 감행하는가 하면, 발칸-클레즈머 크로스오버 레퍼토리에도 특별한 관심을 드러낸다. 묵직한 분위기, 완성도 높은 연주, 게다가 혁신적인 면모까지 보여주는 실내악 클레즈머라 불러도 좋을 듯싶다.

JOHN SCHOTT

In These Great Times (1997) Tzadik TZ7115

기타리스트 존 숏이 만든 일종의 노래연작 음반. 프란츠 카프카Franz Kafka, 오스트리아의 시인이자 극작가인 칼 크라우스Karl Kraus, 이디쉬어를 구사하는 미국 유대인 야콥 글랏슈테인Jacob Glatshteyn의 20세기 초 저작을 사용했다. 이들 작품은 유럽 유대인의 상황을 다양하게 묘사하고 있는데, 홀로코스트 이전 작품임에도 불구하고, 앞으로 무슨 일이 일어날지 불가사의할 정도로 정확하게 예언하고 있다. 재즈나 클래식 같은 기악곡이 기타, 베이스, 드럼으로 연주되며, 메트로폴리탄 오페라 테너 존 호튼 머레이John Horton Murray가 이디쉬어, 히브리어, 독일어로 노래한다. 현대 인상주의 음악가들이 만든 소극장 오페라 같은 분위기가 물씬 풍긴다.

ABE SCHWARTZ

Master of Klezmer Music, Vol. 1: The First Recordings 1917 (1987) Global Village 126

아베 슈바르츠의 수많은 녹음을 재발매하려는 계획하에 탄생한 첫 번째 음반. 1917년에 녹음한 세 차례 세션에 초점을 맞추었다. 조악한 음질과 스크래치 소리에도 불구하고 초기 앙상블 연주와 당시의 주요 레퍼토리를 들을 수 있다는 점에서 소중한 음반임에 틀림없다. 하지만 조악한 음질 때문에 아주 열성적인 학자 외에는 관심을 갖기 힘든 음반인 것도 사실이다.

SHAWN'S KUGEL

Simcha! (1997) Popover PP-D5000

손 위버Shawn Weaver는 목관악기, 기타, 만돌린, 칼림바(음비라)를 연주하고 보컬까지 도맡아

하는 다재다능한 음악가로 9년간 퍼시픽 노스웨스트의 마첼톤스Mazeltones 멤버였다. 〈심차!Simcha!〉는 위버의 솔로 데뷔 음반으로 자신의 고유 영역을 찾는 시도였다. 프레이레흐, 클레즈머, 세파르디/이스라엘 음악 원곡을 재즈와 결합시키는가 하면('바바 블루스Baba Blues' '옛 노래Zemer Atik'), 월드비트와의 결합도 시도한다('평화 있기를Shalom Aleichem/세이 요나Sei Yona'). 나아가, 롤링 스톤스Rolling Stones의 '페인트 잇 블랙Paint It Black'은 발칸 댄스음악으로 변모시킨다.

SHIRA

Soaked and Salted (1995) Shira 1002

위스콘신주州 매디슨의 4중주단 쉬라Shira의 클레즈머-재즈 퓨전 음반. 첫 번째 트랙 '모세 오경을 취하라Take Five Books of Moses'는 데이브 브루벡/폴 데스몬드의 클래식 '테이크 파이브 Take Five'를 살짝 바꾸어, 중동 사운드의 색소폰 멜로디를 덧붙였다. 이어지는 트랙들도 유대음악 재료를 재즈 양식으로 연주한다는 점에서 모두 비슷하다. 단, '나의 이디쉬 맘보My Yiddishe Mambo' '하바 나게봅Hava Nagebop'은 실제 음악보다 이론이 앞선 느낌이다.

SHIRIM

Of Angels and Horseradish (1990) Northeastern NR5005 (NR)

Naftule's Dream (1993) Northeastern NR5014

▍*Klezmer Nutcracker* (1998) Newport Classic NPC85640

OY! It's Good: The Art of Yiddish Song (2000) Newport Classic NPD85653 (NR)

쉬림은 '나프툴레의 꿈' 밴드의 또 다른 자아라고 주장한다. 다만, 전자는 전통, 후자는 아방가르드를 표방하는 밴드이다. 그렇다고 쉬림이 클래식 클레즈머를 그대로 재생산하지는 않는다. 〈나프툴레의 꿈Naftule's Dream〉 앨범의 첫 번째 곡은 민요 '쉬, 조용히 해Sha, Shtil'의 몽환적 재즈 버전이다. 베티 실버만Betty Silberman의 풍부하고 묵직한 보컬이 글렌 딕슨의 클라리넷과 팽팽하게 맞선다. 딕슨의 타이틀 트랙은 인상주의 색채의 정교한 음악으로 위대한 나프툴레 브란트바인에게 헌정되었다. '세바스토폴로 가는 길Az Men Fort Kayn Sevastopol'은 민요 '잔코예 Zhankoye'의 쉬림 버전으로, 살짝 프로그레시브 재즈로까지 나아간 느낌이다. 분명 평범한 음악재료를 담아냈으나, 아무도 시도하지 않은 음악 양식, 그러니까 나프툴레의 꿈 밴드라면 충분히 했을 법한 음악 양식으로 뻗어나가고 싶은 간절한 바람이 느껴지기도 한다.

쉬림의 간절한 바람은 〈클레즈머 호두까기 인형Klezmer Nutcracker〉에서 절반 정도 이루어 진다. 음반의 절반은 유명한 차이코프스키의 〈호두까기 인형〉을 클레즈머로 탈바꿈시킨 음악이다. 노래 제목까지 클레즈머화化 시켰다. 예컨대, '라트케스 여왕의 춤Dance of the Latkes Queens' '마카비 행진곡March of the Macabees' '루겔라 왈츠Waltz of the Ruggelah' 등이다.[4] 음 반의 나머지 반도 비슷한 방식으로 클래식 음악을 연주한다. 클레즈머화된 클래식은 사 티·브람스·쇼팽·말러의 음악. 사실 이 음반에 실린 클래식 음악은 원래 동유럽 민속음 악 어법에 기인한 것이어서, 클레즈머화에 아주 적합해 보인다. 서투른 편곡이었다면 아주 이상한 음악이 될 수도 있었을 텐데, 그 자체가 위대한 음악으로 여겨질 만큼, 기적적인 문 화적 환생을 이루어냈다고 해도 과언이 아니다.

RONNY SOMECK AND ELLIOTT SHARP

Revenge of the Stuttering Child (1997) Tzadik TZ7117

이스라엘의 시인 로니 소멕Ronny Someck과 작곡가이자 여러 악기를 다루는 연주자 엘리엇 샤프가 의기투합한 음반. 단순히 음악 반주에 실어 나르는 낭송 음반은 아니다. 소멕이 사 용하는 이스라엘의 깊고 풍부한 히브리어는 그 자체로 악기 역할을 하며, 샤프는 그 악기 안에서 혹은 주변을 돌며 앙상블 음악을 배열한다. 소멕의 시는 모두 이스라엘, 미국, 유 럽, 아랍 유대인의 삶을 묘사하는 내용이다. 영어 번역판도 실려 있다.

GLENN SPEARMAN

Blues for Falasha (1990) Tzadik TZ7130

프리재즈 색소폰 연주자 글렌 스피어맨Glenn Spearman(1998년 사망)은 세상을 떠나기 얼마 전, 유대인으로서 자신의 영성적·음악적 뿌리를 찾기 시작했다. 그의 어머니는 백인 유대인, 아버지는 흑인 그리스도교인이었다. 그의 주요 관심사는 '팔라샤'라 불리는 에티오피아 유 대인이었다. 이들은 성서 속 유대인의 자손이라 주장하는 사람들이었다. 〈팔라샤를 위한 블루스Blues for Falasha〉에 담긴 음악은 모두 네 곡. 팔라샤 사람들을 염두에 둔 일종의 모음곡 으로 더블 트리오로 연주된다. 퍼커션이 배경에 깔리고, 낭송, 아프리카 음악 텍스처, 프리페

• • •

4 라트케스는 유대인의 감자전, 마카비/마카베오는 유대인 장군 이름, 루겔라는 유대인의 페이스트리이다(역주).

어드 피아노, 거기에 스피어맨 자신의 소울 가득한 테너 색소폰 즉흥연주가 어우러진다.

ANDY STATMAN

▌ *Jewish Klezmer Music* (Andy Statman and Zev Feldman) (1978) Shanachie 21002

▌ *Klezmer Music* (Andy Statman Klezmer Orchestra) (1983) Shanachie 21004

▌ *Klezmer Suite* (Andy Statman Klezmer Orchestra) (1984) Shanachie 21005

▌ *Songs of the Breslever Chassidim: Today* (with Yaacov Klein) (1994) Shoresh

▌ *Songs of Our Fathers: Traditional Jewish Melodies* (with David Grisman) (1995)
   Acoustic Disc ACD-14

▌ *Between Heaven and Earth: Music of the Hewish Mystics* (1997) Shanachie 64079

▌ *The Hidden Light* (The Andy Statman Quartet) (1998) Sony Classical SK60814

〈유대 클레즈머 음악Jewish Klezmer Music〉은 2차 대전 이후 처음으로 세상에 나온 구세계 클레즈머 사운드로 마틴 콘퓨리어스(베이스), 앤디 슈태트만(클라리넷, 만돌린), 제프 펠트만(침블)의 듀오/트리오 편곡으로 구성되어 있다. 레퍼토리는 데이브 타라스, 나프툴레 브란트바인, I. J. 호흐만, 해리 칸델, 아베 슈바르츠 등이 옛날에 녹음한 유성기 음반의 음악. 클레즈머 리바이벌의 보석과 같은 음반인데, 아쉽게도 절판이 되어 아직 CD로 재발매되지 않았다.[5]

앤디 슈태트만의 첫 번째 앙상블 음반 〈클레즈머 음악Klezmer Music〉(음반 표지 디자인이 애매해서 〈앤디 슈태트만 오케스트라Andy Statman Klezmer Orchestra〉라고도 부른다.)은 점점 발전하는 슈태트만의 클라리넷 연주법을 보여준다. 물론 그의 만돌린 연주가 부족하다는 뜻은 아니다. ('루마니아 댄스Rumanian Dance' '우크라이나 코시드Ukrainer Chosid'l' 등에서는 만돌린을 연주한다.) 레퍼토리는 광범위하며, 트랙 제목만 봐도 슈태트만의 관심사를 알 수 있다. ('루마니아 댄스' '바르샤바의 진주Pear from Warsaw' '우크라이나 코시드' '테르키셔Terkisher' '부카레스트 댄스Onga Bucharesti' 등) 편곡이 단순해서 민속음악 같은 느낌을 준다. '바르샤바의 진주'에서 마틴 콘퓨리어스의 베이스는 마치 바이올린 같고, 밥 존스의 기타는 침블 같다. 한편, 데이비드 슈타인베르그는 프렌치 호른과 트럼펫을 연주하며 4중주 음향을 풍성

• • •

5   2000년 샤나키Shanachie에서 CD로 재발매되었다(역주).

하게 수놓는다.

〈클레즈머 모음곡Klezmer Suite〉에서 슈태트만이 보여주는 연주는 황홀하기 그지없다. 데이브 타라스의 신작도 포함되어 있다. 타라스의 원숙한 작곡 솜씨를 엿볼 수 있다. 〈클레즈머 음악〉 음반의 사중주 멤버가 다시 모였다. 기타를 사용하고 있음에도 불구하고 '배우자 부모님을 테르노프카 집으로 모시며Opfirn di Makhetonim in Ternovka' 같은 음악에서는 구세계 향취가 짙게 풍긴다. 드럼과 다른 타악기가 가끔 사용되지만 앙상블 사운드에 도움은 되지 않는다. 그렇다고 슈태트만의 천재적인 연주를 방해하지도 않는다. 이 음반에서 슈태트만이 특별히 애정을 표현한 음악은 서정적인 하시드 멜로디다.

〈우리 선조의 노래Songs of Our Fathers〉는 슈태트만과 그의 멘토 데이비드 그리스만이 녹음한 음반으로, 세계 최고의 만돌린 연주자 두 명이(슈태트만은 클라리넷도 연주한다.) 전통과 현대를 아우르며 히브리 기도음악, 니구님, 클레즈머 춤곡을 선보인다. 자세한 설명이 들어간 소책자도 이 음반의 가치를 한껏 높였다.

슈태트만은 몇십년간 존 콜트레인이나 앨버트 아일러Albert Ayler 같은 재즈 뮤지션들의 즉흥연주 방식을 유대 전례음악(이 경우, 하시드 니구님)에 접목시키는 일을 목표로 삼고 있었다. 〈하늘과 땅 사이: 유대 신비주의 음악Between Heaven and Earth: Music of the Jewish Mystics〉에서 슈태트만은 드디어 이 목표에 도달한다. 그의 밴드는 이제 앤디 슈태트만 클레즈머 오케스트라가 아닌, 앤디 슈태트만 사중주. 재즈의 향내가 짙게 느껴지는 이름이다. 슈태트만은 더 이상 전통적인 클레즈머를 연주한다고 주장하지 않는다. 케니 베르너Kenny Werner(피아노), 하비 스와츠Harvie Swartz(베이스), 밥 바이너Bob Weiner(드럼)는 슈태트만의 지극히 개인적인 영적 여행에 기꺼이 동참한 연주자들이다. 이들이 빚어낸 음악이야말로 '유대 재즈'라는 이름을 붙일 만한 몇 안 되는 사례라 할 수 있다.

이어지는 음반 〈숨겨진 빛The Hidden Light〉도 비슷한 맥락에서 탄생했다. 하지만 〈하늘과 땅 사이〉보다 훨씬 편안하게 즐길 수 있는 음악이다. 원곡에 가까운 연주를 들려주기 때문일 것이다. 여전히 슈태트만 곁을 지키고 있는 연주자는 드러머 밥 바이너. 피아노와 베이스는 각각 브루스 바스Bruce Barth와 스콧 리Scott Lee가 맡았다. 창작음악과 하시드 음악을 섞어 연주한다. 〈브레슬라우 하시드 노래: 오늘Songs of the Breslever Chassidim: Today〉은 저예산 카세트 녹음이나 들어볼 가치는 충분하다.[6] 현대판 하시드 기도 선율에 슈태트만이 만돌린, 클라리넷, 색소폰 반주를 붙였고, 랍비 야코프 클라인Yaacov Klein이 평키한 전자키보드 음향에 푹 잠긴 보컬을 들려준다.

YALE STROM

Cholent with Huckleberry (Zmiros) (1982) Global Village 129

Eclectic Klezz (Zmiros) (1986) Global Village 110

With a Little Horseradish on the Side (Hot Pstromi) (1991) Global Village 158

Wondering Jew (Yale Strom and Klazzj) (1997) Global Village 174

예일 스트롬은 바이올리니스트/편곡자/작곡가로서 자신이 창단한 여러 그룹과 함께 위 음반들을 녹음하며 고유의 길을 개척했다. 물론, 기본 레퍼토리를 새로운 버전으로 단순 재구성한 건 아니다. 동유럽과 지중해에서 현지조사를 수행하며 잘 알려지지 않았던 멜로디를 발견하고 여러 지역 음악의 영향이 강하게 느껴지는 편곡기법을 발전시켰다. 월드비트의 영향도 나타난다.

스트롬의 음악은 핫 스트로미Hot Pstromi의 〈작은 호스래디시를 옆에 두고With a Little Horseradish on the Side〉에서 절정에 달한다. 클라리넷과 만돌린을 연주하는 앤디 슈태트만이 합류한 것도 어느 정도 도움이 되었을 것이다. 확실히 슈태트만의 능숙한 연주로 다른 음악가들도 최고의 기량을 뽑아낼 수 있었다. 연주 시간이 꽤 긴, 다이내믹하고 창의적인 기악곡도 감상할 수 있는데, 타이틀 트랙이 대표적인 예이다. 스트롬이 작곡한, 플라멩코와 유대음악의 교차로 같은 음악이다.

즈미로스는 스트롬이 창단하고 이끌었던 여러 그룹 중 하나이다. 활동적인 민속학자이자 연주자, 작곡가, 다큐멘터리 영화 제작자인 스트롬은 즈미로스와 함께 전통적인 클레즈머 음악을 수많은 양식으로 섞고 조합했다. 음반 타이틀도 이런 기법을 그대로 반영한다. ― 〈절충적인 클레즈Eclectic Klezz〉와 〈촐렌트Cholent〉. 전자는 세파르디 음악과 중동음악, 몇몇 보컬음악을 수록했고, 후자는 동명의 유대인 전통요리 촐렌트(다양한 식재료를 냄비에 넣고 끓이는 스튜)에서 음반 제목을 가져왔다. 특히 〈촐렌트〉에 담긴 곡은 모두 동유럽 기악곡이며 사중주로 연주된다. 두 음반 모두 생소한 레퍼토리로 구성되어 있다.

〈방랑하는 유대인Wandering Jew〉은 예일 스트롬과 클라즈Klazzj(즈미로스의 후속 밴드)의 음반. 앙상블에 색소폰이 추가되어 스트롬의 어쿠스틱한 월드-재즈 퓨전의 완전체가 탄생했다. 반면, 동유럽 유대음악의 성향은 희석되었다.

. . .

6 2014년 차딕에서 CD로 재발매되었다(역주).

SULAM

Klezmer Music from Tel Aviv (1992) Wergo SM1506-2

이스라엘이라는 현대의 유대 국가에서는 클레즈머 음악을 찾아볼 수 없었다. 20세기 유대 문화의 모순이 아닐 수 없었다. 물론 예외는 있었다. 그 중 하나가 밴드 술람Sulam. 리더는 클라리넷 연주자 모셰 "무사" 베를린Moshe "Mussa" Berlin, 밴드 멤버는 러시아/폴란드 이민자들이다. 〈텔 아비브의 클레즈머 음악Klezmer Music from Tel Aviv〉은 1990년 베를린 라이브 실황 음반. 플루트, 피아노, 바이올린, 퍼커션 등으로 구성된 밴드가 민속음악이 아닌, '극장용' 음악을 연주한다. 하지만 연주자들이 클레즈머 음악을 깊이 느끼고 있다는 점은 분명하다. 예견된 일이지만, 중동음악 편향성이 강하게 드러난다.

ALICIA SVIGALS

▌ *Fidl: Klezmer Violin* (1997) Traditional Crossroads TCRO4286

〈피들Fidl〉은 한마디로 감성 충만한 최고의 유대 소울 음반이다. 그야말로 클레즈머 바이올린 음악의 결정판이며, 구세계 클레즈머를 현대 버전으로 재구성한 음악 가운데 최고의 성과라 할 수 있다. 클레즈머틱스 멤버로 잘 알려진 스비갈스는 핵심 레퍼토리를 집중 공략하며 클레즈머 피들의 연주기법을 제대로 보여준다. 동시에 클레즈머 음악 역사상, 클레즈머 바이올린의 역사상, 가장 예술적인 개인의 표현을 구사한다.

완전한 어쿠스틱 녹음을 위해 스비갈스는 최고의 음악가들을 불러 모았다. 클레즈머틱스 동료인 로린 스클램베르그와 맷 다리아우, 부도비츠의 조슈아 호로비츠, 로렌 브로디 Louren Brody, 스티븐 그린만Steven Greenman, 일레인 호프만 왓츠Elaine Hoffman Watts가 스비갈스와 함께 했다. 하지만 이 음반은 전적으로 알리샤의 음악이다. 알리샤의 바이올린을 통해 클레즈머의 모든 것이 통과한다. 애절하고, 기쁘고, 가슴이 미어지는가 하면, 시간이 정지된 듯도 싶다. 스비갈스의 연주만으로도 충분한 소장 가치가 있는 CD이며, 여기에 월터 제프 펠트만의 라이너노트가 이 음반의 가치를 더욱 높여준다.

DAVE TARRAS

Tanz! (Dave Tarras and Sam Musiker) (1956) Epic

Master of Klezmer Music Vol. 1: Original Recordings 1929-49 (1989) Global Village 105

■ *Yiddish-American Klezmer Music 1925-56* [1992] Yazoo 7001

데이브 타라스는 이민 시기의 클래식 클레즈머와 동일어로 사용되어도 좋다. 그럼에도 불구하고 그의 기량과 위상에 어울리는 음반 컬렉션이 없어 안타까울 뿐이다. 그나마 다행인 것은 글로벌 빌리지에서 발매한 음반 시리즈 〈클레즈머 음악의 대가Master of Klezmer Music〉의 1집에 타라스의 뛰어난 연주가 실려 있다는 사실이다. 음반의 절반이 1939년의 한 세션에서 가져온 녹음이긴 하지만, 타라스의 왕성한 연주시기를 집중적으로 들여다볼 수 있다. 반면, 〈미국의 이디쉬 클레즈머 음악 1925-56Yiddish-American Klezmer Music 1925-56〉은 타라스의 다재다능함을 두루 엿볼 수 있는 음반이다.

〈댄스!Tanz!〉는 절판된 음반. 재발매된 적은 없으나, 수많은 카피가 유통되고 있다. 도서관이나 중고음반 가게, 가라지 세일에서 뒤져볼 만한 가치가 충분하다.[7] 진정한 클레즈머-스윙 퓨전을 시도한 샘 무지커의 노력은 물론이거니와, 타라스의 원숙하고 세련된 솔로를 들을 수 있다는 점에서 무척이나 소중한 음원이라 할 수 있다.

RICHARD TEITELBAUM

Golem [1995] Tzadik TZ7105

이디쉬 전설 '골렘'을 주제로 제작한 전자 멀티미디어 오페라의 사운드트랙. 골렘은 유대인의 프랑켄슈타인이라 할 수 있는데, 16세기 프라하의 랍비 로위Lowe가 만든 괴물로 알려져 있다. 이 음반은 1994년 암스테르담 라이브 실황으로, 보컬과 라이브 뮤지션의 연주 외에 신시사이저, 불길한 음향을 만들어내는 전자 사운드와 샘플이 사용되었다. 레퍼토리는 스포큰 워드spoken-word부터 포효하는 보컬, 브라이언 에노를 연상케 하는 엠비언트 뮤직까지 다양하다.

TWELVE CORNERS KLEZMER BAND

■ *Git Azoy (It's Good This Way)* [1999] DRK-204

뉴욕 로체스터의 6중주 밴드가 클래식 음악과 이디쉬 보컬음악을 섞어 연주한 음반이다. 클라리넷, 바이올린, 아코디언, 첼로, 기타, 밴조, 드럼을 자유자재로 연주한다. 이런 다재

- - -

7   2002년 에픽/레거시Epic/Legacy에서 재발매되었다.

다능함이야말로 이 밴드의 크나큰 자산이다. '사데거 코시드Sadegurer Khosid' '맥스의 불가
Max's Bulgar' '오데사 불가Odessa Bulgar' '트리스크 랍비의 제자들Dem Trisker Rebns Khosid'에서는
활달한 전통 댄스의 그루브를 즉석에서 만들어낸다. 이 음반의 핵심은 구세계를 떠올리게
하는 '사돈을 집으로 모시며Firn di Mekhutonim Aheym'와 '웨딩 캐노피 프레이레흐Freylekhs fun der
Khupe' 메들리. 앙상블의 교감이 생생하게 느껴지는 음악이다. 앙상블 멤버는 롭 멘델Rob
Mendel(클라리넷), 젤지코 쿠비치크Zeljko Kuvizic(아코디언), 피트 루셰프스키Pete Rushefsky(밴
조), 글레나 샹스Glenna Chance(바이올린), 션 마이클 설리번Sean Michael Sullivan(드럼), 로이 멘
델Roy Mendel(첼로).

TZIMMES

Sweet and Hot (1993) TZ-1

A Lid for Every Pot (1995) TZ-22

KlezMyriad (1998) TZ-333

밴쿠버의 클레즈머 밴드 치메스Tzimmes. 전세계 청중을 대상으로 동유럽·세파르디·이스
라엘 음악, 거기에 현대음악까지 범지구적·범문화적으로 연주한다는 자부심을 갖고 있
다. 세 장의 음반에서 치메스는 유대 기악음악과 보컬음악을 민속음악 양식으로 다양하게
선보인다. 흔히 그렇듯, 클레즈머는 다양한 장르명으로 청중 앞에 놓여진다. 치메스 밴드
의 경우, 스스로를 '유대 월드비트' 밴드라 부른다. 꼭 맞는 이름이 아닐 수 있으나, 유대음
악의 다양한 세계를 즐겁게 여행할 수 있는 사랑스런 음반들이다.

JEFF WARSCHAUER

█ *The Singing Waltz: Klezmer Guitar and Mandolin* (1997) Omega OCD3017

만돌린 리바이벌을 주도한 제프 바르샤우어는 솔로 연주는 물론, 듀엣과 그룹 연주(그의
부인이자 바이올리니스트인 데보라 슈트라우스Deborah Strauss, 클레즈머 콘서바토리 밴드와
함께 연주)에서도 만돌린 연주자로 유명했다. 나아가 어쿠스틱 기타까지 앙상블에 포함시
키는 혁신을 일으켰는데, 그것도 리듬악기로서가 아닌, 침블·클라리넷·바이올린과 같은
리드악기로 기타를 사용했다.

　〈노래하는 왈츠The Singing Waltz〉의 '사데거 코시드Sadegerer Khosid'(1916년 요셉 모스코비츠
가 침블로 연주했던 곡)에서 바르샤우어는 혁신적인 솔로 연주를 선보인다. 또한, 데이브

타라스의 앙상블 음악 '이스탄불 댄스Tants Istambul'를 자신의 버전으로 바꾸어 앙상블과 함께 연주한다. 바르샤우어와 호흡을 맞춘 연주자들은 브레이브 올드 월드의 쿠르트 비욜링과 앨런 베른, 클레즈머 콘서바토리 밴드의 한쿠스 넷스키, 쉬림의 데이비드 해리스 등 당대 최고의 실력자들이다.

WEST END KLEZMORIM

Freylekhs 21 (1991) Global Village 153

뉴욕의 전문 연주자들로 구성된 밴드로, 리더는 클라리넷 연주자 해롤드 셀렛스키Harold Seletsky. 유명한 블루그래스 밴조/만돌린 연주자 베리 미터호프Barry Mitterhoff, 튜바·드럼·아코디언 연주자들, 보컬리스트가 함께 한다. 지극히 미국적인 음악, 잘 만들어진 이디쉬 극장음악 양식을 선호한다. (메리 페인싱어Mary Feinsinger가 이디쉬어와 영어로 드라마틱한 보컬을, 셀렛스키가 재즈에 가까운 클라리넷 사운드를 선사한다.) 이런 특성 때문에 '카펠레' 밴드 팬들의 호감을 얻은 듯하다.

WHOLESALE KLEZMER BAND (Sherry Mayrent 참조)

Shmir Me (1992) Oyfgekumener OYF002 (NR)

Prayer for a Broken World (1996) Oyfgekumener OYF004

▌ *Yidn Fun Amol (Jews of Long Ago)* (1997) Oyfgekumener OYF005

홀세일 클레즈머 밴드를 한마디로 표현하면, 이디쉬어로 헤이미쉬heymish(자기 집처럼 편안하다는 뜻)가 가장 적합할 것 같다. 1982년 매사추세츠 서부 지역에서 창단된 이래 구세계 음악 성향을 견지하고 있는 감성적인 밴드이다. (물론 현대에 만들어진 음악, 창작곡도 연주한다.) 구세계 감성이 느껴지는 것은 어쿠스틱 밴드로 소박한 편곡을 고집하기 때문이기도 하지만, 잃어버린 문화를 향한 찬가로 향수를 자극하기 때문이기도 하다.

클라리넷을 연주하는 셰리 메이렌트는 최고의 편곡자이자 작곡가·솔로이스트이다. 요슬 쿠를란트Yosl Kurland는 따뜻한 감성의 이디쉬 보컬리스트이자 바드혼이며, 현대의 몇 안되는 이디쉬 노래 작곡가이기도 하다. 브라이언 벤더Brian Bender(트롬본), 오웬 데이비슨Owen Davidson(아코디언), 리치 데이비스Richie Davis(드럼) 또한 고도의 연주기량으로 밴드의 위상을 높여준다.

홀세일 클레즈머 밴드는 자세한 음반 해설도 잊지 않는다. 클레즈머 대표곡과 창작곡을 그간 간과되었던 보석 같은 이디쉬 자산들과 섞어 레퍼토리를 구성했다. 예컨대, 〈부서진 세상을 위한 기도Prayer for a Broken World〉에는 홀로코스트 시기의 자장가 '꾸벅꾸벅 졸고 있는 새들Dremlen Feyglekh'과 브란트바인의 음악 두 곡(전쟁터에 나가 있는 유대인을 연상시키는 음악)을 엮은 '전쟁 메들리Milkhome gemish'가 들어 있다. 실제로 이 음반은 전쟁을 논하고 평화를 구하는 콘셉트 앨범으로, 지난 10여 년간 발칸 지역을 초토화시킨 동족간 전쟁에 대해 윤리적, 영적, 음악적 의견을 표명한다.

〈옛날 옛적의 유대인Yidn Fun Amol〉은 이미 제목에서 알 수 있듯, 전통에게 바치는 헌정 음반이다. 그러나 전통을 단순 재구성하는 것이 아니라, 전통을 지속시키는 데 방점을 둔다. 첫 번째 곡은 '클레즈머 음악가들의 삶Dem Klezmers Lebn'. 클래식 불가로 착각하기 쉬우나, 실은 셰리 메이렌트의 창작곡이다. 이어지는 곡들도 구세계 양식으로 되어 있다. 홀세일 클레즈머 밴드가 활기차게 연주한다. 가장 중요한 곡이라면 '이디쉬어로 말하라Redt Yidish'. 요슬 쿠를란트가 작곡한 노래로, 동유럽 유대인의 자산인 이디쉬어의 역사를 추적하고 이디쉬어의 리바이벌을 예찬한다.

YIDDISHE CUP KLEZMER BAND

▌ *Yiddfellas* (1999) Yiddishe Cup TC1002

클리블랜드 밴드로 다섯 명 멤버 모두 세 가지 이상의 악기로 연주할 수 있는, 다재다능한 앙상블이다. 테레민(원조 전자악기)을 사용하여 클레즈머 음악을 녹음한 유일한 밴드이기도 하다. 〈이드펠라스Yiddfells〉는 리바이벌 이전 시기의 음악에 전념한 음반이다. 미키 카츠에게 헌정한 음악('그건 모리스That's Morris'), 하시드 노래('안식일 노래Shabbos Nign'), 이디쉬 극장음악('건포도와 아몬드Rozhinkes mit Mandlen')과 타라스와 브란트바인의 영향이 짙은 기악곡, 구세계 양식의 플루트-침블 듀엣까지 담겨 있다.

YID VICIOUS

Klez, Kez, Goy Mit Fez (1998) Uvulittle UVU101

위스콘신 메디슨의 7중주 밴드. '악랄한 유대인'이라는 뜻의 밴드 이름에도 불구하고, 주로 소박한 어쿠스틱 클레즈머를 연주하는 그룹이다. 호른, 클라리넷, 바이올린으로 구성되었으나, 다른 악기의 합류 가능성도 배제하지 않는다. 주요 레퍼토리는 친근한 클레즈머 기악곡이며, 연주자 개개인이 돌아가며 스포트라이트를 받도록 구성된다.

'하시딤 댄스Khsidim Tants'와 '영원하라 팔레스티나Leben Zol Palestina'에서 일렉기타는 리듬 악기로 사용된다. 러시아 셰르의 이드 비셔스 버전인 '악마의 셰르Devil's Sher'에서는 "워워" 하는 효과음이 들린다. 클레즈머를 유대인의 '소울' 음악으로 만든 곡이기도 하다. 다른 밴드들도 많이 연주한 '타슐리흐에서Fun Tashlikh'는 스윙과 프로그레시브 록의 만남을 시도하며 혁신적인 음악을 들려준다. 이드 비셔스는 밴드 이름은 물론, 곡명에 대해서도 스스로 흐뭇해한다. '코사크는 신경 쓰지 말라Never Mind the Cossacks' '우크라이나의 아나키Anarchy in the Ukraine' 등이 대표적인 예이다. 한편, 음반명은 억지로 라임을 맞춘 결과인데, '클레즈, 치즈, 페즈를 쓴 이방인Klez, Cheese, Gentile with a Fez'이라는 뜻이다.

ZOHAR

Keter (1999) Knitting Factory KFR236

피아니스트 유리 케인과 모로코 출신의 칸토르 아론 벤수산Aaron Bensoussan이 기획한 음반. 케인의 키보드 트리오 재즈, 벤수산의 울부짖는 듯한 아랍풍 찬트, 디제이 올리브DJ Olive가 프로그래밍한 월드비트의 전자음악 등이 어지럽게 뒤섞인 음악이다. 카발라에서 영감을 얻어 만든 도발적인 합작 음반으로, 고대와 현대의 완벽한 만남이라 할 수 있다.

JOHN ZORN (Mystic Fugu Orchestra 참조)

Kristallnacht (1993) Tzadik TZ7301

▌ ***Bar Kokhba*** (1996) Tzadik TZ7108-2

▌ ***The Circle Maker*** (1998) Tzadik TZ7122-2

Filmworks VIII (1997) Tzadik TZ7318

존 존이 공공연하게 유대음악을 발표하기 시작한 것은 1992년 11월에 녹음된 〈수정의 밤 Kristallnacht〉부터였다. 이 음반이 진정한 유대음악으로 빛을 발할 수 있었던 것은 첫 번째 트랙 '슈테틀(게토 라이프)Shtetl(Getto Life)'에 참여한 두 명의 현대판 클레즈모림, 데이비드 크라카우어와 프랭크 런던 덕분이기도 하다. '슈테틀'은 동유럽 유대인의 삶을 묘사하는 애절한 음악인데, 아돌프 히틀러의 목소리, 성난 군중의 소요를 연상시키는 사운드가 중간 중간 들어가 있다.

이어지는 두 번째 트랙 '네버 어게인Never Again'에서는 귀를 찢는 듯한 음향이 12분간 지속된다. '수정의 밤'을 은유적으로 표현한 작품이라 할 수 있다. '산산조각 난 유리파편의 밤'이라고도 칭하는 '수정의 밤'은 유럽 유대인을 전멸시키려는 독일의 의지를 표명한 전방위적 대학살 사건이었다. 존은 그 날의 공포를 듣기 힘든 음악으로 표현했고, 음반에는 "연장 혹은 반복 듣기"를 삼가라는 경고 문구까지 덧붙였다.

음반 전체가 같은 맥락으로 구성되었다. 즉, 생각에 잠기게 하는 부분과 폭력적인 소음이 번갈아 나타난다. 연주는 마크 펠트만(바이올린), 마크 리봇(기타), 앤서니 콜먼(키보드)이 맡았다. (존 존은 연주에 참여하지 않았다.) 각 트랙에 붙인 제목만 보더라도 존이 의도한 주제를 명확하게 알 수 있다. — '네버 어게인' '불씨Embers' '교정Rectification' '예견Looking Ahead' '강철 주먹Iron Fist' '핵-새로운 합의Nucleus-The New Settlement'. 홀로코스트를 음악으로 재현한 대단히 야심차고 담대한 작품으로, 20세기 베스트 음반 중 하나로 기록될 만하다.

각각 두 장으로 발매된 〈바르코크바Bar Kokhba〉와 〈서클 메이커The Circle Maker〉는 반드시 주목해야 할 빼어난 음반이다. 마사다 실내 앙상블이라는 이름하에 2중주, 3중주, 4중주 등 다양한 소규모 앙상블로 연주된다. 레퍼토리는 존의 유대음악 창작곡을 재즈와 클래식 음악 양식으로 편곡한 곡들이다. 아프로-쿠바 재즈부터 불협화음 가득한 현대 클래식 현악 앙상블, 거기에 전통적인 분위기가 강한 이디쉬 음악 메들리까지 매우 다양하다. 앤서니 콜먼, 데이비드 크라카우어, 마크 펠트만, 마크 리봇, 존 메데스키, 데이브 더글라스 등 다운타운 최고의 아방가르드 뮤지션들이 녹음에 참여했다. (여기서도 존은 연주에 참여하지 않았다.)

〈바르코크바〉는 클래식과 재즈 향취로 가득하다. 기타-베이스 2중주, 유럽 민속음악 같은 현악3중주 음악이 있는가 하면, 섬세한 피아노 솔로가 피치카토 댄스를 연주하기도 한다. 〈서클 메이커〉의 CD 두 장에는 서로 다른 프로그램이 담겨 있다. 첫 번째 CD에는 '이사카Issachar'라는 이름으로 현악3중주 음악이, 두 번째 CD에는 '즈블룬Zevulun'이라는 이름으로 현악3중주에 기타·드럼·퍼커션을 포함시켜 보다 활기차고 풍부한 6중주 음악이 담겼다. 존 존의 음악 가운데 가장 쉽고 아름다운 음악을 〈바르코크바〉와 〈서클 메이커〉에서 감상할 수 있다.

〈필름웍스 VIII 1997Filmworks VIII 1997〉은 영화 《마지막 휴양지 항구The Port of Last Resort》(독일에서 상하이로 피난 온 유대인 난민에 관한 다큐멘터리)의 사운드트랙이다. 차딕의 진보유대문화 시리즈에 포함된 음반은 아니지만, 마사다 실내 앙상블의 연주로 녹음되었다. 민 샤오펑Min Xiao-Fen, 閔小芬의 비파 연주도 몇몇 곡에서 감상할 수 있다.

JOHN ZORN'S MSADA

▌ *Alef(One), Beit(Two), Gimel(Three), Dalet(Four), Hei(Five), Vav(Six), Zayin(Seven),*
  Het(Eight), Tet(Nine) (1994-97) DIW888, 889, 890, 899, 900, 915, 923, 925, 933
▌ *Live in Jerusalem 1994* (1999) Tzadik TZ7322
▌ *Live in Taipei 1995* (1999) Tzadik TZ7323
▌ *Live in Middleheim 1999* (1999) Tzadik TZ7326

존 존(색소폰), 데이브 더글라스(트럼펫), 그레그 코헨(베이스), 조이 베런(드럼)이 합류한 밴드라면, 이들이 어떤 음악을 연주하건, 무조건 1990년대 최고의 재즈 앙상블이라는 데에 큰 이견이 없을 듯싶다. 한마디로, 마사다 음반은 모두 찾아 들어봄직하다. 아홉 개의 스튜디오 녹음은 사실 다섯 번에 걸쳐 이루어졌다. 첫 번째 음반부터 네 번째 음악은 모두 1994년 2월 어느 날, 하루 종일 녹음되었기 때문이다. 네 번째 음반은 20분 남짓 하지만, 나머지는 모두 일반 음반과 녹음 시간이 비슷하다. 모두 4중주로 존 존의 음악을 연주하며, 개인으로 혹은 단체로 즉흥연주도 한다. 모든 음반은 자유로운 즉흥연주(열정적인 프리재즈)와 틀에 짜인 즉흥연주(번갈아가며 솔로가 즉흥연주를 맡던가, 서로 즉흥연주에 답하는 방식) 간의 밸런스를 잘 유지한다.

마사다 음악은 열정적인 음악과 서정적인 음악, 화려한 음악과 조용한 기도음악이 교차한다. 물론, 음악 양식은 다양하다. "빵빵"거리고 "꽥꽥"거리고 "끽끽"거리는 존 존의 트레이드마크 사운드(염소 뿔로 만든 유대인 악기 쇼파 사운드를 생각하면 된다.)도 들어간다. 사실 데이브 더글라스도 트럼펫으로 같은 사운드를 빚어낸다.

마사다 음반들간의 차이점은 상당히 미묘하다. 첫 번째 음반은 유대음악이자 재즈 음악이다. 몇몇 곡들의 스윙은 상당히 관습적이다. 두 번째 음반의 포문을 여는 첫 곡 '피람 Piram'은 존 존이 유대음악 양식으로 작곡한 아방가르드-스윙 퓨전 가운데 가장 유명한 곡이다. 마사다의 다이내믹한 리듬 섹션을 맡고 있는 그레그 코헨과 조이 베런의 공로가 컸다. 이어지는 곡들도 모두 유대음악 색깔이 상당히 짙다. 세 번째와 네 번째가 마사다의 최고 음반으로 꼽힌다.

다섯 번째 음반은 마사다 음악 가운데 가장 '자유로운' 혹은 '외향적인' 음악을 담고 있다. 순간순간의 그룹 즉흥연주에 의존한 음악들 때문인데, 그럼에도 불구하고 존 존 음악의 핵심을 놓치지 않는다. 여덟 번째 음반에는 서정적인 음악, 수심에 잠긴 구세계 음악을 선보인다. 즉흥연주도 더욱 자유로운 모습이다.

라이브 앨범은 마사다의 즉흥적이고 다이내믹한 연주를 그대로 담아냈다. 〈예루살렘 1994Live in Jerusalem 1994〉와 〈타이페이 1995Live in Taipei 1995〉 모두 더블 CD로 발매되었다.

ZMIROS (Yale Strom 참조)

컴필레이션 음반

재발매 음반

■ *Klezmer Music: Early Yiddish Instrumental Music 1908-1927* (1997)
　　Arhoolie/Folklyric 7034

편집자 마틴 슈바르츠의 말을 따르자면, 이 음반이 이전의 컴필레이션 음반 〈클레즈머 음악: 초기 레코딩Klezmer Music: The First Recordings〉을 훨씬 능가한다. 유럽과 미국의 클레즈머 초창기를 대표하는 24곡이 실렸으며 그 중에는 평소 접하기 힘든 곡과 비르투오소 솔로곡도 포함되어 있다. 재발매 음반 가운데 주목할 만한 앨범이다. 모든 곡에 대한 소개 글과 상세한 설명도 포함되어 있다.

■ *Klezmer Pioneers: European and American Recordings 1905-1952* (1993)
　　Rounder 1089

중요한 초기 레코딩 음반으로 헨리 사포즈닉과 딕 스포츠우드가 공동 제작했다. 초기 밴드 음악과 기본 레퍼토리에 각별히 신경을 썼다. 라이너노트에는 미국 클레즈머의 대규모 밴드 음악이 전개된 과정이 서술되어 있다.

Yikhes(Lineage): Early Klezmer Recordings 1911-1939 (1995) Trikont US-0179
Doyres(Generations): Traditional Klezmer Recordings 1979-1994 (1995)
　　Trikont US-0206
Shteygers(Ways): New Klezmer Music 1991-1994 (1995) Trikont US-0207

조엘 루빈과 리타 오텐스가 편집한 세 장의 앨범이다. 목표는 단 한 가지, 클레즈머 전체 역사를 음반으로 훑는 것이었다. 다소 야심찬 목표였으나 어느 정도 목표에 다다른 듯 보인다. 그 중에서도 〈이케스: 초기 클레즈머 레코딩Yikhes: Early Klezmer Recordings〉은 특히 중요한 컴필레이션 음반으로 평가된다. 마틴 슈바르츠 컬렉션에서 선곡했으나, 슈바르츠의 재발매 음반 레퍼토리와 거의 겹치지 않는다.

〈도이레스: 전통적인 클레즈머 레코딩Doyres: Traditional Klezmer Recordings〉에 담긴 18곡은 리바이벌 시기를 풍미한 중요한 곡들이다. 〈슈테이거스: 새로운 클레즈머 음악Shteygers: New Klezmer Music〉의 레퍼토리 중에는 정확히 '새로운 클레즈머'라 부르기 힘든 곡도 몇 있으나, 돈 바이런과 엘리엇 샤프의 구하기 힘든 음원을 들을 수 있다는 장점이 있다. 다만, 루빈의 브레이브 올드 월드 동료들이 빠져 있어서 멋진 음반 시리즈의 결정판이 되기에 다소 아쉬움이 남는다.

Klezmer Music 1910-1942 (1996) Global Village 104

헨리 사포즈닉이 제작하고 스미소니언 포크웨이 레이블(Folkways FSS34021)을 달고 나왔던 음반이다. 1980년 발매되었을 때만 해도 구세대 클레즈머의 재발매 음반으로는 랜드마크가 될 만했다. 재발매 음반에서는 사포즈닉, 앤디 슈태트만, 제프 펠트만이 작성한 라이너노트가 없어졌고, 조악한 사운드는 재생산되었다. 새로운 라이너노트와 함께 리마스터링 음반이 재발매되길 기대한다.

Jakie Jazz'Em Up (1984) Global Village 101

미국에서 인기몰이를 하던 초창기 클레즈머 레코딩 13곡이 담겼다. 아베 슈바르츠와 해리 칸델이 음반의 거의 반을 채웠다. 선곡이 자못 흥미롭다. 진지한 클레즈머 학생이라면 이 음반과 다른 재발매 음반을 모두 소장하고 싶겠지만, 그렇지 않은 경우 이 음반 구입에 주의하길 바란다. 다른 재발매 음반에 비해 음질이 많이 떨어지기 때문이다.

새로 발매된 음반

Patterns of Jewish Life (1993) Spectrum/Wergo SM1604-2

1992년 베를린에서 유대문화의 과거와 현재를 조망하는 전시회가 열렸다. 그 안에서 펼쳐진 콘서트 시리즈의 하이라이트를 엮어 두 장의 CD로 발매한 것이 이 음반이다. 조엘 루빈이 큐레이터를 맡았고, 브레이브 올드 월드(당시 루빈도 멤버였다.), 엡스타인 브라더스, 하시딕 록 그룹인 피아멘타Piamenta, 이디쉬 극장의 스타 시모어 렉시테Seymour Rexsite와 미리엄 크레신Miriam Kressyn이 참여했다. 당시 이디쉬 무대음악의 대가였던 잘만 플로텍도 등장하여 클래식 극장음악의 키보드 반주를 맡았다.

세파르디, 이스라엘, 칸토르 음악 등도 음반에 깨끗하게 담겼다. 브레이브 올드 월드는 애잔한 우치(로지) 게토의 노래를, 엡스타인 브라더스는 피터 소콜로프 · 브레이브 올드 월드의 스튜어트 브로트만과 함께 활달한 클래식 클레즈머를 연주한다.

▌ *Klezmer Music: A Marriage of Heaven and Earth* (1996) Ellipsis Arts 4090

결혼이라는 주제로 편집한 컴필레이션 음반. 12곡이 실렸고, 64쪽에 달하는 소책자에 마이클 앨퍼트 · 프랭크 런던의 에세이, 앤디 슈태트만의 인터뷰가 실렸다. 이들 뮤지션과 그룹, 그리고 클레즈머 르네상스의 주류 밴드, 예컨대 플라잉 불가 클레즈머 밴드, 시카고 클레즈머 앙상블, 유럽의 디 나예 카펠레, 부도비츠, 라옴 등이 연주를 맡았다. 클레즈머에 관심을 갖기 시작한 사람들에게, 혹은 클레즈머에 대한 관심을 불러일으키기에, 아주 좋은 음반이다.

Klezmer 1993: New York City (1993) Knitting Factory Works KFW123

▌ *The Jewish Alternative Movement: A Guide for the Perplexed* (1998) Knitting Factory Works KFW216

Klezmer Festival 1998: Live at the Knitting Factory (1999) Knitting Factory Works KFW238

Knitting on the Roof (1999) Knitting Factory Works KFW260

〈클레즈머 1993Klezmer 1993〉의 9개 트랙 중 여섯 곡은 클레즈머틱스와 클레즈머틱스에서 비롯된 밴드(프랭크 런던의 하시딕 뉴 웨이브, 맷 다리아우의 패러독스 트리오)가 연주한다. 나머지 세 곡은 존 존의 마사다, 뉴 클레즈머 트리오, 그리고 (의외지만) 빌리 팁턴 기념 사중주Billy Tipton Memorial Quartet(팁턴 헌정 밴드. 팁턴은 클레즈머 뮤지션이 아닌 재즈 뮤지션으로, 몇십 년간 남장을 하고 활동했던 여성 음악가이다.)가 맡았다. 클레즈머틱스의 트랙 가운데 한 곡은 시인들과의 공동작업(앨런 긴즈버그, 제롬 로텐버그Jerome Rothenberg)을 지속시키고 있음을 보여준다. 여기서는 시인 알롤로 트레혼Alollo Trehorn이 함께 작업하여 칼 막스Karl Marx 헌정곡이 만들어졌다. 열성적인 수집가, 혹은 클레즈머틱스 광팬에게 권하고 싶은 음반이다.

새로운 유대음악이 뭔지 궁금해 하는 이들, 그러나 너무 깊이 들어가고 싶지 않은 이들에게는 〈JAM: 당혹스러워 하는 이들을 위한 가이드JAM: A Guide for the Perplexed〉를 권하고 싶다. 15곡을 전부 다른 뮤지션/밴드가 연주한다. 어디에나 나타나는 클레즈머틱스는 여기에도 등장한다. 클레즈머틱스에서 비롯된 하시딕 뉴 웨이브와 패러독스 트리오, 진보유대문화의 아티스트인 유리 케인, 나프톨레의 꿈, 데이비드 크라카우어, 게리 루카스, 앤서니 콜먼도 참여했다. 거기에 포기브니스Forgiveness와 윌리 브릴도 등장한다.

〈클레즈머 페스티벌 1998Klezmer Festival 1998〉에는 7명의 연주자/밴드가 참여했다. 하시딕 뉴 웨이브, 나프톨레의 꿈, 클레즈모쿰, 파라오의 딸Pharaoh's Daugher, 사이키델리카테센 Psychedelicatessen(프랭크 런던이 주도한 또 다른 그룹. 낭송을 전문으로 한다. 예컨대, 사이키델릭한 유대음악을 깔고 프란츠 카프카의 글을 낭송하는 식이다.)이 각각 두 곡씩 연주하고, 패러독스 트리오와 게리 루카스가 각각 한 곡씩 연주한다. 루카스 트랙을 제외하면 모두 1998년 12월 니팅팩토리에서 열린 '유대팔루자' 페스티벌 라이브 실황을 녹음한 것이다. 다운타운의 색다른 유대문화를 엿볼 수 있는 좋은 기회이다.

〈지붕 위의 니팅Knitting on the Roof〉은 브로드웨이 뮤지컬 《지붕 위의 바이올린》의 새로운 버전이다. 모두 13곡이 수록되었다. 최신 유행을 달리는 다운타운 유대음악가의 감성을 담은 음악도 있고(하시딕 뉴 웨이브, 나프톨레의 꿈), 새로운 유대음악과는 별 상관없이 연주한 음악가도 있다. 예컨대, 팝스타 질 소블Jill Sobule은 '선라이즈 선셋Sunrise, Sunset'을 있는 그대로 불렀다. 혁신적인 트랙은 네가티블란트Negativland의 '테비에의 꿈Tevye's Dream' 힙합 버전, 레지던츠The Residents의 '매치메이커Matchmaker' 일렉 버전, 컴Come의 '두 유 러브 미?Do You Love Me?' 포스트모던 버전 등이다.

Klezmania: Klezmer for the New Millennium (1997) Shanachie 67007

헨리 사포즈닉이 신新클레즈머와 새로운 유대음악을 소개하기 위해 제작한 음반. 이미 평키한 클레즈머틱스의 '하시딤 댄스Khsidim Tants'를 힙합 열기로 가득 채운 동명의 리믹스 곡, 만나기 힘든 돈 바이런의 음악이 수록되었고, 뉴올리언스 클레즈머 올스타스·뉴 클레즈머 트리오·아하바 라바의 음악도 들을 수 있다. 독일 그룹 아우프빈트의 음악은 맨해튼 트랜스퍼를 연상시키는 아카펠라 클레즈머이다. 다른 건 차치하더라도 아주 새로운 두 곡때문에 주목할 필요가 있는 음반이다. 하나는 힙합 그룹 갓칠드런 오브 소울Godchildren of Soul의 '크라운 하이츠 어페어Crown Heights Affair'(클레즈머틱스를 샘플링했다.), 다른 하나는 이디쉬 노래 '툼발랄라이카'의 서프기타 버전이다.

Festival of Light (1996) Six Degrees/Island 162-531 069-2

Festival of Light 2 (1999) Six Degrees 657036 1018-2

하누카를 주제로 한 시리즈 가운데 첫 번째 음반은 영적인 성향의 새로운 유대음악가들과 하누카 주제를 탐구하려는 음악가들을 소개한다. 하지만 하누카와 전혀 상관없는 노래도 포함되어 있다. 첫 곡은 포크-팝 히트메이커인 마크 콘Marc Cohn이 맡았다. 클레즈머틱스, 마사다 실내 앙상블 뮤지션들의 도움을 받아 하누카 찬가 '영원한 반석Rock of Ages(Maoz Tsur)'을 감성적으로 불렀다. 싱어송라이터 제인 시버리Jane Siberry도 같은 뮤지션들의 도움을 받아 자신의 도이나 버전을 선사한다. 돈 바이런, 마사다 스트링 트리오, 월리 브릴의 음악도 포함되어 있어 빼어난 음반이 될 뻔 했으나, 포크-로커 피터 힘멜만Peter Himmelman과 데이비드 브로자David Broza의 펑키한 창작곡 '세상을 밝히며Lighting Up the World' 덕분에 빛이 바랜 느낌이다. 〈빛의 예식 2Festival of Light 2〉는 하누카를 보다 직접적으로 언급한다. 중심 레퍼토리를 고른다면, 록 밴드 데이 마잇 비 자이언츠의 하누카 창작곡 '빛의 예식Feast of Lights', 프랭크 런던 빅 밴드의 '오 하누카Oh Chanukah' 스윙 버전을 꼽을 수 있다.

▌ *The Soul of Klezmer (Rêve et Passion)* (1998) Network 30.853

클레즈머의 과거와 현재, 클래식 클레즈머가 모여 있는 더블 CD. 서로 동떨어져 있는 듯한 음악가들, 예컨대, 뉴올리언스 클레즈머 올스타스와 무지카스, 부도비츠와 엡스타인 브라더스를 연결시켜 음반을 구성했다. 대부분의 트랙은 다른 음반에서도 구할 수 있지만 예외도 몇 곡 있다. 프랭크 런던/로린 스클램베르그/유리 케인의 니구님 트리오가 프랑스에서 녹음한 라이브 실황, 부도비츠의 라이브 녹음, 처음으로 발표된 알리샤 스비갈스와 로렌 브로디의 듀엣 등이다. 미국/유럽 클레즈머 기악곡의 흐름을 초창기부터 르네상스 시기까지 한눈에 파악할 수 있는 음반이다.

어린이 음악

클레즈머의 큰 장점은 어린이도 쉽게 들을 수 있다는 점이다. 신나는 클레즈머를 들려주면 대부분 반응을 보일 것이다. 그래서 사실은 앞서 소개한 음반들도 어린이를 위한 음악이 될 수 있다. 특히 게리 루카스의 〈바쁘게 태어난Busy Being Born〉은 어린이를 위한 앨범으로도 손색이 없다. 거꾸로, 이제 소개하는 아이들을 위한 앨범은 어른들 또한 즐겁게 들을 수 있는 음악이다.

GERRY TENNY AND BETTY ALBERT SCHRECK
Let's Sing a Yiddish Song (Lomir Zingen a Yiddish Lid) (1988) Global Village 134

이디쉬 민요의 입문서 같은 음반. 옛날 민요 13곡이 담겨 있다. 클레즈머 양식으로 편곡된 곡도 있으나, 미국 포크 리바이벌이나 전래동요의 영향도 많이 보인다. 라이너노트에는 이디쉬어 가사와 영어 번역이 함께 포함되어 있어 이디쉬어 실력을 쌓고자 하는 가족에게 아주 적합한 앨범이다.

YOUNG PEOPLE'S KLEZMER WORKSHOP
▌ *Oy Vey!* (1997) Backyard Partners BP001

Oy Vey! Chanukah! (Sruli and Lisa) (1999) Backyard Partners BP002 (NR)

〈오 와!Oy Vey!〉에 담긴 클레즈머 음악이나 이야기들은 전혀 유치하지 않다. 스럴리Sruli와 리사Lisa가 이끄는 올스타 밴드의 멤버는 클레즈머틱스의 데이비드 리히트, '카펠레'의 로렌 브로디, 홀세일 클레즈머 밴드의 브라이언 벤더Brian Bender 등이다. 이야기, 노래, 라이너노트, 위트, 이디쉬어 레슨 등을 모두 포괄하고 있어 이상적인 클레즈머 입문 앨범이라 할 수 있다.

VARIOUS ARTISTS
▌ *Di Grine Katshke (The Green Duck)* (1998) Living Traditions LTD1801

아이들을 위한 이디쉬 동물노래 음반 제작을 위해 소규모 슈퍼스타 앙상블이 뭉쳤다. 수백

년 전부터 내려오던 민요도 있고, 현대의 이디쉬어 시詩도 감상할 수 있다. 보컬리스트 파울라 타이텔바움Paula Teitelbaum, 보컬리스트이자 키보드 연주자인 로린 스클램베르그가 공동제작했으며, 클레즈머틱스의 프랭크 런던, 클레즈머 콘서바토리 밴드의 제프 바르샤우어, '카펠레'의 아드리엔느 쿠퍼, 로렌 브로디, 헨리 사포즈닉이 연주에 참여했다. 원래 가사와 번역 가사, 삽화, 기초 이디쉬어 단어가 실려 있는 44쪽 소책자도 포함되어 있다.

인터넷 사이트

음반 판매 사이트　www.jewishmusic.com
　　　　　　　　www.yiddishmusic.com
　　　　　　　　www.hatikvahmusic.com

자료 검색 사이트　www.klezmershack.com

가슨 니근gasn nign '길거리 음악'이라는 뜻으로 결혼식 같은 행사에서 연주되는 행렬 음악

니근nign(**니군**nigun)(**단수**)/**니구님**nigunim(**복수**) 하시디즘에서 사용하는 가사 없는 노래(들)로 무아경 상태에 이르게
　　　　한다. 니구님 선율을 사용한 클레즈머 음악이 많다.

도이나doina 루마니아 양치기의 애가哀歌에 기초한 감상용 음악으로 박자감은 없으나 고도로 정형화되어 있다.
　　　　주로 결혼식 연회 때 연주되며 독주자의 즉흥연주 솜씨를 뽐내기에 적합하다. 클라리넷을 연주하는 이
　　　　민자들 사이에서 인기가 무척 높았다. 전주곡으로 시작하여 주요 섹션으로 넘어오면 선법에 기초한 즉
　　　　흥연주가 등장한다. 그리고는 두 박자 리듬의 춤곡이 중간 템포에서 빠른 템포로 이어지다가 끝맺는
　　　　다. 후반부의 춤곡은 '녹슈필'이라고도 부른다. 진지한 분위기를 자아내는 음악이며, 침블이나 아코디
　　　　언으로 길게 지속되는 음이나 코드 위에서 멜로디가 연주된다.

레베rebbe 하시디즘의 영적 지도자

무지칸트muzikant 음악가. 교육 받은 음악가들이 선호한 용어

미츠베mitzve 종교적 계명 혹은 임무

바드흔badkhn/badchen 결혼식 진행자이자 음유시인

바르미츠바bar mitzvah/**바트미츠바**bat mitzvah 유대인 소년/소녀의 성인식. 글자 그대로의 뜻은 '계명mitzve의 아들/
　　　　딸'.

부코비나Bukovina 동유럽의 일부 지역. 오스만 제국, 러시아, 오스트리아-헝가리 제국, 루마니아, 구소련, 우크라
　　　　이나의 일부였다. '너도밤나무의 땅'이라는 뜻을 갖고 있으며 특별히 구세계 클레즈머와 인연이 깊은
　　　　지역이다.

불가bulgar(bularish, bulgareasca) 클레즈모림이 가장 많이 연주하던 춤곡. 19세기 말과 20세기 초 동유럽에서 크게
　　　　유행했고, 데이브 타라스 덕분에 미국에서도 인기가도를 달렸다. 베사라비아/몰도바 춤곡에서 유래했
　　　　다. 베사라비아, 혹은 동루마니아에 불가리아 사람들이 많았기 때문에 '불가'라는 이름이 붙었다. 2/4
　　　　박자의 빠른 서클댄스가 일반적이며, 시르바(루마니아 전통 춤곡)와도 관련이 있다.

셰르sher(**가위댄스**) 러시아에서 유래한 중간 템포의 2/4박자 스퀘어 댄스. 이민자들에게 인기가 높았다. 프레이
　　　　레흐와 비슷하나 조금 느리다. 서로 다른 음악이 메들리로 20분 정도 연주된다.

슈테틀shtetl 동유럽의 소규모 유대인 촌락

슬리보비츠slivovitz 플럼 브랜디. 구세계에서 사랑받던 주류酒類.

시르바sirba　루마니아 전통 춤곡. 불가와 관계있는 음악으로 미국 유대인 이민자에게 인기가 높았다. 2/4박자. 셋잇단음표가 특징이다.

심케simkhe　결혼식이나 바르미츠바 같은 행사의 유대인 파티

이디쉬Yiddish **언어(이디쉬어)**　동유럽 유대인들의 언어. '이디쉬'를 동유럽 유대인을 지칭하는 용어로 사용하기도 한다. 예컨대, 이디쉬 문화, 이디쉬 음악 등.

이케스yikhes　구세계의 사회적 위치

즈미레스zmires　식탁 노래

치칫tzitzit　유대교 율법을 지키는 유대인들이 옷 끝에 달고 다니는 네 개의 술fringe

침블tsimbl　조그만 해머로 현을 쳐서 소리 내는 악기. 비슷한 유형의 악기를 덜시머dulcimer라고 통칭한다.

카펠례kapelye　음악 밴드 (본문에서 '카펠례'라 표기된 것은 특정 음악밴드를 지칭한다.)

칸토르cantor　카즌khazn(이디쉬어), 하잔hazzan/chazzan(히브리어)이라고도 부른다. 유대인 회당에서 노래로 기도를 인도하는 전문 음악인.

칼레kale　신부新婦

칼레 바베이넨kale baveynen　신부의 눈물. 결혼식 직전의 신부 예식.

크레흐츠krekhts (복수: krekhtsn)　'아픈 듯 흐느끼는' 소리. 주로 피들이나 클라리넷으로 연주되며 클레즈머의 특성을 명료하게 보여준다. 칸토르에게서 가져온 테크닉.

클레즈모림klezmorim　'클레즈머'의 복수로 클레즈머 음악을 연주하는 음악가들을 일컫는다. '클레즈머'도 원래 음악가를 뜻했으나, '클레즈머'라는 용어가 이들이 연주하는 음악 장르까지 포괄하게 되었으므로, 이 책에서는 혼동을 막기 위해 클레즈머 연주자를 '클레즈머'라 칭하지 않고 '클레즈모림'으로 지칭하였다.

티쉬 니구님tish nigunim　느리거나 중간 속도로 되어 있으며 루바토 양식의 사색적인 보컬 음악이다. 전통적으로 결혼 연회, 유대인 안식일에 연주되었다.

프레이레흐freylekh　'행복하다'는 뜻으로 2/4, 4/4박의 활기찬 서클댄스, 라인댄스를 통칭한다. 즈미레스 혹은 니구님의 멜로디를 차용하는 경우가 많으며, 보통 음계나 선법을 바꿔가며 세 곡의 노래를 메들리로 연주한다.

피들fidl　구세계의 바이올린

하시드Hasid(단수)/**하시딤**Hasidim(복수)　하시디즘의 구성원(들)

하시디즘Hasidism　대중적인 유대교 신비주의 운동. 1700년대 중반 폴란드 숲속에서 생겨난 운동으로 이성적인 학습보다 무아경 경험을 중요시한다.

호라hora　같은 이름의 유명한 이스라엘 포크댄스와 혼동하지 말아야 한다. 클레즈머에서 호라는 루마니아계 유대인의 느린 라인댄스를 뜻하며, 3/8박자, 5/8박자 등 비대칭 박자로 연주된다. 도이나 연주 후에 나오기도 하고 가슨 니근으로 사용되기도 한다.

홍가honga　2/4박자의 몰도바 라인 댄스

1. 논문/신문기사

Blumenthal, Bob. "The Age of Masada," *Boston Globe* (5/28/99).

Dion, Lynn. "Klezmer Music in America: Revival and Beyond," *Jewish Folklore and Ethnology Review* (6/8/86).

Feldman, Walter Zev. "Bulgareasca/Bulgarish/Bulgar," *Ethnomusicology* (Winter 1994).

_____. "Rubin and Horowitz: Bessarabian Symphony [review]," *Ethnomusicology* (Fall 1996).

Gruber, Ruth Ellen. "Germany's Klezmer Craze," *New Leader* (4/7/97).

Jacobson, Marion S. "The Klezmer Club As Pilgrimage," *Jewish Folklore and Ethnology Review* (6/17/95).

Kaufman, Leslie. "Sony Builds a Mall: But Don't Call It That," *Sunday New York Times* (7/25/99).

Kirshenblatt-Gimblett, Barbara. "Sounds of Sensibility," *Judaism* (Winter 1998).

Kruth, John. "Andy Statman: From Bluegrass to Klezmer and Beyond," *Sing Out* (Fall 1986).

Loeffler, James. "Klezmania," *New Republic* (4/6/98).

Loeffler, James Benjamin. "A Gilgul fun a Nigun: Jewish Musicians in New York, 1881–1945," Harvard Judaica Research Papers No. 3 (1997).

Logan, Andy. "The Five Generations," *New Yorker* (10/29/49).

London, Frank. "An Insider's View: How We Traveled from Obscurity to the Klezmer Establishment in Twenty Years," *Judaism* (Winter 1998).

Lubet, Alex. "Maxwell Street Wedding [review]," *Ethnomusicology* (Winter 1995).

Macnie, Jim. "Agent Omnijazz: Don Byron," *Down Beat* (11/1/96).

Morris, Bob. "Yidls with Fiddles," *Village Voice* (1/23/96).

Netsky, Hankus. "Klezmer Music in an American Community: The Philadelphia Example," New England Conservatory, Boston (1998).

_____. "An Overview of Klezmer Music and Its Development in the United States," *Judaism* (Winter 1998).

Pekar, Harvey. "A Brief Histoy of Klezmer," *Pakn Treger* (Fall 1998)〉

Petcoe, Shlomo. "On the Trail of Lost Roots: An Interview with Henry Sapoznik," *Sing Out* (Winter 1989).

Retica, Aaron. "David Krakauer," *The New Yorker* (10/26/98).

Rothstein, Robert A. "Klezmer-Loshn," *Judaism* (Winter 1998).

Sapoznik, Henry. "From Eastern Europe to East Broadway: Yiddish Music in Old World and New," *NY Folklore Quarterly* (6/10/88).

Sherrill, Stephen. "Don Byron," *New York Times Magazine* (1/6/94).

Singer, Barry. "In Yiddish Music, A Return to Roots of Torment and Joy," *Sunday New York Times* (8/16/98).

Slobin, Mark. "Learning the Lessons of Studying Jewish Music," *Judaism* (Spring 95).

_____. "The Last Klezmer [review]," *Ethnomusicology* (Fall 1996).

Solomon, Alisa. "Seeking Answers in Yiddish Classics," *Sunday New York Times* (11/16/97).

Svigals, Alicia. "Why We Do This Anyway: Klezmer As Jewish Youth Subculture," *Judaism* (Winter 1998).

Yaffe, David. "Learning to Reed," *New York Magazine* (4/12/99).

2. 단행본

Abrahams, Israel. *Jewish Life in the Middle Ages* (Philadelphia: Jewish Publication Society, 1958).

Beregovski, Moshe. *Old Jewish Folk Music: The Collections and Writings of Moshe Beregovski*, Mark Slobin, ed. (Philadelphia: University of Pennsylvania Press, 1982).

Eisenstein, Judith Kaplan. *Heritage of Music: The Music of the Jewish People* (New York: Union of American Hebrew Congregations, 1972).

Goldin, Max. *On Musical Connections between Jews and the Neighboring Peoples of Eastern and Western Europe* (Amherst: University of Massachusetts Press, 1989).

Hoffman, Eva. *Shtetl* (Boston: Houghton Mifflin, 1997).

Howe, Irving. *World of Our Fathers* (New York: Harcourt Brace Jovanovich, 1976).

Idelsohn, Abraham Z. *Jewish Music in Its Historical Development* (New York: Schocken, 1929).

Lange, Nicholas de, ed. *The Illustrated History of the Jewish People* (New York: Harcourt Brace & Company, 1997).

Lifson, David. *The Yiddish Theatre in America* (New York: Yoseloff, 1965).

Neugroshel, Joachim, trans. and ed. *The Shtetl* (New York: Perigee, 1982).

Pasachoff, Naomi, and Robert J. Littman. *Jewish History in One Hundred Nutshells* (Northvale, New Jersey: Jason Aronson, 1995).

Peretz, I. L. The I. L. *Peretz Reader* (New York: Schocken, 1990).

Roskies, Diane K., and David G. Roskies. *The Shtetl Book* (New York: Ktav, 1975).

Rubin, Joel. *Mazltov!: Jewish-American Wedding Music from the Repertoire of Dave Tarras* (Mainz, Germany: Schott, 1998).

Rubin, Ruth. *Voices of a People: The Story of Yiddish Folk Song* (New York: McGraw Hill, 1973).

Sachar, Howard Morley. *The Course of Modern Jewish History* (New York: Delta, 1977).

Sapoznik, Henry. *The Compleat Klezmer* (Cedarhurst, N.Y.: Tara, 1987).

Sendrey, Alfred. *The Music of the Jews in the Diaspora* (New York: Yoseloff, 1970).

Sendrey, Alfred, and Mildred Norton. *David's Harp: The Story of Music in Biblical Times* (New York: New American Library, 1964).

Shiloah, Amnon. *Jewish Music Traditions* (Detroit: Wayne State University Press, 1992).

Slobin, Mark. *Tenement Songs* (Urbana: University of Illinois, 1982).

Wisse, Ruth, ed. *A Shtetl and Other Yiddish Novellas* (Detroit: Wayne State University Press, 1986).

Zborowski, Mark, and Elizabeth Herzog. *Life Is with People: The Culture of the Shtetl* (New York: Schocken, 1952).

3. 라이너노트

Alpert, Michael. *In the Fiddler's House* (Angel, 1995).

Alpert, Michael et al. *Klezmer Music: A Marriage of Heaven and Earth* (Ellipsis Arts, 1996).

Alpert, Michael, Joel Rubin, and Michael Schlesinger. *Dave Tarras: Master of Klezmer Music, Vol. 1* (Global Village, 1989).

Bjorling, Kurt, and Michael Schlesinger. *Abe Schwartz: Master of Klezmer Music* (Global Village, 1998).

Feldman, Walter Zev. *Alicia Svigals: Fidl* (Traditional Crossroads, 1997).

Frigyesi, Judit. *Maramaros: The Lost Jewish Music of Transylvania* (Hannibal, 1993)〉

Herrman, Christoph. *The Soul of Klezmer* (Network, 1998).

Horowitz, Joshua. *Budowitz: Mother Tongue* (Koch/Schwann, 1997).

Rubin, Joel. *Patterns of Jewish Life* (Spectrum/Wergo, 1993).

_____. *Shteygers* (Trikont, 1995).

_____. *Yikhes* (Trikont, 1995).

_____. *Beregovski's Khasene* (Weltmusik, 1997).

Rubin, Joel, and Joshua Horowitz. *Bessarabian Symphony* (Spectrum/Wergo, 1994).

Rubin, Joel, and Rita Ottens. *Doyres* (Trikont, 1995).

Sapoznik, Henry. *Jakie Jazz'Em Up* (Global Village, 1984).

_____. *Klezmania* (Chanachie, 1987).

_____. *Dave Tarras: Yiddish-American Klezmer Music 1925-56* (Yazoo, 1992).

_____. *Naftule Brandwein: King of the Klezmer Clarinet* (Rounder, 1997).

Sapoznik, Henry, and Peter Sokolow. *Klezmer Plus!: Old Time Yiddish Dance Music* (Flying Fish, 1991).

Sapoznik, Henry, and Dick Spottswood. *Klezmer Pioneers: European and American Recordings 1905-1952* (Rounder, 1993).

Schwartz, Dr. Martin. *Klezmer Music: Early Yiddish Instrumental Music 1908-1927* (Arhoolie/Folklyric, 1997).

Spottswood, Dick. *The Art of the Cymbalom: The Music of Joseph Moskowitz 1916-1953* (Rounder, 1996).

클레즈머 KLEZMER
유대 디아스포라 음악에서 월드뮤직으로

초판1쇄 발행 2016년 12월 10일

지은이 세스 로고보이
옮긴이 유영민
펴낸이 홍기원

총괄 홍종화
편집주간 박호원
편집 · 디자인 오경희 · 조정화 · 오성현 · 신나래 ·
　　　　　　　이정희 · 이상재 · 남지원
관리 박정대 · 최기엽

펴낸곳 민속원
출판등록 제18-1호
주소 서울 마포구 토정로 25길 41(대흥동 337-25)
전화 02) 804-3320, 805-3320, 806-3320(代)
팩스 02) 802-3346
이메일 minsok1@chollian.net, minsokwon@naver.com
홈페이지 www.minsokwon.com

ISBN　978-89-285-0957-7
S E T　978-89-285-0359-9　　94380